JN411462

기초영작 고급영작

기초영작 고급영작

정 용 권 저

한국문화사

기초영작 고급영작

초판인쇄 2011년 11월 10일
초판발행 2011년 11월 20일

지은이 정 용 권
펴낸이 김 진 수
펴낸곳 **한국문화사**
등 록 1991년 11월 9일 제2-1276호
주 소 서울특별시 성동구 아차산로 3(성수동1가) 502호
전 화 (02)464-7708 / 3409-4488
전 송 (02)499-0846
이메일 hkm7708@hanmail.net
홈페이지 www.hankookmunhwasa.co.kr

책값은 뒤표지에 있습니다.

잘못된 책은 바꾸어 드립니다.

ISBN 978-89-5726-917-6 93740

이 도서의 국립중앙도서관 출판시도서목록(CIP)은 e-CIP 홈페이지 (http://www.nl.go.kr/cip.php)에서 이용하실 수 있습니다.
(CIP제어번호:2011004641)

| 머리말 |

국가와 국가 간의 물리적인 거리와 달리 심리적인 거리는 시간이 흐름에 따라 점점 더 가까워지고 있다. 그 결과 세계 공용어로서의 영어에 대한 관심이 높아지는 것은 당연하다. 옛날에는 주로 문장의 이해를 위한 해석에 중점이 놓여지면서 해석을 위한 문법공부에 많은 노력을 기울였다. 그러나 이제는 한 차원 높은 회화와 작문으로 관심의 방향이 바뀌었다. 서로 얼굴을 마주하고 하는 회화와 달리 작문은 서로 얼굴을 보지 않은 채 이루어지므로 더욱 정확성이 요구된다.

이 책은 필자가 어렸을 때 영어에 처음 관심을 가진 이래 지금까지 영어를 공부하고 대학에서 강의를 하면서 얻은 경험을 살려, 영어문장에 대한 기초가 부족해 자신이 쓴 문장에 대해 항상 자신감이 없는 독자들에게 문장을 정확히 보는 능력을 길러주는데 초점을 맞추고 있다. 또한 단문영작을 공부하는 동안 습득한 문장구조에 대한 지식이 자연스럽게 장문영작에 적용되게 하였다. 이를 위한 이 책의 구성은 다음과 같다.

매장마다 첫머리에 그 장의 중요한 학습목표를 개설하고 이어 〈핵심탐구〉에서 그 단원의 주요 학습내용을 익히게 하고 이 익힌 내용을 〈확인학습〉에서 확인하게 하였으며 이어 이 확인한 내용을 〈단문영작〉에서 실제로 적용하도록 하였다. 특히, 여기서는 하나의 한국어문장을 각기 다른 네 개의 영어문장으로 표현해봄으로써 매 단원의 주요학습내용을 실제로 적용하는 능력을 기르는 것은 물론 가능한 다양한 작문의 기술을 자연스럽게 습득할 수 있게 하였다. 그 외에도 단문영작에서 습득한 영작지식을 이용하여 자신의 생각을 논리적으로 전개하는 능력을 기를 수 있도록 하기 위해 〈장문영작〉에서 모델 영작을 제시하고 이를 본보기로 하여 실제로 독자가 영작을 해보게 하였다. 또한 〈정답 및 해설〉에서 독자의 이해를 돕기 위한 자세한 해설을 덧붙였다.

무엇보다도, 필자는 필자가 습득한 영작과 관련된 기본적 지식이 독자에게 충분히 전해지게 하기 위해 많은 노력을 기울였다. 이제 영작을 잘하고 못하고는 이 책으로 공부하는 독자가 얼마만큼 애정을 가지고 즐겁게 영작 공부를 하느냐에 달려있다. 따라서 필자는 독자가 이 책을 통해 영작에 흥미를 느끼고 자신감을 가지는 날이 빨리 오기를 기대한다.

끝으로 이 책의 영문부분을 꼼꼼하게 살펴보고 아낌없는 조언과 교정을 해 주신 원어민과 언제나 주위에서 관심과 격려를 아끼지 않으신 많은 분들 그리고 대학에서 초롱초롱한 눈망울로 강의를 열심히 들어주어 나에게 더욱 연구에 정진하도록 자극을 준 사랑스런 제자들과 이 책이 나오기까지 수고를 아끼지 않으신 한국문화사 관계자분들께 깊은 감사의 마음을 전한다.

정 용 권

|차례|

영작에 기본이 되는 영어문장 구조에 대한 이해

1. 영어문장의 일반적인 구조

(부 사)　[주　　어]　(부 사)　[동　　사]　(부 사)
　　　　(명사구)　　　　　　　(동사구)

(1) 가장 기본이 되는 문장은 주어 뒤에 동사가 나오는 문장이다.
(2) 주어는 명사구의 자격을 가진 요소여야 하고 동사는 동사구의 자격을 가진 요소여야 한다.
(3) 주어 앞, 주어와 동사 사이, 동사 뒤는 일반적으로 부사가 올 수 있는 위치이다.
(4) 부사는 종류에 따라 위의 세 위치 중 올 수 있는 위치에 제약이 따른다.

2. 문장의 기본 5형식

(1) 제1형식: 주어(S) + 동사(V)
　　　　(명사구)　(동사구)

동사 뒤에 어떤 요소가 나오지 않아도 그 동사가 가진 의미를 완전히 전달할 수 있는 동사에 의해 만들어진다.

a. [The baby] [*smiled*].
b. *[Baby] [smiled]. (주어로 명사구가 아닌 요소가 오면 비문)
c. *[The baby] [smiled] [beautiful]. (동사 뒤에 형용사구가 오면 비문)
d. [The baby] [smiled] [beautifully]. (동사 뒤에 부사구는 올 수 있다)

제1형식 동사: walk, run, come, go, arrive, start, leave, move, smile, laugh, sing, dance, cry, sleep, breathe, fly, ...

(2) 제2형식: <u>주어(S)</u> + <u>동사(V) + 보어(C)</u>
(명사구) (동사구)

동사 뒤에 보어가 나와야 그 동사가 가진 의미가 완전히 전달되는 동사에 의해 만들어진다. 일반적으로 형용사구와 명사구가 보어가 될 수 있다.

a. [The baby] [*looked*] [cute]. (형용사구가 보어)
b. *[The baby] [looked] [cutely]. (보어자리에 부사구가 오면 비문)
c. [The singer] [*became*] [a rich woman]. (명사구가 보어)
d. *[The singer] [became] [rich woman]. (보어자리에 명사구가 아닌 요소가 오면 비문. rich woman은 '형용사+단수명사'로 명사구가 아니다)

제2형식 동사: be, become, get, grow, seem, look, sound, smell, feel, taste, turn, remain, prove, keep, appear, go, make, ...

(3) 제3형식: <u>주어(S)</u> + <u>동사(V) + 목적어(O)</u>
(명사구) (동사구)

동사 뒤에 목적어가 나와야 그 동사가 가진 의미가 완전히 전달되는 동사에 의해 만들어진다.

a. [The baby] [*liked*] [milk].
b. *[The baby] [liked] [a milk]. (동사 뒤에 목적어로 명사구가 아닌 요소가 오면 비문. 부정관사(a) 뒤에 셀 수 없는 명사(milk)가 오면 명사구가 아니다)
c. [The singer] [*wrote*] [a letter].
d. *[The singer] [wrote] [letter]. (동사 뒤에 목적어로 명사구가 아닌 요소가 오면 비문. 셀 수 있는 명사

(letter)의 단수형은 한정사(관사, 소유격, 지시사, 양화사)와 함께 오지 않으면 명사구가 아니다)

제3형식 동사: like, dislike, love, hate, eat, chew, drink, study, learn, speak, watch, wear, cook, make, touch, send, write, give, ...

(4) 제4형식: 주어(S) + 동사(V) + 간접목적어(I.O.) + 직접목적어(D.O.)
(명사구) (동사구)

동사 뒤에 간접목적어와 직접목적어가 나와야 그 동사가 가진 의미가 완전히 전달되는 동사에 의해 만들어진다.

a. [The baby] [*gave*] [its mother] [a smile].
b. *[The baby] [gave] [mother] [a smile]. (동사의 간접목적어로 명사구가 아닌 요소가 오면 비문. 셀 수 있는 명사의 단수형(mother)은 한정사가 앞에 붙지 않으면 명사구가 아니다)
c. *[The baby] [gave] [its mother] [smile]. (동사의 직접목적어로 명사구가 아닌 요소가 오면 비문. 셀 수 있는 명사의 단수형(smile)이 한정사가 붙지 않은 채 오면 명사구가 아니다)
d. *[The singer] [*bought*] [her mother] [a few milk]. (동사의 직접목적어로 명사구가 아닌 요소가 오면 비문. 셀 수 없는 명사(milk) 앞에 한정사인 수를 나타내는 양화사(a few)가 오면 명사구가 아니다)

제4형식 동사: give, offer, write, read, send, teach, tell, ask, make, pay, cost, allow, lend, buy, bring, show, award, assign, get, iron, ...

(5) 제5형식: 주어(S) + 동사(V) + 목적어(O) + 보어(C)
(명사구) (동사구)

동사 뒤에 목적어와 보어가 나와야 그 동사가 가진 의미가 완전히 전달되는 동사에 의해 만들어진다.

a. [The baby] [*made*] [its mother] [happy]. (형용사구가 목적보어)

b. *[The baby] [made] [its mother] [happily]. (동사의 목적보어로 형용사구가 아닌 부사구가 오면 비문)

c. [The singer] [*called*] [the baby] [Tom]. (명사구가 목적보어)

d. *[The singer] [called] [the baby] [doctor] (동사의 목적보어로 명사구가 아닌 요소가 오면 비문. 셀 수 있는 명사의 단수형(doctor) 앞에 한정사가 붙지 않으면 명사구가 아니다)

제5형식 동사: make, paint, push, pull, get, keep, blow, suck, beat, call, name, choose, elect, declare, imagine, consider, leave, find, ...

3. 구의 구조와 주어 동사 목적어 보어의 자격

(1) **명사구**(NP): 문장에서 일반적으로 (i) 동사의 주어자리 (ii) 동사의 보어자리 (iii) 동사의 목적어자리 (iv) 전치사의 목적어자리 (v) 주어, 보어, 목적어의 동격이 오는 자리에 온다.

a. [A dancer] danced. (동사의 주어자리)

a.' *[Dancer] danced. (명사이지만 명사구가 아니어서 비문)

a.'' [A dancer], [Teresa] danced. (주어(a dancer)와 이것과 동격인 Teresa 모두 명사구)

b. [She] became [a famous dancer]. (명사구가 각각 주어와 보어)

b.' *[Her] became [a famous dancer]. (보어는 명사구이지만 주어자리의 대명사가 주격이 아닌 소유격이어서 명사구가 아니므로 비문)

b.'' *[She] became [famous dancer]. (주어는 명사구이지만 보어가 명사구가 아니므로 비문)

c. [The dancer] loved [a very famous singer]. (동사의 주어와 목적어가 모두 명사구)

c.' *[The dancer] loved [very famous singer]. (동사의 주어는 명사구이지만 보어가 명사구가 아니므로 비문)

d. [The dancer] gave [him] [a present]. (동사의 주어와 간접목적어와 직접목적어 모두 명사구)

d.' *[The dancer] gave [he] [a present]. (동사의 주어와 직접목적어는 명사구이지만 간접목적어가 목적격이 아닌 주격으로 명사구가 아니므로 비문)

d.'' *[The dancer] gave [him] [present]. (동사의 주어와 간접목적어는 명사구이지만 직접목적어가 명사구가 아니므로 비문)

e. [The beautiful dancer] made [the very famous singer] [her husband]. (동사의 주어와 목적어와 목적보어가 모두 명사구)

e.' *[The beautiful dancer] made [very famous singer] [her husband]. (동사의 주어와 목적보어는 명사구이지만 목적어가 명사구가 아니므로 비문)

e." *[The beautiful dancer] made [the very famous singer] [husband]. (동사의 주어와 목적어는 명사구이지만 목적보어가 명사구가 아니므로 비문)

f. [To love] [a boy] was not easy to [her]. (to-부정사(to love)도 명사구처럼 동사의 주어가 될 수 있다. 부정사의 목적어인 a boy와 전치사의 목적어인 her도 명사구)

f.' *[To love] [boy] was not easy to [her]. (to-부정사의 목적어로 명사구가 아닌 명사(boy)가 와서 비문)

f." *[To love] [a boy] was not easy to [she]. (전치사(to)의 목적어로 명사구가 아닌 요소(she)가 와서 비문. 목적격 her는 명사구)

g. [Loving] [a boy] was not easy to [her]. (동명사(loving)도 명사구의 일종으로 동사의 주어가 될 수 있다. 명사구 a boy는 동명사의 목적어)

g.' *[Loving] [boy] was not easy to [her]. (동명사의 목적어가 명사구가 아니므로 비문)

h. [That he was tall] attracted [her]. (that-절도 동사의 주어가 될 수 있으므로 명사구의 일종)

h.' [It] attracted her [that he was tall]. (명사구 it은 that-절의 내용을 가리키는 가주어. that-절이 명사구의 일종이라는 증거)

h." *[This] attracted her [that he was tall]. (that-절을 가리키는 가주어로 대명사 it이 아닌 요소가 오면 비문)

i. [How she met him] was not known. (의문사가 이끄는 간접의문도 동사의 주어가 될 수 있는 명사구의 일종)

(2) 동사구(VP): 동사가 가진 의미를 완전하게 전하는데 필요한 모든 요소가 동사 뒤에 빠짐없이 나와 있는 구조를 가리킨다.

a. The dancer [slept]. (동사 sleep은 뒤의 어떤 요소의 도움 없이도 '잠자다'는 의미를 완전히 전달하므로 그 자체가 동사이면서 동사구)

a.' She [slept peacefully]. (동사 sleep은 반드시 필요하지는 않지만 부사(peacefully)가 나올 수 있으며 이 전체가 부사구)

a." *She [slept peaceful]. (동사 sleep은 보어처럼 형용사구가 뒤에 오면 동사구가 될 수 없어 비문)

b. She [became rich]. (동사 become은 뒤에 형용사구(rich)가 와야 동사구)

b.' *She [became richly]. (동사 become 뒤에 보어 대신 부사구가 오면 동사구가 될 수 없어 비문)

c. She [became a rich woman]. (동사 become 뒤에 보어인 명사구(a rich woman)가 오면 이 전체가 동사구)

c.' *She [became rich woman]. (동사 become 뒤에 보어로 명사구가 아닌 요소(rich woman)가 오면 동사구가 될 수 없어 비문)

d. She [met a boy]. (동사 meet 뒤에 목적어로 명사구(a boy)가 오면 이 전체가 동사구)

d.' *She [met boy]. (동사 meet 뒤에 목적어로 명사구가 아닌 명사(boy)가 오면 이 전체가 동사구가 될 수 없어 비문)

e. She [taught her boyfriend dancing]. (동사 teach는 뒤에 간접목적어(her boyfriend)인 명사구와 직접목적어(dancing)인 명사구가 나오면 이 전체가 동사구)

e.' *She [taught boyfriend dancing]. (동사 teach 뒤에 간접목적어로 명사구가 아닌 명사(boyfriend)가 오면 직접목적어로 명사구(dancing)가 와도 동사구가 될 수 없어 비문)

e." *She [taught her boyfriend a dancing]. (동사 teach는 직접목적어로 명사구가 아닌 요소(a dancing)가 오면 이 전체는 동사구가 아니므로 비문. dancing은 셀 수 없는 명사로 앞에 부정관사가 오면 명사구가 아니다)

f. She [made him strong]. (동사 make는 뒤에 목적어인 명사구(him)와 목적보어인 형용사구(strong)가 오면 이 전체는 동사구)

f.' *She [made him strongly]. (동사 make의 목적보어 자리에 형용사구가 아닌 부사구(strongly)가 오면 이 전체가 동사구가 아니므로 비문)

g. She [made him a famous politician]. (동사 make 뒤에 목적어인 명사구(him)와 목적보어인 명사구(a famous politician)가 오면 이 전체는 동사구)

g.' *She [made him famous politician]. (동사 make 뒤에 목적어인 명사구가 와도 목적보어로 명사구가 아닌 요소(famous politician)가 오면 이 전체는 동사구가 아니므로 비문)

(3) 형용사구(AP): 형용사만으로 구성되거나 형용사를 수식하는 요소가 이 형용사 앞이나 뒤에 나와 있는 구조를 가리킨다.

a. The dancer was [beautiful]. (형용사만으로 이루어진 형용사구)

b. She was [very beautiful]. (부사(very)와 형용사(beautiful)로 이루어진 형용사구)

c. She was [very beautiful for the audience to look at]. (부사와 형용사와 형용사를 수식하는 to-부정사로 이루어진 형용사구. 전치사 for 뒤의 the audience는 부정사의 주어)

d. She made her boyfriend [strong]. (동사의 목적보어인 형용사구)

e. She made her boyfriend [very strong]. (동사의 목적보어인 형용사구)

(4) 부사구(AdvP): 부사만으로 구성되거나 뒤의 부사를 수식하는 부사가 앞에 나와 있는 구조를 가리킨다.

a. The dancer danced [beautifully]. (부사만으로 이루어진 부사구)

b. She danced [very beautifully]. (부사와 부사를 수식하는 부사로 이루어진 부사구)

c. She danced [very beautifully to please the audience]. (to-부정사가 부사구를 수식하고 있는 부사구)

d. She danced a traditional Korean dance [beautifully]. (동사의 목적어 뒤에 나와 있는 부사구)

e. She danced a traditional Korean dance [very beautifully]. (동사의 목적어 뒤에 나와 있는 부사구)

(5) 전치사구(PP): 전치사와 그 전치사의 목적어인 명사구로 구성되어 있는 구조를 가리킨다.

a. The student studied English [in his room]. (전치사(in)와 전치사의 목적어인 명사구(his room)로 구성된 전치사구)

b. He studied English [with his book open]. (전치사(with)와 그 목적어인 명사구(his book)와 목적보어인 형용사구(open)로 구성된 전치사구)

c. He studied English [with a light on]. (전치사(with)와 그 목적어인 명사구(a light)와 목적보어인 부사구(on)로 구성된 전치사구)

d. He studied English [with his girlfriend reading]. (전치사(with)와 그 목적어인 명사구(his girlfriend)와 목적보어인 현재분사(reading)로 구성된 전치사구)

e. He studied English [with the door closed]. (전치사(with)와 그 목적어인 명사구(the door)와 목적보어인 과거분사(closed)로 구성된 전치사구)

f. He studied English [with his back] [against the wall]. (전치사(with)와 그 목적어인 명사구(his back)와 목적보어인 전치사구(against the wall)로 구성된 전치사구)

기초영작 고급영작

제1장 정문과 비문

정문이란 일반적으로 문장을 구성하고 있는 개개의 구가 영어가 허용하는 구조로 배열되어 있을 뿐 아니라 각각의 구의 내부구조도 영어가 허용하는 구조로 배열된 문장을 말한다. 이를 위반한 문장을 비문이라 한다. 비문이 되는 원인은 다양하지만 보통 주어와 동사의 수가 일치하지 않거나 명사구와 동격관계인 명사구가 서로 격이 일치하지 않으면 비문이 된다. 또한 이미 나온 명사구를 다시 받을 때 대명사를 잘못 사용해도 비문이 되고 각각의 구를 서로 연결할 때 지켜야 하는 규칙을 위반해도 비문이 된다. 동사가 나타내는 때가 영어가 요구하는 규칙을 위반하거나 동사의 앞이나 뒤에 나타나는 구가 동사의 논리관계를 위반해도 비문이 된다. 더욱이 사실을 나타내느냐 가정을 나타내느냐 아니면 명령을 나타내느냐에 따라 그 문장의 동사의 형태가 바뀌며 이를 위반해도 비문이 된다.

I 핵심탐구

1. 정문과 비문

보통 문장을 이루고 있는 개개의 구성요소가 영어가 사용하는 올바른 구조로 배열되어 있을 때 이것을 정문이라고 한다. 이와 달리 그렇지 않은 문장을 비문이라 한다.

2. 비문의 유형

비문을 만드는 유형에는 다음과 같은 것이 있다.

(1) 주어와 동사의 수의 일치문제

a. *[The group] being responsible for foreign policy [were] organized in 2009. (주어(the group)가 단수이므로 동사는 단수형 was)

b. *[A number of people] watching the performance [was] foreign workers. (주어(a number of people)가 복수이므로 동사는 복수형 were)

(2) 명사구의 내부구조의 문제

a. *[Gentleman] met the actress. (셀 수 있는 명사의 단수형이 한정사가 붙지 않은 채 쓰여 명사이지만 명사구가 아니므로 동사(met)의 주어가 될 수 없어 비문)

b. *[These all gentlemen] met an actress. (양화사(all)가 지시사(these) 앞에 와야 하는데 뒤에 와서 명사구의 내부구조를 위반하여 동사의 주어가 될 수 없어 비문)

(3) 동격관계

a. *These people, for instance, Teresa, Mary, and [her], went hiking yesterday. (주어의 동격자리: 주어(these people)와 동격관계인 명사구는 모두 주격이 되어야 하므로 주격(she)이 아닌 목적격(her)

이 와서 비문)

b. *I have seen those people, two students and [teacher]. (동사의 목적어의 동격자리: 동사(see)의 목적어인 명사구(those people)와 동격은 명사구가 되어야 한다. 단수명사 teacher가 앞에 한정사도 없고 뒤에 복수어미 –s 도 없으므로 명사구가 아니므로 비문)

(4) 명사구의 연결문제

a. *[Doctor and two nurses] hurried to the emergency room. (등위접속사(and)에 의해 연결된 표현은 대등한 요소여야 한다. 이 접속사 앞은 셀 수 있는 명사(doctor)가 한정사가 붙지 않은 단수형이므로 뒤의 명사구 two nurses와 대등하게 연결될 수 없으므로 비문)

b. *They saw [a patient, two children, and old man]. (등위접속사(and)로 연결된 요소가 앞의 둘은 명사구(a patient, two children)인데 비해 뒤의 old man은 '형용사+셀 수 있는 명사의 단수형'으로 앞에 한정사가 붙지 않아 명사구가 아니므로 대등하게 연결될 수 없어 비문)

(5) 명사구의 지시문제

a. *[The drivers] lost [its way] in the storm. (대명사의 선행사(the drivers)가 복수명사이므로 대명사는 복수형이 된다. 복수형(their)이 아닌 단수형(its)을 써서 비문)

b. *[Neither the professor nor the students] has finished [his work]. (nor로 연결된 두 선행사가 하나는 단수(the professor)이고 다른 하나는 복수(the students)일 때 대명사는 가까운 것과 일치한다. 따라서 Neither the professor nor the students have finished their work이 된다)

(6) 동사구의 내부구조문제

a. *He [put on the desk]. (동사 put 뒤에 의무적으로 와야 하는 목적어인 명사구가 오지 않아 비문)

b. *She [made husband happy]. (동사 make 뒤에 목적어로 명사구(her husband)가 와야 하는데 명사구가 아닌 명사(husband)가 와서 비문)

(7) 동사구의 연결문제

a. *A boy [met and walked with a girl]. (등위접속사(and)로 연결된 두 요소(met과 walked with a girl)에서 앞의 동사(met)의 목적어가 나오지 않아 앞부분은 동사구가 아니고 뒷부분은 동사구이다. 따라서 서로 대등한 구조가 아닌데 등위접속사에 의해 연결되어 비문)

b. *They [walked, talked, ate some delicious food together]. (둘 이상의 동사구를 연결할 때

접속사가 필요하다. 동사 ate 앞에 등위접속사 and가 필요)

(8) 동사의 시제문제

a. *The figure skater [is doing] practice every day. (단순시제를 써야 되는 경우: 규칙적 반복적으로 일어나는 일은 보통 단순시제로 표현한다. 부사적 표현 every day가 보여주듯이 되풀이해서 일어나는 일이므로 진행시제(is doing)가 아닌 단순시제(does)가 필요)

b. *She [does] practice right now. (진행 시제를 써야 되는 경우: 특정시점에 일시적으로 진행 중에 있는 행위는 진행시제로 나타낸다. '바로 지금'(right now)일어나고 있는 일은 현재의 시점에서 일시적으로 진행 중인 행위이므로 단순현재시제(does)가 아닌 현재진행시제(is doing)가 필요)

(9) 동사의 태의 문제

a. *The boy [was finished] his homework before noon. (능동태를 써야 되는 경우: 동사(finish)의 목적어(his homework)가 동사 뒤에 있을 때는 동사는 수동태(was finished)가 아닌 능동태(finished)가 필요)

b. *His homework finished by him before noon. (수동태를 써야 되는 경우: 동사(finish)의 목적어(his homework)가 동사 앞에 있을 때는 동사는 수동태(was finished)가 필요)

(10) 법의 문제

a. *She told us that she [do] regular exercise. (직설법을 써야 되는 경우: 주절동사가 직설법과거(told)로 과거의 사실을 이야기하므로 종속절의 동사도 과거의 사실을 뜻하는 직설법과거(did)가 필요)

b. *She suggested that he [did] regular exercise. (가정법을 써야 되는 경우: 명령 요구 주장 제안 소망을 나타내는 동사 뒤의 that-절에서 동사는 가정법을 쓴다. 따라서 동사 do의 직설법과거(did)가 아닌 가정법(do)이 필요)

(11) 형용사구의 위치문제

a. *Her room looked [very cleanly]. (동사의 주격보어자리: 동사(look)의 보어인 형용사구(very clean)가 필요)

b. *She kept her room [very cleanly]. (동사의 목적보어자리: 동사(keep)의 목적보어로 부사구(very cleanly)가 아닌 형용사구(very clean)가 필요)

(12) 형용사구의 내부구조문제

a. *He was an [extreme tall] boy. (형용사(tall)를 강조하기 위해서는 형용사(extreme)가 아닌 부사(extremely)가 필요. extremely tall은 형용사구)

b. *He was a [tall silly] boy. (명사를 수식하는 형용사가 나란히 올 때 보통 주관적인 판단에 의존하는 형용사(silly)가 객관적인 판단에 의존하는 형용사(tall)보다 앞에 위치. 따라서 tall silly가 아닌 silly tall)

(13) 형용사구의 연결문제

a. *The student became [very strong and intelligently]. (동사의 주격보어 자리: 동사 become은 뒤에 보어인 형용사구를 필요로 하므로 등위접속사(and)로 연결된 요소는 같은 형용사구여야 한다. 앞은 형용사구인데 비해 뒤는 부사구여서 대등하게 연결될 수 없다. 따라서 부사구(very intelligently)를 형용사구(very intelligent)로 바꾸어야 정문)

b. *His parents made him [very gentle and very strongly]. (동사의 목적보어자리: 동사 make의 목적보어자리는 형용사구가 와야 하므로 등위접속사(and)로 연결된 요소는 모두 형용사구가 되어야 한다. 따라서 부사구(very strongly)를 형용사구(very strong)로 바꾸어야 정문)

(14) 부사구의 위치문제

a. *The beginning driver drove [careful]. (동작동사의 뒤: 동작동사(drive)의 뒤는 형용사구(careful)가 아니라 그 동사의 행위가 이루어지는 모양을 나타내는 양태부사(carefully)가 필요)

b. *He drives [always] his car carefully. (문장 내의 위치: 막연한 빈도를 나타내는 부정빈도부사(always)는 일반동사(drive) 뒤가 아닌 앞에 와야 정문. 따라서 always drives가 되어야 정문)

(15) 부사구의 연결문제

a. *The old man walked [very weakly and very hesitating]. (부사구 뒤에 등위접속사로 연결될 요소는 앞 요소와 같은 부사구: 동사 walk 뒤는 걷는 모양이 이루어지는 양태부사가 올 수 있는 위치로 등위접속사(and)로 대등하게 연결될 수 있는 요소는 부사구. 형용사구(very hesitating)는 부사구(very hesitatingly)가 되어야 정문)

b. *He ate his meal [slowly or unwilling]. (등위접속사(or) 앞에 부사구가 와서 뒤도 부사구(unwillingly)가 와야 정문)

(16) 전치사구의 내부구조문제

a. *The girl is looking forward to [receive] an e-mail from her foreign friend. (전치사의 목적어로 동사가 오는 경우: look forward to의 to는 to-부정사의 to가 아닌 전치사의 to이다. 따라서 뒤에 오는 동사는 전치사의 목적어가 되어야 하므로 동명사(receiving)가 되어야 정문)

b. *She has sent an e-mail to [foreign friend]. (전치사(to)의 목적어로 명사구가 아닌 형태가 오는 경우: 전치사의 목적어는 명사구의 자격을 가진 형태만 올 수 있으며 명사구가 아닌 foreign friend가 와서 비문. a foreign friend, her foreign friend는 명사구)

(17) 전치사구 내의 격의 문제

a. *A man sat [between the pretty girl and I]. (전치사의 목적어: 전치사(between)의 목적어는 목적격을 가진 명사구여야 한다. 인칭대명사가 목적격(me)이 아닌 주격(I)으로 와서 비문)

b. *He looked [at us, the girl and I]. (전치사의 목적어와 동격인 명사구: 전치사(at)의 목적어(us)와 동격인 명사구가 목적격(me)이 아닌 주격(I)으로 와서 비문)

(18) 전치사구의 연결문제

a. *We danced [on the floor and the chandelier]. (등위접속사에 의해 전치사구가 연결될 때는 대등한 구조로 연결되어야 한다: 의미로 보아 등위접속사(and)로 연결될 요소는 두 명사구(the floor와 the chandelier)가 아닌 두 전치사구가 되어야 한다. 따라서 두 전치사구(on the floor와 under the chandelier)를 등위접속사로 연결하면 정문)

b. *We ate our lunch [on the lawn and by lake]. (등위접속사(and)로 연결되는 요소는 대등한 구조를 가져야 한다. 이 접속사 앞에 전치사구(on the lawn)가 있으므로 뒤도 전치사구가 와야 한다. 그러나 전치사 by 뒤의 명사(lake)가 명사구가 아닌 명사에 불과하여 전치사의 목적어가 될 수 없어 비문)

(19) 부정사의 주어문제

a. *My idea is [to go] abroad with me. (부정사의 주어를 밝혀 주어야 하는 경우: 부정사의 주어(for you)가 부정사 앞에 필요)

b. *It is very silly [for you] to fight with the giant. (부정사의 주어 앞에 전치사 of가 오는 경우: 가주어 it이 오고 be동사 뒤에 인간행위를 판단하는 형용사(silly, foolish, kind, etc.)가 보어로 올 때 진주어인 부정사(to fight)의 주어 앞에는 전치사 for가 아닌 of가 필요)

(20) 부정사의 형태문제

a. *The runner seems [to be running] 8 km every other day. (단순부정사가 와야 하는 경우: 규칙적 반복적으로 일어나는 행위는 단순시제로 나타낸다. 부사적 표현 every other day가 규칙적 반복적 행위를 나타내므로 부정사는 진행부정사가 아닌 단순부정사(to run)가 필요)

b. *Your son seems [to read] a novel in his room right now. (진행부정사가 와야 하는 경우: 일시적인 행위는 진행시제로 나타낸다. 부사적인 표현 right now가 바로 지금 일어나는 행위를 가리키므로 부정사는 단순부정사가 아닌 진행부정사(to be reading)가 필요)

(21) 부정사의 부정문제

a. *The student wants [to not be] late for school. (단순부정사를 부정하는 경우: 부정사를 부정하는 부정어(not)는 부정사 바로 앞에 온다. 따라서 not은 to be 앞에 위치)

b. *He would like [to not have met] her at the station. (완료부정사를 부정하는 경우: 완료부정사를 부정하는 부정어(not)는 완료부정사 바로 앞에 온다. 따라서 not이 to have met 앞에 위치)

(22) 동명사의 주어문제

a. *I object to [∅] giving too much money to your children. (동명사의 주어를 밝혀야 하는 경우: 전체 문장의 주어는 I이고 돈을 받는 대상은 화자(you)의 아들이므로 누가 누구에게 돈을 주는지 의미가 분명하지 않게 되므로 동명사(giving) 앞에 동명사의 주어(your)가 필요)

b. *[One's] loving others is not an easy thing to do. (동명사의 주어가 일반인(one)인 경우: 불필요하므로 일반적으로 생략)

(23) 동명사의 형태문제

a. *The mother is afraid of [being punished] her son. (능동동명사가 되어야 하는 경우: 동명사가 될 동사(punish)의 목적어(her son)가 이 동사 뒤에 있을 때는 이 동사는 수동동명사가 아닌 능동동명사(punishing)가 되어야 정문)

b. *Her son is afraid of [punishing] by her. (수동동명사가 되어야 하는 경우: 동명사가 될 동사(punish)의 목적어(her son)가 이 동사 앞에 있으므로 이 동사는 수동동명사(being punished)가 되어야 정문)

(24) 동명사 뒤의 요소문제

a. *The politician avoids becoming [too aggressively]. (동명사의 보어가 필요한 경우: 동사

become 뒤에 형용사구인 보어가 필요하듯이 동명사 becoming 뒤도 형용사구(too aggressive)인 보어가 필요)

b. *I still remember buying [∅]. (동명사의 목적어가 필요한 경우: 동명사가 된 동사가 목적어를 필요로 하는 동사(buy)일 때 뒤에 목적어가 필요하듯이 이것이 동명사가 되어도 여전히 뒤에 목적어가 필요)

(25) 동명사를 요구하는 동사문제

a. *The beggar finished [to eat] the noodles. (목적어로 동사가 올 때 to-부정사가 아닌 동명사 형태로 오기를 요구하는 동사(finish) 뒤는 동명사가 온다: 동사 finish는 뒤에 오는 동사가 to-부정사가 아닌 동명사(eating)로 오기를 요구하는 동사)

b. *He manages to live without [to make] money. (전치사(without)는 목적어로 to-부정사가 아닌 동명사(making)를 요구)

(26) 현재분사를 요구하는 동사문제

*The girl kept her boyfriend [to wait]. (keep은 목적어(her boyfriend) 뒤에 현재분사(waiting)를 두어 '~을 계속 ~하게 하다'는 의미를 전하는 동사)

(27) 현재분사의 부정문제

*[Knowing not] where to go, the foreigner just looked around. (현재분사(knowing)를 부정하는 부정어(not)는 이 분사 앞에 위치)

(28) 현재분사 뒤 요소문제

a. *I saw a dog barking [a stranger]. (분사 뒤에 어떤 요소가 오지 않아야 하는 경우: 보어나 목적어를 필요로 하지 않는 '짖다'는 의미의 자동사 bark가 현재분사 barking이 된 것이므로 뒤에 명사구(a stranger)가 직접 올 수 없다. at a stranger가 되면 정문)

b. *The dog ate a fish tasting [salt]. (분사의 보어가 와야 하는 경우: 형용사구인 보어를 필요로 하는 '~한 맛이 나다'는 의미의 동사 taste가 현재분사(tasting)가 된 것이므로 뒤에 보어인 형용사구(salty)가 필요)

(29) 과거분사 사용문제

a. *This is the boy [read] lots of novels. (과거분사가 올 수 없는 경우: 동사 read의 목적어(lots of novels)가 동사 뒤에 있으므로 이 동사는 수동의 의미를 가진 과거분사(read)가 아닌 능동의 의미를 가진 현재분사(reading)가 되어야 정문)

b. *This is the novel [reading] by lots of people. (과거분사가 와야 하는 경우: 동사 read의 목적어인 명사구(the novel)가 이 동사 뒤가 아닌 앞에 있으므로 능동의 의미를 가진 현재분사(reading)가 아닌 수동의 의미를 가진 과거분사(read)가 되어야 정문)

(30) 과거분사 뒤 요소문제

a. *The girl bought a new car manufactured [by foreign car maker]. (과거분사 뒤의 요소가 잘못된 경우: 동사 manufacture의 목적어인 명사구가 앞으로 이동하여 이 동사가 과거분사(manufactured)가 된 것이다. 따라서 이 동사의 행위자인 명사구는 전치사 by 뒤에 오므로 a foreign car company와 같은 명사구가 필요. foreign car company는 명사구가 아니어서 전치사의 목적어가 될 수 없으므로 비문)

b. *She bought a car painted [whitely]. (과거분사의 보어가 와야 하는 경우: 동사 paint는 뒤에 목적어와 목적보어를 두어 '~을 ~하게 칠하다'는 의미를 전한다. 따라서 목적어(a car)가 동사 뒤에서 앞으로 이동해 있으므로 원래의 목적보어인 형용사구(white)는 뒤에 남아있어야 한다. 목적보어가 될 수 없는 부사(whitely)가 와서 비문)

(31) 완료분사의 문제

a. *[Having been finished] writing the manuscript, the writer looked for an appropriate publisher. (완료능동분사가 와야 하는 경우: 동사 finish의 목적어(writing the manuscript)가 이 동사 뒤에 있으므로 완료수동분사가 아닌 완료능동분사(having finished)가 필요)

b. *[Having written] by him, the manuscript was sent to a publisher. (완료수동분사가 와야 하는 경우: 동사 write의 목적어가 이 동사 뒤에 있지 않고 논리적으로 볼 때 앞에 있으므로 완료능동분사가 아닌 완료수동분사(having been written)가 필요)

(32) 하위범주문제

a. *The girl expressed her sympathy [that the homeless person was so poor]. (명사의 하위범주와 관련된 것: 명사 sympathy는 뒤에 올 수 있는 요소로 'that-절'을 가지고 있지 않다. 그러나 전치사 for로 시작하는 전치사구는 올 수 있다. 따라서 for the homeless person who was so poor로 고쳐 쓰면 정문)

b. *He is fond [that his girlfriend respects his mother]. (형용사의 하위범주와 관련된 것: 형용사 fond는 'that-절'을 뒤의 요소로 가지고 않다. 그러나 전치사구(of-구)는 가질 수 있으므로 of his girlfriend's respecting his mother로 고쳐 쓰면 정문)

II 확인학습

※ 다음 중 비문의 원인을 찾아 고치시오.

1. The woman likes to go out and meet all these boy. (그 여자는 외출해서 이 모든 소년들을 만나는 것을 좋아한다)

____.

2. The girl is afraid of laughing at by others at the party. (그 소녀는 그 파티에서 남의 비웃음을 당하는 것을 두려워한다)

____.

3. The boy painted house blue and waited for the paint to dry. (그 소년은 집을 푸른색으로 칠하고 그 페인트가 마르기를 기다렸다)

____.

4. She bought a present for foreign friend and sent it by airmail. (그녀는 외국인 친구를 위한 선물을 하나 사서 항공우편으로 보냈다)

____.

5. He was absorbed in his studies when this paper wrote by him. (이 논문을 쓸 때 그는 연구에 열중해 있었다)

____.

6. The woman slept her son and then went shopping with her friend. (그 여자는 아들을 재우고 나서 친구와 쇼핑하러 갔다)

____.

7. When I came back from work, I found my girlfriend drink my whisky. (나는 직장에서 돌아왔을 때 여자 친구가 내 위스키를 마시고 있는 것을 발견했다)

____.

8. All the applicants followed the requirement that they would submit their applications before the deadline. (모든 지원자는 그 마감일까지는 지원서를 제출해야 한다는 그 요구조건을 따랐다)

____.

9. The number of foreigners who learn Korean have been increasing recently. (한국어를 배우는 외국인의 수가 최근에 증가하고 있다)

____.

10. I'd like to meet you at the airport yesterday, but I was very busy all day long yesterday. (내가 어제 그 공항에서 너를 만났더라면 좋았을 텐데. 하지만 나는 어제 하루 종일 매우 바빴다)

____.

III 단문영작

※ 다음을 주어진 표현으로 시작하여 영작하시오.

1. 해가 뜨자 날이 더워지기 시작한다.

a. As ______________________________________.

b. It ______________________________________.

c. The rise ______________________________________.

d. The sun ______________________________________.

2. 대도시는 지나다니는 차량들로 시끄럽다.

a. Traffic ____.

b. Big cities ____.

c. You ____.

d. Noise ____.

3. 열람실은 에어컨이 있어 언제나 시원하다.

a. The reading room ____.

b. You ____.

c. The air conditioner ____.

d. Because of ____.

4. 이번 주말 친구 몇 명과 등산을 갈 것이다.

a. I ____.

b. A few friends and I ____.

c. Mountain hiking ____.

d. This weekend ____.

5. 비 내리는 밤은 가로등이 더욱 빛을 발한다.

a. The streetlights ____.

b. Rainy nights ____.

c. You ____.

d. When ____.

6. 운동장에는 몇 명의 청년이 축구를 하고 있다.

a. A few young men ____.

b. There ____.

c. You ____.

d. I ____.

7. 내일 공항에 외국인 친구 마중을 가려고 한다.

a. My foreign friend ______________________________.

b. I ______________________________.

c. At ______________________________.

d. My plan ______________________________.

8. 여름이지만 아직은 잠자리가 눈에 띄지 않는다.

a. It ______________________________.

b. Summer ______________________________.

c. You ______________________________.

d. Dragonflies ______________________________.

9. 봄꽃과 가을꽃은 보는 이의 느낌이 다를 것이다.

a. When ______________________________.

b. Spring flowers ______________________________.

c. You ______________________________.

d. Viewers ______________________________.

10. 어떤 사람들은 노래를 잘하고 다른 사람들은 춤을 잘 춘다.

a. Some people ______________________________.

b. Some people's specialty ______________________________.

c. Singing ______________________________.

d. Different people ______________________________.

IV 장문영작

※ 다음 모델영작을 주의 깊게 읽어 보시오.

1. 모델영작 I

My Daily Life

Teaching students! That's what I do nearly every day, and you'll find this very common for every teacher. Besides teaching, I do two more things: studying and exercising. I've been doing these three things for more than ten years.

I usually get up at six in the morning. After washing my hands and face, I have breakfast and leave for the school library. I usually get there at about seven in the morning. After studying for two hours, I leave the school library to teach university students. The first hour class begins at nine o'clock. When I finish calling the roll, I start my lecture. I teach English writing, English grammar, and English reading comprehension. I prefer to teach English writing rather than teach the other subjects. My lectures usually finish before four o'clock in the afternoon.

As soon as I finish the lectures, I come back to the school library. From this time until eleven o'clock, I concentrate all my energies on studying and preparing for my future lectures. Of course, I have a few hours to exercise before having dinner. When I come back home, I wash my hands and face. After setting the alarm clock for six in the morning, I watch TV for about thirty minutes. I go to bed at twelve at night.

I also make it a rule to go to the school gym to strengthen my muscles. I work out there for about forty minutes. My exercises are mainly focused on strengthening legs, arms and the chest. To strengthen my legs, I use a leg press machine and a leg extension machine. I lift dumbbells and barbells for my arms. I also use a bench press machine and a butterfly machine for my chest. My exercise in the school gym usually finishes at six in the afternoon. As soon as

I get out of the gym, I go home and change my clothes for jogging. I jog for about an hour along a stream. When I come back home, I take a shower and have dinner. After dinner, I come back to the school library and study until I go home at eleven o'clock at night.

My daily life consists of teaching, studying and exercising. Since I teach university students, I think these three are indispensable to a university teacher like me.

2. 모델영작 Ⅱ

A Family Reunion

Meeting all the family members! That's what we do on Chuseok, Korean Thanksgiving Day. They meet each other for three purposes: ties of kinship, a memorial service for ancestors, and recreation. Nearly all the family members who do not live together get together on this day.

My parents live in a small town more than two-hundred kilometers away from Seoul, the capital city of Korea. For this reason, all my brothers and sisters come to my parents' home. My mother and sisters make *songpyeon*, a traditional rice cake, and a variety of pancakes for a memorial service for our ancestors. Sometimes, my father and brothers help my mother and sisters make them. While making these cakes and pancakes and chatting with each other, we strengthen our ties of kinship.

On Chuseok, we have breakfast a bit earlier than usual, and leave for our ancestors' graves. They are within thirty or forty minutes' drive from our parents' home. As soon as we get there, we put various foods on the stone table in front of the graves and make deep bows to our ancestors. When we finish all these procedures, we come back home.

We eat lunch when we come back. After lunch we prepare for a picnic. My mother and sisters prepare food and drink that we'll have on the picnic. My brothers and I prepare fishing tackle. We choose a scenic place for our picnic site, and it also has to be by a lake, since my brothers and I like fishing. Once we get to the picnic site, we spread a mat and put down all the food and drink on it. Some of my family members take a rest while chatting with each other, and the others take part in the fishing. Mandarin fish are what we try to catch there. We spend time fishing, chatting, eating delicious foods, drinking some beer, and appreciating the beautiful lake and mountains around us. After taking a good rest, we return home at about six in the afternoon. An outing is very good for recreation, I think.

On Chuseok, every Korean enjoys ties of kinship, does the same memorial service for ancestors, eats the same food, *songpyeopn*, and has a good opportunity to take recreation. Is there anything that gives Koreans more pleasure than Chuseok does?

※ 다음 제목으로 영작하시오.

1. 영작 I

Lunar New Year's Day

2. 영작 Ⅱ

Staying Home

제2장 한정사

한정사란 명사 앞에 여러 구성요소가 올 때 보통 이들 보다 앞에 오는 특성을 가진 관사(a, an, the) 소유격(my, our, your, his, her, their, its, Tom's, ...) 지시사(this, that, these, those), 양화사(some, any, no, all, few, a few, little, a little, ...)를 말한다. 명사 앞에 한정사가 있느냐 없느냐에 따라 그 명사가 나타내는 의미가 변화할 뿐만 아니라 어떤 명사 앞에는 한정사가 붙지 않으면 비문법적이 되므로 주의해야 한다. 또한 어떤 한정사가 명사 앞에 오느냐에 따라 명사의 의미가 변화한다. 게다가 한정사와 이것의 한정을 받는 명사 사이에도 규칙이 있으므로 이를 위반해도 비문이 된다는데 유의해야 한다. 영어를 매우 잘하는 학습자들도 한정사와 명사와의 관계에 관한 명확한 지식이 부족하여 비문법적인 문장을 자주 만들므로 특별한 주의가 필요하다.

I 핵심탐구

1. 한정사란?

한정사란 명사 앞에서 그 명사가 가진 의미를 결정하는 역할을 하는 관사, 소유격, 지시사, 양화사를 말한다.

(1) 관사: a [an], the

(가) 부정관사 a [an]

(i) 부정관사 a와 an은 셀 수 있는 명사(boy, girl, book, apple, ...)의 단수형 앞에 와서 그 대상의 하나를 가리킨다. ex a boy (한 소년), a book (한 권의 책), an apple (사과 한 개)

(ii) 셀 수 있는 명사의 복수형(boys, books, apples, ...)이나 셀 수 없는 명사(water, music, information, ...)와 쓰일 수 없다. ex a boys (X), a books (X), an apples (X), a water (X), a music (X), an information (X)

(나) 정관사 the

(i) 화자나 글을 쓰는 사람이 그의 청자나 독자도 자신이 가리키는 대상이 어떤 대상을 가리키는지 알고 있다고 보고 말을 하거나 글을 쓸 때 그 대상 앞에 붙인다.

(ii) 셀 수 있는 명사의 단수형과 복수형은 물론 셀 수 없는 명사 앞에도 올 수 있다. ex the boy (그 소년(한 사람)), the boys (그 소년들), the money (그 돈), the music (그 음악), the information (그 정보)

(2) 소유격: my, our, your, his, her, its, their, my friend's, my friends', Korea's, ...

(가) 소유격은 그 뒤의 명사가 가리키는 대상이 누구에게 속해 있다는 것을 나타낸다.

(나) 셀 수 있는 명사의 단수형과 복수형은 물론 셀 수 없는 명사와도 쓰일 수 있다.

ex 셀 수 있는 명사의 단수형과 쓰일 때: my boy (나의 소년(한 사람)), my book (나의 책(한 권), my apple (나의 사과(한 개))

셀 수 있는 명사의 복수형과 쓰일 때: my boys (나의 소년들), my books (나의 책들), my apples (나의 사과들)

셀 수 없는 명사와 쓰일 때: my water (나의 물), my music (나의 음악), my information (나의 정보)

(3) 지시사: this, that, these, those

(가) 명사 앞에 놓여 그 명사가 가리키는 대상이 어느 대상인지를 가리키는 말이다.

ex this book (이 책(한 권)), that apple (저 사과(한 개)), these books (이 책들), those apples (저 사과들)

(나) 지시사의 단수형(this, that) 뒤는 셀 수 있는 명사의 단수형이 온다. ex this book, that apple, this student, that teacher

(다) 지시사의 단수형 뒤에 셀 수 있는 명사의 복수형은 올 수 없다. ex this books (X), that apples (X), this students (X), that teachers (X)

(라) 지시사의 단수형 뒤에 셀 수 없는 명사가 올 수 있다. ex this water, that music, this information, that salt

(마) 지시사의 복수형 뒤에 셀 수 있는 명사의 단수형은 올 수 없다. ex these book (X), those apple (X), these student (X), those teacher (X)

(바) 지시사의 복수형 뒤에 셀 수 없는 명사는 올 수 없다. ex these water (X), those music (X), these information (X), those salt (X)

(4) 양화사: some, any, much, many, a lot of, lots of, plenty of, all, every, each, no, another, other, little, a little, few, a few, ...

(가) 명사 앞에 놓여 그 명사가 가리키는 대상이 가지고 있는 수나 양이 얼마나 되는지를 가리키는 말이다.

(나) 수를 나타내는 명사와만 쓰이는 것들이 있다. ex many books (많은 책), a few books (몇 권의 책), few books (거의 없는 책), each visitor (각각의 방문자), another country (또 한 나라)

(다) 양을 나타내는 명사와만 쓰이는 것들이 있다. ex much money (많은 돈), a little water (약간의 물), little information (거의 없는 정보)

(라) 수와 양을 나타내는 명사와 모두 쓰이는 것들이 있다. ex some friends (몇 명의 친구), some coffee (약간의 커피), any child (어떤 아이건 아이), any children (어떤 아이들이건 아이들), any water (어떤 물이건 물), a lot of [lots of] scientists (많은 과학자들), a lot of [lots of] water (많은 물), plenty of pictures (많은 사진), plenty of time (많은 시간), all day (하루 종일), all men (모든 사람들), all information (모든 정보), every day (매일), every twenty minutes (매 20분마다), every kindness (온갖 친절), no book (어떠한 책도 없는), no brothers (어떠한 형제도 없는), no money (어떠한 돈도 없는)

2. 한정사와 정문 비문과의 관련성

(1) 셀 수 있는 명사의 단수형은 일반적으로 앞에 한정사가 없으면 명사구가 되지 못하므로 이것이 문장의 주어 보어 목적어 간접목적어 직접목적어 목적 보어 자리처럼 일반적으로 명사구가 와야 하는 자리에 오면 비문이 된다.

a. *[Boy] loves a girl. (A boy와 The boy는 가능)

b. *The boy is [student]. (a student와 the student는 가능)

c. *A boy loves [girl]. (a girl과 the girl은 가능)

d. *The boy gave [girl] a present. (a girl과 the girl은 가능)

e. *The boy gave a girl [present]. (a present와 the present는 가능)

f. *The boy made the girl [scientist]. (a scientist는 가능)

(2) 관사 소유격 지시사는 둘이 나란히 나와 명사를 직접 수식할 수 없다. 관사와 소유격, 소유격과 지시사, 지시사와 관사가 나란히 나와 명사를 직접 수식할 수 없다.

a. *[A] [my] boy is a student. (A boy, My boy는 가능)

*[My] [a] boy is a student.

*[The] [my] boy is a student. (The boy, My boy는 가능)

*[My] [the] boy is a student.

b. *[My] [this] boy is a student. (My boy, This boy는 가능)

*[This] [my] boy is a student.

*[Our] [these] boys are students. (Our boys, These boys는 가능)

*[These] [our] boys are students.

c. *[The] [this] boy is a student. (The boy, This boy는 가능)

*[This] [the] boy is a student.

*[The] [these] boys are students. (The boys, These boys는 가능)

*[These] [the] boys are students.

(3) 관사 소유격 지시사가 양화사와 나란히 와서 명사를 수식할 때는 보통 양화사가 이들 보다 앞에 온다.

a. *[The] [all] books are on the bookshelf. (양화사가 관사 앞에 온다)

[All] [the] books are on the bookshelf. (그 책들은 모두 그 선반위에 있다)

b. *[My] [all] books are on the bookshelf. (양화사가 소유격 앞에 온다)

[All] [my] books are on the bookshelf. (내 책은 모두 그 선반위에 있다)

c. *[These] [all] books are on the bookshelf. (양화사가 지시사 앞에 온다)

[All] [these] books are on the bookshelf. (이 책들은 모두 그 선반위에 있다)

(4) 셀 수 있는 명사의 복수형을 앞에 한정사를 붙이지 않고 쓰면 일반적인 의미를 전한다.

a. [Boys] are stronger than [girls]. (셀 수 있는 명사의 복수형—일반적인 의미의 소년과 소녀를 지칭) (소년은 소녀보다 힘이 세다)

a.' [The boy] likes [the girl]. (한정사와 셀 수 있는 명사의 단수형—특정적인 한 소년과 한 소녀) (그 소년은 그 소녀보다 힘이 세다)

b. I respect [scientists]. (일반적인 의미의 과학자) (나는 과학자를 존경한다)

b.' I respect [the scientist]. (특정적인 과학자 한 사람) (나는 그 과학자를 존경한다)

(5) 셀 수 없는 명사를 앞에 한정사를 붙이지 않고 쓰면 일반적인 의미를 전한다.

a. [Music] is what I always listen to. (일반적인 의미의 음악) (음악은 내가 항상 듣는 것이다)

b. The scientist needs [information] about stars. (일반적인 의미의 정보) (그 과학자는 별에 관한 정보가 필요하다)

II 확인학습

※ 다음 중 비문의 원인을 찾아 고치시오.

1. He bought a SM 5 as his first car in his life. (그는 그의 인생의 첫 차로 SM5를 샀다)

____.

2. The scientist read these all books related to stars. (그 과학자는 별과 관련된 이 모든 책을 읽었다)

____.

3. The boy was fascinated by blue eyes of his pen pal. (그 소년은 그의 편지 친구의 푸른 눈에 매력을 느꼈다)

____.

4. She used to listen to a music when she was a child. (그녀는 어릴 때 음악을 듣곤 했다)

____.

5. You need dollar when you travel in a foreign country. (너는 외국여행을 할 때 달러화가 필요하다)

____.

6. There are much women who enjoy helping others voluntarily. (자원해서 남을 돕는 일을 즐기는 여성이 많다)

____.

7. This is present that my girlfriend gave to me for my birthday. (이것이 내 여자 친구가 생일 선물로 내게 준 것이다)

____.

8. We met two girls and boy while coming down from the mountain. (우리는 그 산에서 내려오는 동안 두 명의 소녀와 한 소년을 만났다)

____.

9. The man gave up taking a trip abroad because he had few money. (그 남자는 돈이 거의 없어서 해외 여행하는 것을 포기했다)

____.

10. The student got as many informations as possible about the university that he wanted to attend. (그 학생은 다니고 싶어 하는 그 대학에 관해 가능한 한 많은 정보를 얻었다)

____.

III 단문영작

※ 다음을 주어진 표현으로 시작하여 영작하시오.

1. 점심을 늦게 먹어 아직 저녁생각이 없다.
   a. I ______________________________.
   b. The late lunch ______________________________.
   c. It ______________________________.
   d. Because of ______________________________.

2. 이 티셔츠는 내 여자 친구가 사준 것이다.
   a. I ______________________________.
   b. My girlfriend ______________________________.
   c. As ______________________________.
   d. This T-shirt ______________________________.

3. 그는 그의 단골 미용실에서 머리를 깎는다.
   a. He ______________________________.
   b. His haircut ______________________________.
   c. To ______________________________.
   d. A beauty salon ______________________________.

4. 늦은 밤이라 주위에는 사람들이 별로 없었다.
   a. It ______________________________.
   b. I ______________________________.
   c. Few people ______________________________.
   d. There ______________________________.

5. 나의 이 책은 몇 년 전 비싸게 주고 산 것이다.

a. This book ______________________________.

b. I ______________________________.

c. A lot of money ______________________________.

d. In order to ______________________________.

6. 여름에는 가끔 비가 와서 더운 대지를 식혀준다.

a. The occasional rain ______________________________.

b. The hot ground ______________________________.

c. It ______________________________.

d. The summer heat ______________________________.

7. 바깥 날씨가 더워 창밖에서 더운 바람이 들어온다.

a. It ______________________________.

b. A hot wind ______________________________.

c. The weather ______________________________.

d. Because of ______________________________.

8. 그 소녀의 필통에는 연필 몇 자루와 지우개가 있다.

a. The girl ______________________________.

b. There ______________________________.

c. The girl's pencil box ______________________________.

d. You ______________________________.

9. 많은 여성들이 손톱에 예쁜 그림을 그려 넣고 있다.

a. Lots of women ______________________________.

b. Fingernail decoration ______________________________.

c. We ______________________________.

d. It ______________________________.

10. 죽은 한국에서 몸이 아픈 사람들이 즐겨 찾는 음식이다.

a. Sick people ______________________________.

b. When ______________________________.

c. Porridge ______________________________.

d. We ______________________________.

IV 장문영작

※ 다음 모델영작을 주의 깊게 읽어 보시오.

1. 모델영작 I

My School Days

School days! They are the period of my life when I was at school and they are not only the objects that I feel regret for, but also the objects that I long for. I can divide my school days into three major periods: the first period in which I dreamed of lots of things, the second period in which I prepared for my dream, and the third period in which I realized it.

When I was a primary and middle school student, I spent most of my time dreaming of lots of things. I sometimes dreamed of living happily with my parents and wife. At times, I dreamed of becoming a famous scientist studying the stars in the sky. I also dreamed of becoming a famous man with lots of people around me. Of course, I dreamed of becoming a man dealing with foreign affairs with a fluent foreign language skill, because I wanted to meet as many foreigners as possible.

I had little time to dream of anything when I entered high school. I only had to devote myself to studying, since I had to enter university to realize my dream. It was difficult for me to have time for physical exercise. For this reason, I never played table tennis even though I had played it in my middle school days. I was not able to have free time during this period and I don't want to go back to this period again.

At university, I mainly focused my study on learning foreign languages such as English and Japanese. On the basis of the knowledge of foreign languages, I entered graduate school later. At graduate school, I studied linguistics more deeply to become an expert in my field of study. I got a master's degree and a doctor's degree and was able to teach students English at universities, realizing one of my childhood dreams.

I have some regret about my school days even though I also feel some satisfaction. However, it is not important whether I feel regret or satisfaction about them. I reflect on them only for my present and future.

2. 모델영작 II

Education for One's Children

Education for one's children! It's a difficult question to answer and everybody may have his own philosophy to deal with it. I think it should contribute to the realization of both their own happiness and others' happiness. To help children get these goals, we should bring up our children, focusing on three objectives: a dream, sociality, and knowledge.

First of all, we should give our children opportunities to cherish a dream that they will make an endless effort to realize in the future. For this purpose, we should expose our children to lots of physical and social environments. Some children may be interested in the physical environment, while other children may show interest in the social environment. Their particular experiences may lead them to have particular dreams for their future.

If we want our children to grow up as perfect men, we should give them opportunities to realize what sociality is. It is very important for them to have sociality throughout their life. Sometimes, sociality may be their motivations for living. In order for them to acquire sociality, we need to give our children some roles to play within our family. We can also help them acquire sociality by giving them opportunities to play with as many friends as possible.

Finally, we should help our children get as much knowledge as possible. It is undeniable that they need much more knowledge than we did in the past. They may not live without keeping up with new information as well as old information. This is why we have to teach our children not to hesitate to receive new knowledge. If they hesitate to receive it, they will be failures in their life.

When we bring up our children, we have to take these facts into consideration. Isn't it possible for us to make our children perfect men if we bring them up on the basis of these principles?

※ 다음 제목으로 영작하시오.

1. 영작 I

Teaching and Learning

2. 영작 Ⅱ

Freshman Days at the University

제3장

구

구란 하나 이상의 단어가 영어가 허용하는 규칙에 따라 배열된 것으로 여러 개의 구가 일정한 규칙에 의해 배열되어 문장을 만든다. 이 점에서 구의 내부구조가 잘못되거나 구가 잘못된 순서로 배열되면 문장이 되지 못한다. 따라서 어떤 문장이 비문법적인지 아닌지를 판단하기 위해서는 구의 내부구조에 문제가 없는지 그리고 각각의 구가 문장에서 올바른 순서로 배열되어 있는 지를 점검하는 것이 필수적이다. 구에는 명사가 중심이 된 명사구, 동사가 중심이 된 동사구, 형용사가 중심이 된 형용사구, 부사가 중심이 된 부사구, 전치사가 중심이 된 전치사구가 있다.

I 핵심탐구

1. 구란?

구란 보통 일정한 규칙에 의해 배열된 단어 집단을 말하며 이것이 모여 문장을 구성한다.

(1) 명사구

(가) '한정사 + 명사'로 구성: a boy (한 소년), the boy (그 소년), the boys (그 소년들), my boy (나의 소년), my boys (나의 소년들), this boy (이 소년), these boys (이 소년들), that boy (저 소년), those boys (저 소년들), some boy (어떤 소년), some boys (몇 명의 소년들), no boy (어떤 소년도 아닌), no boys (어떤 소년들도 아닌), many boys (많은 소년들), a lot of/lots of boys (많은 소년들), plenty of boys (많은 소년들), a lot of/lots of water (많은 물), much money (많은 돈), any boy (어떤 소년이건), any boys (어떤 소년들이건), a little money (약간의 돈), little money (거의 없는 돈), a few boys (몇 명의 소년들), few boys (거의 없는 소년들), ...

(나) 셀 수 있는 명사의 복수형: boys, girls, students, teachers, mothers, fathers, brothers, sisters, politicians, scientists, doctors, nurses, professors, ...

(다) 셀 수 없는 명사: water, salt, music, information, weather, work, health, English, gold, furniture, ...

(라) 'the + 형용사'가 복수 보통명사로 쓰이는 경우: the rich (부자들), the poor (가난한 자들), the blind (장님들), the deaf (귀머거리들), the handicapped (장애자들), the jobless (실직자들), the unemployed (실직자들), ...

(마) 고유명사: Mary, Tom, Yeon-Ah, Ji-Sung, Korea, Seoul, ...

(바) 대명사: I, we, you, he, she, it, they, this, that, these, those, who, what, which, somebody, anybody, nobody, everyone, everybody, something, anything, nothing, none, any, all, each, ...

(2) 동사구

자신이 가진 의미를 혼자서도 완전히 전할 수 있는 동사는 뒤에 어떤 요소도 의무적으로 나올 필요가 없다. 이 경우 동사 홀로 동사구가 된다. 그러나 자신이 가진 의미를 홀로 전할 수 없는 동사는 다른 요소의 도움을 받아야 하므로 뒤에 필요한 요소가 나와야 동사구를 만들 수 있다.

(가) a. The girl [sings]. (동사만으로 되어 있는 동사구) (그 소녀는 노래한다)

b. She [sings beautifully]. (동사와 부사로 구성된 동사구. 부사가 오지 않아도 동사구) (그녀는 아름답게 노래한다)

(나) a. She [is beautiful]. (동사와 보어인 형용사구로 구성된 동사구. 동사(is)의 보어인 형용사구(beautiful)가 오지 않으면 동사구가 될 수 없다) (그녀는 아름답다)

b. She [is a singer]. (동사와 명사구로 구성된 동사구. 동사의 보어인 명사구(a singer)가 오지 않으면 동사구가 될 수 없다) (그녀는 가수이다)

(다) a. She [loves a dancer]. (동사와 목적어인 명사구로 구성된 동사구. 명사구(a dancer)가 오지 않으면 동사구가 될 수 없다) (그녀는 한 무용수를 사랑한다)

b. She [loves a dancer very much]. (동사와 목적어인 명사구와 부사구로 구성된 동사구. 부사구(very much)는 오지 않아도 동사구) (그녀는 한 무용수를 매우 사랑한다)

(라) a. She [gives him a present]. (동사와 간접목적어인 명사구(him)와 직접목적어인 명사구(a present)로 구성된 동사구) (그녀는 그에게 선물을 준다)

b. She [gives him a present very often]. (동사와 간접목적어인 명사구와 직접목적어인 명사구

그리고 부사구(very often)로 구성된 동사구. 부사구는 오지 않아도 동사구) (그녀는 그에게 자주 선물을 준다)

(마) a. She [makes him happy]. (동사와 목적어인 명사구와 보어인 형용사구(happy)로 구성된 동사구) (그녀는 그를 기쁘게 한다)

b. She makes him a diligent man. (동사와 목적어인 명사구와 보어인 명사구(a diligent man)로 구성된 동사구) (그녀는 그를 부지런한 남자로 만든다)

(3) 형용사구

형용사만으로 구성되거나 이 형용사 앞이나 뒤에 이것을 수식하는 요소로 구성된다.

a. The boy is [strong]. (형용사만으로 구성된 형용사구) (그 소년은 힘이 세다)

b. He is [very strong]. (부사와 형용사로 구성된 형용사구. 부사(very)가 형용사 앞에서 형용사 수식) (그는 매우 힘이 세다)

c. He is [old enough]. (형용사와 부사로 구성된 형용사구. 부사(enough)가 형용사 뒤에서 형용사 수식) (그는 충분히 나이가 들었다)

d. He is [too strong to keep silent]. (앞은 부사(too)가 뒤는 to-부정사(to keep silent)가 형용사(strong)를 수식하는 구조) (그는 너무 힘이 세어 침묵을 지킬 수 없다)

(4) 부사구

(가) 부사구의 구조: 부사만으로 구성되거나 이것을 수식하기 위해 앞에 오는 또 다른 부사로 구성된다.

a. The runner runs [fast]. (부사만으로 구성된 부사구) (그 주자는 빨리 달린다)

b. He runs [very fast]. (부사(fast)를 수식하는 또 다른 부사(very)로 구성) (그는 매우 빨리 달린다)

(나) 부사의 문장 내 세 주요위치: 부사는 일반적으로 아래 세 주요위치 중 어딘가에 오며 부사의 종류에 따라 제약이 따른다.

[①] 주어 [②] 동사 [③]
문장 첫머리 문장 가운데 문장 끝

A. 문장 첫머리 위치: 문장의 주어 앞 위치이다.

B. 문장 가운데 위치: 주어 뒤 위치로 동사의 종류에 따라 변한다.

(A) be동사 뒤: be동사가 있는 문장에서는 be동사 뒤를 가리킨다.

(B) 일반동사 앞: 일반동사가 있는 문장에서는 일반동사 앞을 가리킨다.

(C) 조동사 뒤: 조동사가 있는 문장에서는 조동사 뒤를 가리키며 조동사가 여러 개 있는 문장에서는 주로 첫 번째 조동사 뒤를 가리키지만 부사에 따라 변하며 여러 개의 조동사를 모두 제치고 본 동사 바로 앞을 가리킬 때도 있다.

C. 문장 끝 위치: 동사 뒤에 어떤 요소도 나오지 않을 때는 동사 바로 뒤, 동사의 보어가 있을 때는 보어 뒤, 목적어가 있을 때는 목적어 뒤, 목적어와 목적보어가 있을 때는 목적보어 뒤를 가리킨다.

(다) 부사의 종류와 문장 내의 위치

A. 연결부사: 이미 앞서 언급한 내용과 지금 말하려는 내용을 연결하는 역할을 하는 부사이므로 주로 문장 첫머리에 온다. however, anyway, then, therefore, besides, in addition, next 등이 있다.

a. [Therefore], the student learned lots of sentences by heart. (따라서 그 학생은 많은 문장을 암기했다)

b. [Next], let's talk about foreign affairs. (다음으로 우리 외무에 관해 이야기합시다)

B. 시간부사: 시간을 나타내는 부사로 주로 문장 끝 위치에 오며 문장 첫머리 위치에도 갈 수 있다. yesterday, today, tomorrow, last year, this morning, last night, last week, in 2002, in April 등이 있다.

a. I met my girlfriend [last week]. (나는 지난 주 나의 여자 친구를 만났다)

b. [Last week] I met my girlfriend. (지난 주 나는 나의 여자 친구를 만났다)

C. 장소부사: 어떤 행위나 사건이 일어나는 장소를 나타내는 부사로 주로 문장 끝 위치에 오며 문장 첫머리위치에도 올 수 있다. here, there, in Seoul, in Korea, upstairs, downstairs, around 등이 있다.

a. Tom met Teresa [in Korea]. (탐은 한국에서 테레사를 만났다)

b. [In Korea], Tom met Teresa. (한국에서 탐은 테레사를 만났다)

D. 양태부사: 동사의 행위가 어떤 모양으로 이루어지는 가를 나타내는 부사로 대개

문장 끝 위치에 온다. 그러나 -ly로 끝나는 양태부사는 문장 끝 위치 뿐 아니라 문장 가운데 위치에도 올 수 있다. carefully, slowly, quietly, hard 등이 있다.

a. The student studies English composition [hard]. (그 학생은 영어 작문을 열심히 공부한다)

a.' *The student [hard] studies English composition.

b. Miss Kim drives her car [carefully]. (김양은 자동차를 조심스럽게 운전한다)

b.' Miss Kim [carefully] drives her car. (김양은 조심스럽게 자동차를 운전한다)

E. 한정빈도부사: 명확한 빈도를 나타내는 부사로 주로 문장 끝 위치에 오지만 문장 첫머리 위치에도 올 수 있다. every day, daily, every week, weekly, every month, monthly, every year, yearly 등이 있다.

a. The student reads a newspaper [every day]. (그 학생은 매일 신문을 읽는다)

b. [Every day] the student reads a newspaper. (매일 그 학생은 신문을 읽는다)

F. 부정빈도부사: 막연한 빈도를 나타내는 부사로 주로 문장 가운데 위치에 온다. always, usually, often, sometimes, occasionally, ever, normally 등이 있다. 그러나 예외적으로 sometimes, usually, normally, often, frequently, occasionally는 세 위치에 모두 올 수 있다.

a. The girl is [always] late for school. (be동사(is) 뒤) (그 소녀는 항상 학교에 지각한다)

a.' She [always] goes to bed late at night. (일반동사(goes) 앞) (그녀는 항상 밤에 늦게 잠자리에 든다)

a.'' She may [always] eat dinner late at night. (조동사(may) 뒤) (그녀는 항상 밤늦게 저녁식사를 할지도 모른다)

b. [Sometimes] the boy meets the girl. (문장 첫머리 위치) (때때로 그 소년은 그 소녀를 만난다)

b.' The boy [sometimes] meets the girl. (문장 가운데 위치) (그 소년은 때때로 그 소녀를 만난다)

b.'' The boy meets the girl [sometimes]. (문장 끝 위치) (그 소년은 그 소녀를 때때로 만난다)

G. 부정부사: 부정의 의미를 가진 부사로 주로 문장 가운데 위치에 온다. 그러나 부정어를 강조하고자 할 때는 문장 첫머리 위치로 이동할 수 있으며 이때 부정어가 뒤의 절 전체를 부정하게 되어 주어와 조동사의 어순이 의무적으로 도치된다. not, never, scarcely, hardly 등이 있다.

a. The child [never] cries. (문장 가운데 위치: 일반동사(cry) 앞) (그 아이는 결코 울지 않는다)

a.' [Never] does the child cry. (문장 첫머리 위치: 주어(the child)와 조동사(does)가 도치) (결코 그 아이는 울지 않는다)

b. He has [never] cried. (문장 가운데 위치: 조동사(has) 뒤) (그는 결코 운 적이 없다)

b.' [Never] has he cried. (문장 첫머리 위치: 주어(he)와 조동사(has)가 도치) (결코 그는 운적이 없다)

H. 확신부사: 확신을 나타내는 부사로 주로 문장 가운데 위치에 온다. 그러나 예외적으로 maybe, perhaps는 보통 문장 첫머리위치에 온다. certainly, definitely, obviously, clearly, probably 등이 있다.

a. The man is [certainly] a famous actor. (be동사(is) 뒤) (그 남자는 틀림없이 유명한 배우이다)

a.' He [clearly] stars in a famous movie. (일반동사(stars) 앞) (그는 분명히 유명영화의 주연배우이다)

a." He may [clearly] make lots of money. (조동사(may) 뒤) (그는 분명히 많은 돈을 벌지도 모른다)

b. [Maybe] he is not married. (문장 첫머리 위치) (아마 그는 미혼일 것이다)

I. 논평부사: 어떤 행위에 대한 화자의 논평을 나타내는 부사로 대개 문장 가운데 위치에 오지만 문장 첫머리 위치에도 온다. fortunately, unfortunately, stupidly 등이 있다.

a. The player [fortunately] won the game. (문장 가운데 위치) (그 선수는 운 좋게도 그 경기에서 이겼다)

b. [Fortunately] the player won the game. (문장 첫머리 위치) (운좋게도 그 선수는 그 경기에서 이겼다)

J. 완전부사: 동사의 행위가 얼마만큼 완전하게 이루어지는가를 나타내는 부사로 문장 가운데 위치에 온다. 조동사가 여러 개 있으면 이 조동사들을 모두 제치고 본동사 앞에 오기도 한다. completely, almost, nearly, practically 등이 있다.

a. The writer [completely] finished his manuscript. (일반동사(finished) 앞) (그 작가는 그의 원고를 완전히 끝마쳤다)

a.' He has [completely] finished his manuscript. (조동사(has) 뒤) (그는 그의 원고를 완전히 끝마쳤다)

a." He will have [completely] finished another manuscript by next Christmas. (여러 개의

조동사(will, have)를 모두 제치고 본동사 (finished) 앞) (그는 다음 크리스마스까지는 또 다른 원고를 끝마쳐 있을 것이다)

K. 초점부사: 문장 내의 어느 한 부분에 초점을 맞추는 부사로 초점을 맞추려는 표현 바로 앞에 온다. 이 점에서 위치이동이 상당히 자유롭다. only, even, mainly, mostly, either, neither 등이 있다.

a. [Only] the boy loved the girl. (주어(the boy) 앞에서 주어에 초점) (그 소년만이 그 소녀를 사랑했다)

b. The boy [only] loved the girl. (동사(loved) 앞에서 동사에 초점) (그 소년은 그 소녀를 사랑하기만 했다)

c. The boy loved [only] the girl. (목적어(the girl) 앞에서 목적어에 초점) (그 소년은 그 소녀만을 사랑했다)

L. 강조부사: 특정 단어나 표현 바로 앞에 와서 그 단어나 표현을 수식함으로써 그 단어나 표현의 의미를 강조하는 부사이다. very, just, right, really, terribly, extremely 등이 있다.

a. Your English is [extremely] excellent. (형용사 excellent를 수식하면서 그 의미를 강조) (너의 영어는 극히 우수하다)

b. Your friend is [really] kind. (형용사 kind를 수식하면서 그 의미를 강조) (네 친구는 정말 친절하다)

(5) 전치사구

전치사와 그 목적어인 명사구로 구성된다.

a. The bridegroom waited [for the bride]. (전치사(for)와 목적어인 명사구(the bride)로 구성) (그 신랑은 그 신부를 기다렸다)

b. He waited [(with) (his guests) (present)] (전치사(with)와 목적어인 명사구(his guests)와 목적보어인 형용사구(present)로 구성된 전치사구) (그는 하객이 참석한 가운데 기다렸다)

He waited [(with) (his guests) (around)]. (전치사와 목적어인 명사구와 목적보어인 부사구(around)로 구성된 전치사구) (그는 하객들을 주위에 둔 채 기다렸다)

He waited [(with) (his guests) (watching)]. (전치사와 목적어인 명사구와 목적보어인 현재분사(watching)로 구성된 전치사구) (그는 하객이 지켜보는 가운데 기다렸다)

He waited [(with) (his wedding suit) (worn)]. (전치사와 목적어인 명사구와 목적보어인 과거분사(worn)로 구성된 전치사구) (그는 결혼예복을 입은 채 기다렸다)

He waited [(with) (his guests) (around him)]. (전치사와 목적어인 명사구와 목적보어인 전치사구(around him)로 구성된 전치사구) (그는 주위에 하객을 둔 채 기다렸다)

2. 구와 정문 비문과의 관련성

단어가 일정한 규칙에 의해 배열되어야 구가 되며 이 구는 문장 내에서 올 수 있는 위치에 제약을 받는다.

(1) 명사구와 정문 비문과의 관련성

(가) 명사구의 자격이 없는 요소가 문장에서 명사구가 와야 할 자리에 오면 비문이 된다.

a. *[Baby] cried. (주어 자리에 명사구가 아닌 명사(baby)가 와서 비문)

b. *The baby became [actor]. (보어 자리에 명사구가 아닌 명사(actor)가 와서 비문)

c. *He married [poor girl]. (목적어 자리에 명사구가 아닌 형용사와 명사가 와서 비문)

d. *He taught [poor that girl] English. (간접목적어 자리에 명사구(that poor girl)가 아닌 구조가 와서 비문)

d.' *He gave that poor girl [present]. (직접목적어 자리에 명사구(a present)가 아닌 명사(present)가 와서 비문)

e. *He made that poor girl [wife]. (목적보어 자리에 명사구(his wife)가 아닌 명사(wife)가 와서 비문)

f. *He put the apples on [dish]. (전치사(on)의 목적어로 명사구(a dish, the dish, ...)가 아닌 명사(dish)가 와서 비문)

(나) 명사구가 올 수 없는 자리에 명사구가 오면 비문이 된다.

a. *The politician slept [the bed]. (동사 sleep은 '잠자다'는 의미로 보어나 목적어인 명사구(the bed)를 필요로 하지 않으므로 이것이 바로 오면 비문)

a.' The politician slept on the bed. (명사구(the bed)가 전치사(on)의 목적어로 오면 정문) (그 정치가

는 그 침대에서 잤다)

b. *He looks [an intelligent man]. (명사구를 보어로 가질 수 없는 동사(look) 뒤에 명사구가 와서 비문)

b.' He looks intelligent. (형용사구(intelligent)가 보어로 오면 정문) (그는 지적으로 보인다)

c. *He laughed [his opponents]. (목적어를 취할 수 없는 동사(laugh) 뒤에 명사구가 와서 비문)

c.' He laughed at his opponents. (명사구(his opponent)가 전치사(at)의 목적어로 오면 정문) (그는 그의 반대자들을 비웃었다)

d. *He blamed his opponents [neglect of their duties]. (목적어를 두 개 취할 수 없는 동사(blame) 뒤에 목적어가 두 개(his opponents, neglect of their duties)가 와서 비문)

d.' He blamed his opponents for neglect of their duties. (명사구(neglect)가 전치사(for)의 목적어로 오면 정문. 명사구 their duties는 전치사 (of)의 목적어) (그는 그의 반대자들을 의무를 게을리 한다고 비난했다)

e. *He drove some opponents [anger]. (목적보어로 명사구를 취할 수 없는 동사(drive)의 목적보어로 명사구가 와서 비문)

e.' He drove some opponents angry. (목적보어로 형용사구(angry)가 오면 정문) (그는 몇몇 반대자들을 화나게 했다)

(2) 동사구와 정문 비문과의 관련성

동사가 가진 의미를 완전히 전달하는데 필요한 요소가 그 뒤에 오면 동사구가 되어 정문을 만들지만 이를 위반하면 동사구가 되지 못해 비문이 된다.

a. *The foreign worker [worked diligent]. (동사 work는 형용사구(diligent)인 보어를 필요로 하는 동사가 아닌데 이것이 나와 동사구가 아니므로 비문)

a.' The foreign worker worked diligently. (동사 work 뒤는 일하는 모양을 나타내는 양태부사 (diligently)는 올 수 있으므로 정문) (그 외국근로자는 부지런히 일했다)

b. *He [looked seriously]. (동사 look은 '~해 보이다'는 의미를 형용사구인 보어로 전하므로 형용사구가 오지 않아 동사구가 아니므로 비문)

b.' He looked serious. (동사 look 뒤에 보어인 형용사구가 오면 정문) (그는 진지해 보인다)

c. *He [loved Korean girl]. (동사 love는 목적어로 명사구(a Korean girl)를 필요로 하는 동사로 명사구가 오지 않으면 동사구가 아니므로 비문)

c.' He loved a Korean girl. (동사 love 뒤에 목적어인 명사구가 와서 정문) (그는 한 한국소녀를 사랑했다)

d. *He [gave girlfriend a nice present]. (간접목적어와 직접목적어를 가질 수 있는 동사(give)의 간접목적어로 명사구가 오지 않으면 동사구가 아니므로 비문)

d.' He gave his girlfriend a nice present. (동사 give의 간접목적어로 명사구(his girlfriend)가 와서 정문) (그는 그의 여자 친구에게 좋은 선물을 하나 주었다)

e. *He [gave his girlfriend nice present]. (간접목적어와 직접목적어를 가질 수 있는 동사의 직접목적어로 명사구가 아닌 요소(nice present)가 오면 동사구가 아니므로 비문)

e.' He gave his girlfriend a nice present. (동사 give의 직접목적어로 명사구(a nice present)가 와서 정문) (그는 그의 여자 친구에게 좋은 선물을 하나 주었다)

f. *He [made his girlfriend happily]. (목적보어를 취하는 동사(make)의 목적보어로 형용사구가 오지 않으면 동사구가 아니므로 비문)

f.' He made his girlfriend happy. (목적보어로 형용사구(happy)가 와서 정문) (그는 그의 여자 친구를 기쁘게 했다)

g. *He [made his girlfriend happy woman]. (목적보어를 취하는 동사의 목적보어로 명사구가 아닌 요소(happy woman)가 오면 동사구가 아니므로 비문)

g.' He made his girlfriend a happy woman. (목적보어로 명사구(a happy woman)가 와서 정문) (그는 그의 여자 친구를 행복한 여자로 만들었다)

(3) 형용사구와 정문 비문과의 관련성

(가) 형용사구의 내부구조를 위반하면 비문이 된다.

a. *I know that [fat silly] man over there. (보통 주관적 판단에 의존하는 형용사(silly)가 객관적 판단에 의존하는 형용사(fat)보다 앞에 온다. that은 명사 man을 한정하는 한정사인 지시사)

a.' I know that silly fat man over there. (나는 저기 있는 저 어리석은 뚱뚱한 남자를 알고 있다)

b. *I like the [glass round] table very much. (보통 다른 형용사(round)가 재료를 나타내는 형용사(glass)보다 앞에 와야 정문)

b.' I like the [round glass] table very much. (나는 그 둥근 유리 탁자를 매우 좋아한다)

(나) 형용사구가 올 수 없는 자리에 오면 비문이 된다.

a. *A stranger came [hurried]. (동사 come은 보어인 형용사구를 필요로 하는 동사가 아닌데 형용사구가

와서 비문)

a.' A stranger came hurriedly. (한 낯선 사람이 서둘러 왔다)

b. *He drank the makkolli [greedy]. (동사 drink는 목적보어인 형용사구를 필요로 하는 동사가 아닌데 형용사구가 와서 비문)

b.' He drank the makkolli greedily. (그는 그 막걸리를 탐욕스럽게 마셨다)

(4) 부사구와 정문 비문과의 관련성

(가) 부사구가 올 수 없는 자리에 오면 비문이 된다.

a. *The soup tasted [badly]. (동사 taste 뒤는 주격보어로 형용사구가 오는 자리)

a.' The soup tasted bad. (그 수프는 맛이 좋지 않았다)

b. *The beggar made the housewife [angrily]. (목적보어로 형용사구나 명사구가 오는 자리)

b.' The beggar made the housewife angry. (목적보어로 형용사구(angry)가 와서 정문) (그 거지는 그 주부를 화나게 했다)

(나) 부사구의 종류에 따른 위치를 위반하면 비문이 된다.

a. *You [always] are late for school. (부정빈도부사 always는 be동사 앞이 아닌 뒤에 온다)

a.' You are [always] late for school. (너는 항상 학교에 지각이다)

b. *You come [always] late for school. (부정빈도부사 always는 일반동사(come) 앞에 와야 정문)

b.' You [always] come late for school. (너는 항상 학교에 늦게 온다)

c. *You [always] can come to school on time. (부정빈도부사 always는 조동사(can) 뒤에 와야 정문)

c.' You can [always] come to school on time. (너는 항상 정각에 학교에 올 수 있다)

(다) 부사구가 여러 개 올 때 순서에 제약이 따르므로 이것을 위반하면 좋지 못한 문장이 된다.

a. *The foreigner studied Korean [at a university] [hard] [last year]. (동사(study)의 행위가 일어나는 모양을 나타내는 양태부사(hard)가 가장 앞에 오고 이어 장소부사(last year)가 오고 시간부사(last year)가 와야 정문)

a.' The foreigner studied Korean [hard] [at a university] [last year]. (그 외국인은 작년에 한 대학에서 한국어를 열심히 공부했다)

b. [Last year] the foreigner studied Korean hard at a university. (시간부사는 주로 문장 끝 위치에 오지만 문장 첫머리도 가능) (작년에 그 외국인은 한 대학에서 한국어를 열심히 공부했다)

b. [At a university], the foreigner studied Korean [hard] [last year]. (장소부사가 시간부사 앞에 올 수 있지만 문장 첫머리도 가능) (한 대학에서 그 외국인은 작년에 한국어를 열심히 공부했다)

(5) 전치사구와 정문 비문과의 관련성

전치사 뒤는 목적어인 명사구가 와야 전치사구가 되므로 보통 이것을 위반하면 비문이 된다.

a. *The maid put the kitchen knife [on cutting board]. (전치사(on) 뒤는 목적어가 될 수 있는 명사구가 와야 한다. cutting board가 명사구가 아니므로 비문)

a.' The maid put the kitchen knife [on the cutting board]. (그 하녀는 그 부엌칼을 그 도마 위에 올려놓았다)

b. *The maid took a rest [with apron on]. (전치사(with) 뒤는 목적어인 명사구가 와야 한다. apron이 명사구가 아니므로 비문)

b.' The maid took a rest [with an/the/her apron on]. (그 하녀는 앞치마를 입은 채 휴식을 취했다)

c. *The maid was sleeping [between he and the cat]. (전치사 뒤는 명사구가 목적격으로 와야 정문)

c.' The maid was sleeping [between him and the cat]. (그 하녀는 그와 그 고양이 사이에서 잠자고 있었다)

d. *The maid was talking [about to serve better meals]. (to-부정사는 전치사(about)의 목적어가 될 수 없으므로 비문)

d.' The maid was talking [about serving better meals]. (동명사(serving)가 전치사(about)의 목적어. 명사구 better meals는 동명사의 목적어) (그 하녀는 더 좋은 식사를 올리는 것에 관해 이야기하고 있었다)

II 확인학습

※ 다음 중 비문의 원인을 찾아 고치시오.

1. I've fallen in love with beautiful this young lady. (나는 이 아름다운 젊은 숙녀에게 반했다)

   ____________________.

2. I don't object to your girlfriend come to the party with you. (나는 네 여자 친구가 너와 그 파티에 오는데 반대하지 않는다)

   ____________________.

3. I don't like the all people, but I can talk with them for a while. (나는 그 사람들 모두를 좋아하는 것은 아니지만 잠시 동안 그들과 이야기할 수 있다)

   ____________________.

4. Mr. Kim teaches to the students English writing at a university. (김씨는 대학에서 그 학생들에게 영어쓰기를 가르친다)

   ____________________.

5. We met all of them, namely Tom, Mary and he, near the mountain. (우리는 그 산 가까이에서 그들 모두 즉, 탐 메리 그리고 그를 만났다)

   ____________________.

6. The boy walked the girl the station, since she was unfamiliar with the area. (그 소년은 그 소녀가 그곳 지리에 낯설어서 그 역까지 바래다주었다)

   ____________________.

7. She drives usually her car very carefully, so she has never had any car accident so far. (그녀는 보통 자동차를 매우 조심스럽게 운전해서 여태까지 자동차사고를 당한 적이 없다)

____.

8. The boy is looking forward to receive an e-mail from his foreign friend. (그 소년은 그의 외국친구로부터 전자우편을 받기를 고대하고 있다)

____.

9. The old man looked as strongly as a young man, for he had been exercising for a long time. (그 노인은 오랫동안 운동을 해 와서 젊은이만큼 튼튼해 보였다)

____.

10. The girl got angrily with her boyfriend because he looked at a pretty girl. (그 소녀는 남자친구가 한 예쁜 소녀를 쳐다보았기 때문에 화를 냈다)

____.

Ⅲ 단문영작

※ 다음을 주어진 표현으로 시작하여 영작하시오.

1. 그는 전철역에서 멀지 않은 곳에 산다.

   a. His place ______________________________.

   b. He ______________________________.

   c. A subway station ______________________________.

   d. His place and a subway station ______________________________.

2. 우리는 빈대떡 안주에 막걸리를 마셨다.

a. We ______________________________.

b. Mung-bean pancakes ______________________________.

c. Makkolli ______________________________.

d. It ______________________________.

3. 기말고사가 끝나면 긴 여름방학에 들어간다.

a. The long summer vacation ______________________________.

b. The final exams ______________________________.

c. As soon as ______________________________.

d. The students ______________________________.

4. 도서실에서는 음식을 먹지 않는 것이 예의이다.

a. Not eating ______________________________.

b. It ______________________________.

c. You ______________________________.

d. All library users ______________________________.

5. 횡단보도를 건널 때는 좌우를 살핀 뒤 건너야 한다.

a. It ______________________________.

b. Cross ______________________________.

c. When ______________________________.

d. You ______________________________.

6. 여름밤에 창문을 열어 두면 모기가 들어오기가 쉽다.

a. Mosquitos ______________________________.

b. When ______________________________.

c. Leaving ______________________________.

d. You ______________________________.

7. 그 자동차는 너무나 빨라 순식간에 시야에서 사라졌다.

a. The car ____.

b. My eyes ____.

c. I ____.

d. The speed ____.

8. 노래와 춤을 즐기는 사람들의 수가 점점 늘어나고 있다.

a. More and more people ____.

b. An increasing number ____.

c. Singing and dancing ____.

d. There ____.

9. 브라질 축구선수들은 경기할 때 삼바리듬을 타는 것 같다.

a. It ____.

b. The Brazilian football players ____.

c. I ____.

d. Samba rhythm ____.

10. 창밖의 빗소리가 점점 더 세어지자 점점 더 졸리기 시작했다.

a. As ____.

b. The stronger ____.

c. I ____.

d. The sound of rain ____.

IV 장문영작

※ 다음 모델영작을 주의 깊게 읽어 보시오.

1. 모델영작 I

Work and Play

Work and play! There's nobody who doesn't work and play, but it is not easy to balance work and play in our daily life. I think that we should play moderately in order to devote ourselves to our work. In relation to a balance of work and play, I can think of three possible combinations of them: too much work and too less play, too less work and too much play, and moderate work and play.

If you work too much but play too little, you'll put yourself in danger in the long run. Too much work will build up your stress, and it will hurt your health. It is a wellknown fact that stress may lead to all kinds of illness. In this respect, you need moderate play to lessen your stress. Little play may not play an effective role in lessening your stress in this case.

Conversely, if you work too little and play too much, you may also endanger your health. Too little work may take your self-confidence away from you and it will also reduce your income. If you have a low income and play too much, you won't be happy. Your unhappiness may build up your stress and, in turn, hurt your health. In this case, play does not seem to take a positive role in promoting your health.

If you work and play moderately, you'll have self-confidence in everything that you do. Of course, you'll feel more happiness in whatever you do. The more you feel happiness, the less your stress will be. Your less stress may lead to good health. However, it is not an easy matter to work and play moderately. Therefore, you need to plan for moderate work and play. Once you have planned for them, you have to practice balancing work and play. Without this process of practice, you may not succeed in balancing them. It goes without saying that you cannot succeed in balancing them without your long-lasting efforts.

Everybody wants to have good health and live happily. Then, isn't it wise to avoid the imbalance between work and play in our daily life?

2. 모델영작 Ⅱ

An Ideal Job

An ideal job! It's not easy to define what an ideal job is, but everybody may have an ideal job in his mind. I think one's ideal job should reflect the following: aptitude for work, economic stability, and creativity.

When you want to have an ideal job, you have to choose a job that satisfies your aptitude for work as a first condition. If the job you choose does not fit you, you can't be engaged in it for a long time no matter how much money you get from it. In other words, you cannot contribute to others through the job. It goes without saying that you cannot get what you want from it. For this reason, you'd better not choose any job that does not fit you.

Once you have decided that a job satisfies your aptitude, you also have to take into consideration your economic stability with the job. You may have difficulty doing the job if you cannot earn enough money to live a happy life. You may not contribute to others through this kind of job, since you may not be absorbed in it for a long time. In this situation, you are apt to look for another job that will give you economic stability. In this respect, economic stability is also a very important consideration in choosing a job.

Finally, if a job satisfies your aptitude for work and gives you economic stability, you have to take creativity into consideration. Here, creativity means your ability to invent and develop original ideas in your field of work. As you know, if you don't have creativity in your job, you may not succeed in it no matter how hard you work. In other words, lack of creativity may not guarantee both your success in your job and the development of your workplace.

In choosing an ideal job, it is very important to consider these three factors. If you cannot find a job that satisfies all these conditions, it would be wise to choose a job that satisfies as many conditions as possible.

※ 다음 제목으로 영작하시오.

1. 영작 Ⅰ

Enjoyable Work

2. 영작 Ⅱ

My Boss

제4장

절

절이란 주어와 동사를 포함하고 있는 단어집단으로 어떤 동사는 앞에 주어만 오면 완전한 절을 만들지만 다른 동사는 앞에 주어가 오고 뒤에 보어나 목적어와 같은 요소가 나와야 완전한 절을 만든다. 절에는 문장에서 명사구가 오는 자리에 와서 명사처럼 쓰이는 명사절, 명사나 대명사를 수식하는 자리에 와서 형용사처럼 쓰이는 형용사절, 부사가 오는 자리에 와서 부사처럼 쓰이는 부사절이 있다. 또한 문장내의 다른 절과의 관계에서 의미상 독립적인 주절과 다른 절에 의미가 의존적인 종속절이 있다. 올바른 절이 되기 위해서는 절을 구성하고 있는 개개의 구가 영어가 요구하는 구조로 배열되어야 할 뿐만 아니라 개개의 구의 내부구조도 영어가 요구하는 구조로 배열되어야 한다는데 유의해야 한다.

I 핵심탐구

1. 절이란?

일반적으로 주어와 동사가 나오는 것을 말한다. 문장은 하나 이상의 절로 구성되어 있으며 명사절 형용사절 부사절이 있다.

(1) 명사절

문장에서 명사구가 오는 자리에 와서 명사처럼 쓰이는 절이다.

(가) 주어자리

a. [That he loves her] is not known. (=[It] is not known [that he loves her]) (that-절: 보통 괄호 안의 문장처럼 가주어(It)와 진주어(that-절)를 사용한 문장으로 표현한다) (그가 그녀를 사랑한다는 것은 알려져 있지 않다)

b. [When he will get married], remains a question. (when-절) (그가 언제 결혼할 지는 의문으로 남아 있다)

c. [Where he has lived] is not important. (where-절) (그가 어디서 살아 왔는지는 중요하지 않다)

d. [How he lives] is his own matter. (how-절) (그가 어떻게 사는 가는 그 자신의 문제이다)

e. [Why he enjoys sports] is not known to his friends. (why-절) (그가 왜 스포츠를 즐기는 지는 그의 친구들에게 알려져 있지 않다)

f. [Whether he will meet her parents] remains uncertain. (whether-절) (그가 그녀 부모를 만날지 어떨 지는 불확실한 상태다)

g. [What he wants] is a good job. (what-절) (그가 원하는 것은 좋은 일자리이다)

(나) 주격보어자리

a. My belief is [that he will succeed sooner or later]. (that-절: 동사(is)의 보어) (나의 믿음은 그가 조만간 성공할 것이라는 것이다)

b. My question is [**when he will get married**]. (when-절: 동사(is)의 보어) (나의 의문은 그가 언제 결혼할 것인가 하는 것이다)

c. My concern is [**where he has lived**]. (where-절: 동사(is)의 보어) (나의 관심사는 그가 어디서 살아왔는가 하는 것이다)

d. My question is [**how he lives**]. (how-절: 동사(is)의 보어) (나의 의문은 그가 어떻게 사는가 하는 것이다)

e. My concern is [**why he enjoys sports**]. (why-절: 동사(is)의 보어) (나의 관심사는 왜 그가 스포츠를 즐기는가 하는 것이다)

f. My question is [**whether he will meet her parents**]. (whether-절: 동사(is)의 보어) (나의 의문은 그가 그녀 부모를 만날 것인가 하는 것이다)

g. A good job is [**what he wants**]. (what-절: 동사(is)의 보어) (좋은 일자리는 그가 원하는 것이다)

(다) 동사의 목적어자리

a. She knows [**that he loves her**]. (that-절: 동사(know)의 목적어) (그녀는 그가 그녀를 사랑한다는 것을 알고 있다)

b. She knows [**when he will marry her**]. (when-절: 동사(know)의 목적어) (그녀는 그가 언제 그녀와 결혼할지 알고 있다)

c. She knows [**where she has to meet him**]. (where-절: 동사(know)의 목적어) (그녀는 그녀가 그를 어디서 만나야 하는지를 알고 있다)

d. She knows [**how she should behave**]. (how-절: 동사(know)의 목적어) (그녀는 어떻게 처신해야 하는지를 알고 있다)

e. She knows [**why she has to meet him**]. (why-절: 동사(know)의 목적어) (그녀는 왜 그를 만나야 하는지를 알고 있다)

f. She knows [**whether he will marry her**]. (whether-절: 동사(know)의 목적어) (그녀는 그가 그녀와 결혼할지 어떨지를 알고 있다)

g. She knows [**what he wants**]. (what-절: 동사(know)의 목적어) (그녀는 그가 무엇을 원하는지 알고 있다)

(라) 직접목적어자리

a. He showed her [that he would be a good friend]. (that-절: 동사(show)의 직접목적어) (그는 그녀에게 자신이 좋은 친구가 될 것이라는 것을 보여주었다)

b. He told her [when he would marry her]. (when-절: 동사(tell)의 직접목적어) (그는 그녀에게 그가 언제 그녀와 결혼할 것인지를 말해 주었다)

c. He asked her [where she would meet him]. (where-절: 동사(ask)의 직접목적어) (그는 그녀에게 자신을 어디서 만날 것인지 물었다)

d. He asked her [how he could get to her house]. (how-절: 동사(ask)의 직접목적어) (그는 그녀에게 그녀 집에 어떻게 도착할 수 있는지 물었다)

e. He told her [why he should marry her]. (why-절: 동사(tell)의 직접목적어) (그는 그녀에게 왜 그가 그녀와 결혼해야 하는지 말해 주었다)

f. He asked her [whether he should meet her parents at once]. (whether-절: 동사(ask)의 직접목적어) (그는 그녀에게 그가 즉시 그녀 부모를 만나야 하는지 물었다)

g. He asked her [what he should do for her]. (what-절: 동사(ask)의 직접목적어) (그는 그녀에게 그가 그녀를 위해 무엇을 해야 하는지 물었다)

(마) 전치사의 목적어자리

a. *The beggar is interested in [that you are rich]. (that-절: 보통 전치사(in)의 목적어가 될 수 없다)

a.' He is a real beggar in [that he is too poor to eat]. (that-절: 이미 고정된 표현(in that ~)에서는 예외적으로 오기도 한다) (그는 너무 가난해서 식사를 할 수 없다는 점에서 정말 거지다)

b. He is talking about [when he can have good meals]. (when-절: 전치사(about)의 목적어) (그는 언제 그가 좋은 식사를 할 수 있는지에 관해 이야기하고 있다)

c. He is interested in [where he should stay]. (where-절: 전치사(in)의 목적어) (그는 그가 어디에 머물러야 하는 지에 관심이 있다)

d. He doesn't think about [how he may get out of the trouble]. (how-절: 전치사(about)의 목적어) (그는 어떻게 그 곤경에서 벗어날 지에 관해 생각하지 않는다)

e. He often talks about [why he was reduced to beggary]. (why-절: 전치사(about)의 목적어) (그는 종종 왜 그가 거지신세가 되었는지에 관해 이야기한다)

f. He gets some advice on [whether he should continue begging]. (whether-절: 전치사(on)의

목적어) (그는 구걸을 계속해야 하는지에 관해 약간의 조언을 받는다)

g. He often worries about [what he should do for himself]. (what-절: 전치사(about)의 목적어) (그는 종종 그가 자신을 위해 무엇을 해야 하는지에 관해 걱정한다)

(2) 형용사절

문장에서 명사나 대명사 뒤에 와서 이 명사나 대명사를 수식하는 형용사처럼 쓰이는 절을 말한다.

(가) 관계대명사절

a. This is a mobile phone [which/that is brand-new]. (주격관계대명사(which/that)가 이끄는 절이 명사구(a mobile phone)를 수식) (이것은 새 휴대폰이다)

a.' This is a mobile phone [whose cover/the cover of which is black]. (소유격관계대명사(whose/of which)가 이끄는 절이 명사구(a mobile phone)를 수식) (이것은 덮개가 검은색인 휴대폰이다)

a." This is the mobile phone [which/that/∅] my girlfriend bought me]. (목적격관계대명사(which/that/∅)가 이끄는 절이 명사구(the mobile phone)를 수식) (이것은 나의 여자 친구가 나에게 사준 그 휴대폰이다)

b. I know a child [who speaks English very well]. (주격관계대명사(who)가 이끄는 절이 명사구(a child)를 수식) (나는 영어를 매우 잘하는 한 아이를 알고 있다)

b.' I know a child [whose father is very rich]. (소유격관계대명사(whose)가 이끄는 절이 명사구(a child)를 수식) (나는 아버지가 매우 부자인 한 아이를 알고 있다)

d." I know a child [whom/who/that/∅ my daughter likes]. (목적격관계대명사(whom/who/that/∅)가 이끄는 절이 명사구(a child)를 수식. who는 현대영어에서 목적격(whom)대신에 쓰인다) (나는 내 딸이 좋아하는 한 아이를 알고 있다)

(나) 관계부사절

a. The politician never forgets the day [when he was elected President of Korea]. (때를 나타내는 관계부사(when)가 이끄는 절이 명사구(the day)를 수식) (그 정치가는 한국대통령으로 선출된 그 날을 결코 잊지 않고 있다)

b. He was born in a small village [where he spent his childhood]. (장소를 나타내는 관계부사

(where)가 명사구(a small village)를 수식) (그는 유년시절을 보낸 한 조그만 마을에서 태어났다)

c. This is the reason [why he ran for President]. (이유를 나타내는 관계부사(why)가 명사구(the reason)를 수식) (이것이 그가 대통령에 출마한 이유이다)

d. *This is the way [how he was elected President of Korea]. (방법을 나타내는 관계부사(how)가 명사구(the way)를 수식. 그러나 이 문장은 실제로 쓰이지 않는다)

d.' This is the way he was elected President of Korea. (관계부사(how)를 생략한 문장) (이것이 그가 한국 대통령으로 선출된 방법이다)

d." This is how he was elected President of Korea. (관계부사(how)가 수식하는 명사구를 생략한 문장) (이것이 그가 한국 대통령으로 선출된 방법이다)

(3) 부사절

문장에서 부사가 오는 위치에 와서 동사 형용사 부사를 수식하는 부사로서의 기능을 하는 절을 말한다.

(가) 때

a. [When I was young], I enjoyed playing ping-pong. (때: 특정한 때에 무슨 일이 일어났는지 말할 때 사용) (어릴 때 나는 탁구를 즐겨 쳤다)

b. A stranger came up to me [as I was taking a rest]. (때: 한 사건이 일어날 때 무슨 일이 일어났는지 말할 때 사용. when, while보다 동시성이 강하다) (내가 쉬고 있을 때 한 낯선 사람이 내게 다가왔다)

c. A stranger came up to me [while I was taking a rest]. (때: 두 사건이 동시에 계속되고 있을 때) (내가 쉬고 있는 동안 한 낯선 사람이 내게 다가 왔다)

(나) 이유

a. I played ping-pong [because I liked it]. (because-절: 이유를 직접적으로 강하게 제시할 때 사용) (나는 탁구를 좋아했기 때문에 쳤다)

b. I played ping-pong, [for I liked it]. (for-절: 이유를 가볍게 덧붙일 때 문어체에서 사용) (나는 탁구를 쳤다. 그것을 좋아했기 때문에)

c. [Since I liked ping-pong], I played it. (since-절: 이유가 이미 상대방에게 알려져 있는 것일 때

사용) (나는 탁구를 좋아했으므로 쳤다)

d. [As I liked ping-pong], I often played it. (as-절: 이유를 우연적으로 나타낼 때 구어체에서 사용) (나는 탁구를 좋아해서 종종 쳤다)

(다) 조건

a. [If you study English writing hard], you will be good at it before long. (if-절: 현재 과거 미래의 실현가능성이 있는 일에 관해 추측할 때 사용) (영어쓰기를 열심히 공부하면 너는 머지않아 그것을 잘할 것이다)

b. You won't be good at English writing [unless you study it hard]. (unless-절: 부정의 조건(=if ~not ~)을 나타낼 때 사용) (열심히 공부하지 않으면 너는 영어쓰기를 잘하지 못할 것이다)

(라) 양보

a. [Though she was a woman], she applied for military service. (though-절: although-절과 달리 구어체에서 사용) (여자였지만 그녀는 병역에 지원했다)

a.' [Woman though she was], she applied for military service. (though-절: be동사(was)의 보어인 명사구(a woman)에서 부정관사(a)가 생략된 문장) (여자였지만 그녀는 병역에 지원했다)

b. [Although she was a woman], she applied for military service. (although-절: though-절과 달리 주로 문어체에서 사용) (여자였지만 그녀는 병역에 지원했다)

c. [Woman as she was], she applied for military service. (as-절: (As) woman as she was, she~에서 As가 생략된 형태로 woman은 주절주어 she에 대한 동격적인 서술어) (여자였지만 그녀는 군대에 지원했다)

(마) 동시동작

The dog barked [as it followed a stranger]. (as-절: 어떤 일이 동시에 일어날 때 사용) (그 개는 한 낯선 사람을 뒤따르며 짖었다)

2. 절과 정문 비문과의 관련성

(1) 명사절

(가) 주어자리

a. *[He loves her] is not known. (주어(he) 앞에 접속사가 없으므로 명사절이 되지 못해 동사 is의 주어가 될 수 없어 비문)

b. *[He wants] is a good job. (주어(he) 앞에 접속사가 없으므로 명사절이 되지 못해 동사 is의 주어가 될 수 없어 비문)

(나) 주격보어자리

a. *My question is [he lives]. (주어(my question)와 의미가 일치하는 보어가 be 동사 뒤에 와야 하는데 (that) he lives ≠ my question이므로 he lives가 보어가 될 수 없어 비문. 접속사 that 대신 의문사 how가 오면 정문)

b. *A good job is [that he wants]. (주어(a good job)와 의미가 일치하는 보어가 be 동사 뒤에 와야 하는데 (that he wants ≠ a good job이므로 that he wants가 보어가 될 수 없어 비문. 접속사 that 대신 선행사를 포함하고 있는 관계대명사 what이 오면 정문)

(다) 동사의 목적어자리

a. *She knows [when will he marry her]. (동사(know)의 목적어 자리에 간접의문문이 올 때는 '의문사(when)+주어(he)+동사(will marry)+목적어(her)'의 어순)

b. *She knows [whether will he marry her]. (동사(know)의 목적어 자리에 간접의문문이 올 때는 '의문을 나타내는 접속사(whether)+주어(he)+동사(will marry)+목적어(her)의 어순')

(라) 직접목적어자리

a. *He told her [when would he marry her]. (동사(tell)의 직접목적어로 간접의문문이 올 때는 '의문사(when)+주어(he)+동사(would marry)+목적어(her)'의 어순)

b. *He asked her [what should he do for her]. (동사(ask)의 직접목적어로 간접의문문이 올 때는 '의문사(what)+주어(he)+동사(should do)'의 어순)

(마) 전치사의 목적어자리

a. *The beggar is talking about [that he was rich before]. (일반적으로 that-절은 전치사(about)의 목적어가 될 수 없으므로 비문)

b. *He gets some advice on [whether should he continue begging]. (간접의문문이 전치사(on)의 목적어로 올 때 평서문의 어순(접속사(whether)+주어(he)+동사(should continue))으로 와야 정문)

(2) 형용사절

(가) 관계대명사절

a. *This is a mobile phone [which/that are brand-new]. (관계절의 동사는 선행사(a mobile phone)와 수가 일치하므로 복수형 are가 아닌 단수형 is)

b. *This is a mobile phone [which cover is black]. (선행사가 사물(a mobile phone)일 때 관계대명사의 소유격은 whose나 of which를 사용. 따라서 which cover를 whose cover나 the cover of which로 바꾸어야 정문)

(나) 관계부사절

a. *The politician never forgets the day [when he was elected the President of Korea]. (동사(elect)의 보어로 유일무이한 지위를 나타내는 말이 올 때 그 앞에 관사(the)를 붙이지 않는다. the President of Korea는 President of Korea가 되어야 정문)

b. *He was born in a small village [where he spent his childhood in]. (관계부사(where)가 이끄는 절에는 완전한 형태의 절이 온다. 따라서 전치사(in)는 목적어 없이 독립적으로 쓰이지 못하므로 비문)

(3) 부사절

(가) 때

*[When I will finish my homework], I will help you with yours. (때를 나타내는 부사절(when-절)에서는 미래의 의미를 현재시제로 나타낸다. 따라서 will finish는 finish로 표현)

(나) 이유

A: Why are you leaving?

B: Why am I leaving? *I'm leaving [as/since I'm fed up]! (이유를 직접적으로 강하게 제시하는 상황에서는 because를 쓰며 as나 since를 쓰면 비문)

(다) 조건

a. *[If you will study English writing hard], you will be good at it before long. (조건을 나타내는 부사절(if-절) 내에서는 미래의 의미를 현재시제로 표현. will study 대신 study를 사용)

b. *You won't be good at English writing [unless you will study it hard]. (조건을 나타내는 부사절(unless-절) 내에서는 미래의 의미를 현재시제로 표현. will study 대신 study를 사용)

(라) 양보

a. *[A woman though she was], she applied for military service. (be동사(was)의 보어인 명사구(a woman)를 강조하기 위해 접속사(though) 앞으로 이동할 때 관사(a)가 붙지 않은 명사(woman)를 사용)

b. *[Woman although she was], she applied for military service. (although-절에서는 동사(was)의 보어를 앞으로 이동하지 않는다)

c. *[A woman as she was], she applied for military service. (be동사(was)의 보어인 명사구(a woman)를 강조하기 위해 접속사(as) 앞으로 이동할 때 앞에 관사(a)가 붙지 않은 명사(woman)를 사용)

II 확인학습

※ 다음 중 비문의 원인을 찾아 고치시오.

1. This is the way how he developed that new medicine. (이것이 그가 그 신약을 개발한 방법이다)

____.

2. That is the restaurant I met my wife for the first time. (저것이 내가 아내를 처음 만난 레스토랑이다)

____.

3. Every candidate is sure of that he or she will be elected. (모든 후보가 자신이 선출될 것이라고 확신하고 있다)

____.

4. If you will graduate from university, will you marry me? (대학을 졸업하면 나와 결혼하겠니?)

____.

5. There were lots of people about who I didn't know at all. (내가 전혀 알지 못하는 사람들이 많았다)

____.

6. The boy didn't know whether was the girl married or not. (그 소년은 그 소녀가 결혼했는지 아닌지 알지 못했다)

____.

7. That is not known to us why she left the party so quickly. (그녀가 왜 그 파티를 그렇게 빨리 떠났는지는 우리에게 알려져 있지 않다)

____.

8. He had many books, that were received from a retired professor. (그는 많은 책을 가지고 있었으며 이것들은 한 퇴직교수에게 받은 것이었다)

____.

9. A spinster though she is, she belongs to a class called the "Gold Miss." (그녀는

노처녀이지만 '골드미스'라 불리는 부류에 속한다)

____.

10. The girl noticed her boyfriend among lots of soldiers, she ran forward to hug him.
(그 소녀는 많은 군인들 가운데서 남자친구를 알아차리고 그를 껴안기 위해 앞으로 뛰어나갔다)

____.

III 단문영작

※ 다음을 주어진 표현으로 시작하여 영작하시오.

1. 어제 비가 내려서 오늘은 대기가 맑다.
   a. It ______________________________.
   b. The air ______________________________.
   c. We ______________________________.
   d. Thanks to ______________________________.

2. 그녀는 아름답지만 지적인 여성은 아니다.
   a. She ______________________________.
   b. I ______________________________.
   c. Beautiful ______________________________.
   d. Her beauty ______________________________.

3. 공항은 매년 이 때 쯤 출입국자들로 항상 붐빈다.
   a. It ______________________________.
   b. People ______________________________.

c. Airports ____.

d. We ____.

4. 올해는 연초의 이상기후로 많은 과일이 흉작이다.

a. We ____.

b. At the beginning ____.

c. There ____.

d. Unusual weather ____.

5. 이 때문에 그는 영어작문공부를 열심히 하고 있다.

a. This ____.

b. He ____.

c. His hard study ____.

d. It ____.

6. 너의 표정을 보니 너는 아침식사를 하지 않은 것 같다.

a. The look ____.

b. You ____.

c. I ____.

d. It ____.

7. 그의 외모로 그가 어느 나라 사람인지 말하기가 어렵다.

a. You ____.

b. I ____.

c. His appearance ____.

d. It ____.

8. 우리 선조들은 가난했지만 비굴하게 행동하지는 않았다.

a. Our ancestors ____.

b. Poverty ____.

c. Poor ____.

d. Though ____.

9. 그가 우리와 등산을 가는데 네가 왜 반대하는지 모르겠다.

a. You ____.

b. I ____.

c. It ____.

d. Is ____.

10. 그 정치지도자는 원칙을 지키는 일이 중요하다는 점을 분명히 했다.

a. The political leader ____.

b. It ____.

c. The importance ____.

d. The political leader's emphasis _____________________________.

IV 장문영작

※ 다음 모델영작을 주의 깊게 읽어 보시오.

1. 모델영작 Ⅰ

Studying Abroad

Studying abroad! That's been a dream to many students in Korea and you can see its bright and dark side. It has contributed to the development of the country, but it has also produced not a few problems. I have included the following for its effects: its strong points, its weak points, and its social problems.

Studying abroad gives a person an opportunity to understand foreign cultures. Without studying abroad, it is not easy for a person to have such an opportunity. Besides, the person who has studied abroad tends to have a leading position in his country. In other words, studying abroad may give a person an opportunity to understand foreign countries and have a stable position in his own country. It goes without saying that the person can make friends with lots of foreigners while he studies abroad.

Studying abroad has some weak points even though it has not a few strong points. First of all, if a person studies abroad for a long time, he may not catch up with various changes in his home country. For this reason, he may feel that he is a stranger in his own country for some time. Another weak point is that he may forget lots of vocabulary of his native tongue and have difficulty talking with his acquaintances after he finishes studying abroad.

In relation to society, studying abroad causes some problems. Nowadays too many people go abroad to study, so too much money flows out of the country. Besides, not a few families collapse because one or two members leave for another country to study, leaving a spouse at home. Nowadays, lots of people come back to get a job, but it is not easy to get it because their native country doesn't have enough jobs for them.

As we have seen above, studying abroad has not only strong points but also weak points. In this sense, isn't it desirable to compare strong points and weak points of studying abroad enough before making a decision to do it?

2. 모델영작 II

International Students in Korea

International students in Korea! They have been increasing in recent years and we can see them easily no matter where we go. This is a first step for people with different backgrounds to mix with each other. I'm going to talk about the following: a great number of international students coming in, a new landscape, and coexistence with international students.

We can see lots of international students everywhere. We often see them in a classroom, in the campus, on the street, and at a tourist attraction. They are studying at provincial universities as well as at universities in Seoul. Therefore, we can see them all over the country at any time. Some live in a school dormitory and others live in a lodging house. Some live with close friends and others live alone.

Since most of them are university students, they need to pay tuition fees. Because they don't have enough money, they usually find part-time work near the universities they study at. Some girls help restaurant owners cook as a part-time job. Other girls work at a bar near universities. Some girls teach Koreans their native tongues to earn money. This is a new landscape that we can see easily everywhere in Korea.

We live with lots of international students and often meet them wherever we go. They are taking part in nearly every area in our society. Their number may constantly increase and someday we will find them more familiar to us than now. Some Korean students may make friends with them easily, while other Korean students may have a conflict with them at first. At any rate, it is clear that people all over the world will gradually be closer and closer to each other as time goes by.

We, Koreans, are going to meet more and more international students in Korea. Then, isn't it wise to be friendly with them, since we, humans, are social animals wherever we live?

※ 다음 제목으로 영작하시오.

1. 영작 I

How to Mix with Foreigners

2. 영작 Ⅱ

Sending Children to Study Abroad at an Early Age

연결관계

연결 관계란 문장을 구성하고 있는 개개의 구성요소들이 아무렇게나 연결되는 것이 아니라 정해진 규칙에 의해 연결된다는 것을 가리킨다. 연결과 관련된 규칙을 위반하면 비문이 된다. 단어와 단어, 구와 구, 절과 절을 연결할 때 연결규칙을 따라야 할 뿐만 아니라 단어와 단어를 연결하여 구를 만들고 구와 구를 연결하여 절을 만들고 절과 절을 연결하여 문장을 만들 때도 영어가 요구하는 연결규칙을 따라야 한다. 이 규칙을 따르면 문법적이 되지만 이것을 위반하면 비문법적이 된다. 이 점에서 영작을 할 때 문장의 문법성을 확인하기 위해서는 연결 관계를 점검하는 것이 매우 중요하다.

I 핵심탐구

1. 연결이란?

단어와 단어, 구와 구, 절과 절이 연결될 때 아무렇게나 연결되는 것이 아니라 일정한 규칙에 의해 연결된다는 것을 말한다.

(1) 단어와 단어의 연결

단어와 단어의 연결은 하나의 구의 내에서 일어나며 구를 만드는데 필요한 규칙에 의해 연결된다.

(가) 명사구 내에서의 연결

a. [A boy] loved a girl. (한정사인 관사(a)가 명사(boy) 앞에 온다) (한 소년이 한 소녀를 사랑했다)

b. [A young boy] loved a girl. (한정사인 관사(a)가 가장 앞에 오고 뒤에 형용사(young)가 오고 명사(boy)가 온다) (한 어린 소년이 한 소녀를 사랑했다)

c. [A very young boy] loved a girl. (한정사인 관사(a)가 가장 앞에 오고 이어 부사(very) 형용사(young) 명사(boy)가 온다) (한 매우 어린 소년이 한 소녀를 사랑했다)

(나) 동사구 내에서의 연결

a. The girl [studied hard]. (동사(study) 뒤에 동사를 수식하는 부사(hard)가 온다) (그 소녀는 열심히 공부했다)

b. She [was pretty]. (동사(was) 뒤에 보어인 형용사구(pretty)가 온다) (그녀는 예뻤다)

c. She [loved music]. (동사(love) 뒤에 목적어인 명사구(music)가 온다) (그녀는 음악을 좋아했다)

d. She [taught a boy the violin]. (동사(teach) 뒤에 간접목적어인 명사구(a boy)와 직접목적어인 명사구(the violin)가 온다) (그녀는 한 소년에게 바이올린을 가르쳤다)

e. She [made others happy]. (동사(make) 뒤에 목적어인 명사구(others)가 오고 뒤에 목적보어인 형용사구(happy)가 온다) (그녀는 남을 기쁘게 했다)

(다) 형용사구 내에서의 연결

a. The actor is a [handsome, intelligent, and tall] man. (여러 개의 형용사를 연결할 때 형용사와 형용사 간에 쉼표(,)를 두고 마지막 형용사 앞에 등위접속사(and)를 두어 연결한다) (그 배우는 잘 생긴 지적인 키가 큰 남자이다)

b. He is [very handsome, intelligent, and tall]. (부사(very)가 가장 앞에 오고 이 부사의 수식을 받는 여러 개의 형용사가 쉼표(,)에 의해 연결되며 마지막 형용사 앞에 등위접속사를 두어 연결한다) (그는 매우 잘 생기고 지적이며 키가 크다)

(라) 부사구 내에서의 연결

a. The runner ran [very fast]. (앞에 뒤의 부사를 수식하는 강조부사(very)가 오고 이것의 수식을 받는 부사(fast)가 온다) (그 주자는 매우 빨리 달렸다)

b. He drove his car [very carefully and very smoothly]. (강조부사(very)의 수식을 받는 두 부사구(very carefully와 very smoothly)를 등위접속사(and)가 연결한다) (그는 자동차를 매우 조심스럽게 그리고 매우 부드럽게 운전했다)

(마) 전치사구 내에서의 연결

a. The nurse is talking [about a patient]. (전치사(about)가 앞에 오고 뒤에 명사구를 이루는 관사(a)와 명사(patient)가 온다) (그 간호사는 한 환자에 관해 이야기하고 있다)

b. She is talking [about marrying a man]. (전치사(about)가 앞에 오고 전치사의 목적어로 동사가 동명사(marrying)로 오고 동명사의 목적어인 명사구를 이루는 관사(a)와 명사(man)가 온다) (그녀는 한 남자와 결혼하는 것에 관해 이야기하고 있다)

c. She is reading [with a window open]. (전치사(with)가 오고 전치사의 목적어인 명사구를 이루는 관사(a)와 명사(window)가 오고 전치사의 목적보어인 형용사구(open)가 온다) (그녀는 창문을 열어 둔 채 독서 하고 있는 중이다)

(2) 구와 구의 연결

구와 구의 연결은 하나의 절 내에서 일어나며 절을 만드는데 필요한 규칙에 의해 연결된다.

(가) 명사구의 연결

a. [A boy and a girl] went hiking. (명사구(a boy)와 명사구(a girl)를 등위접속사(and)가 연결) (한 소년과 한 소녀는 하이킹을 갔다)

b. [Tom and Mary] went hiking. (명사구(Tom)와 명사구(Mary)를 등위접속사(and)가 연결) (탐과 메리는 하이킹을 갔다)

c. [He and she] went hiking. (명사구(he)와 명사구(she)를 등위접속사(and)가 연결) (그와 그녀는 하이킹을 갔다)

(나) 동사구의 연결

a. The boy [walked, talked, and laughed]. (세 개의 동사구를 등위접속사(and)가 연결) (그 소년은 걷고 대화하고 웃었다)

b. The girl [asked questions, answered his questions, and smiled at him]. (세 개의 동사구를 등위접속사(and)가 연결) (그 소녀는 질문을 하고 그의 질문에 대답하고 그에게 미소 지었다)

(다) 형용사구의 연결

a. He was an [intelligent and diligent] boy. (한정적 위치의 두 형용사구를 등위접속사(and)가 연결) (그는 지적이고 부지런한 소년이었다)

b. He was [very generous, very intelligent, and very strong]. (서술적 위치의 세 형용사구를 등위접속사(and)가 연결) (그는 매우 관대하고 매우 지적이며 매우 튼튼했다)

(라) 부사구의 연결

a. She talked [very slowly and very gracefully]. (동사(talk)를 수식하는 두 부사구를 등위접속사(and)가 연결) (그녀는 매우 천천히 그리고 매우 우아하게 이야기했다)

b. She drove her car [carefully, smoothly, and skillfully]. (동사(drive)의 목적어 뒤에서 동사를 수식하는 세 개의 양태부사를 등위접속사(and)가 연결) (그녀는 자기 차를 조심스럽고 부드럽고 솜씨 있게 운전했다)

(마) 전치사구의 연결

a. The boy usually puts his books [on the desk or under the desk]. (전치사구(on the desk)와

전치사구(under the desk)를 등위접속사(or)가 연결) (그 소년은 보통 그의 책들을 그 책상 위나 그 책상 아래에 둔다)

b. He drives [around a beautiful mountain, across a river, and outside a busy city]. (세 전치사구를 등위접속사(and)가 연결) (그는 차를 한 아름다운 산을 돌고 한 강을 건너 한 번화한 도시 밖으로 몬다)

(3) 절과 절의 연결

절과 절의 연결은 하나의 문장 내에서 일어나며 완전한 문장을 만드는데 필요한 규칙에 의해 연결된다.

(가) 명사절의 연결

a. I know [that he loves her, and that she also loves him]. (등위접속사(and)로 연결된 두 명사절인 that-절이 동사(know)의 목적어) (나는 그가 그녀를 사랑하고 그녀 역시 그를 사랑한다는 것을 안다)

b. I don't know [whether he is a Korean or he is from a foreign country]. (접속사 whether와 or로 연결된 두 명사절이 동사(know)의 목적어) (나는 그가 한국인인지 아니면 외국인인지 알지 못한다)

c. I know [who you are and what you do]. (등위접속사(and)로 연결된 두 명사절인 간접의문이 동사(know)의 목적어) (나는 네가 누구이고 무엇을 하는 사람인지 안다)

d. I can't understand [why you love her and how you can persuade your parents]. (등위접속사(and)로 연결된 명사절인 두 간접의문이 동사(understand)의 목적어) (나는 네가 왜 그녀를 사랑하며 어떻게 네 부모를 설득할 수 있는 지 이해할 수 없다)

(나) 형용사절의 연결

a. The girl has a necklace [that she received from him and that she will keep all her life]. (등위접속사(and)로 연결된 두 관계절이 모두 관계대명사의 선행사인 a necklace를 수식) (그 소녀는 그로부터 받은 그리고 평생 보관할 목걸이 하나를 가지고 있다)

b. This is their son [whom they love very much, and who wants to be a scientist in the future]. (등위접속사(and)로 연결된 두 관계절이 관계대명사의 선행사인 their son을 수식) (얘가 그들

이 매우 사랑하고 장차 과학자가 되고 싶어 하는 그들의 아들이다)

c. March 25th is her birthday [when they eat out and when they spend all day together]. (때를 나타내는 관계부사 when이 이끄는 두 관계절이 등위접속사(and)로 연결되어 관계부사의 공통의 선행사인 her birthday를 수식) (3월 5일은 그들이 외식을 하고 하루 종일 함께 보내는 그녀의 생일이다)

d. They spend all day on a hill [where they can see beautiful flowers, and where unknown birds sing merrily]. (장소를 나타내는 관계부사 where가 이끄는 두 관계절이 관계부사의 공통의 선행사인 a hill을 수식) (그들은 아름다운 꽃을 볼 수 있고 이름 모를 새가 흥겹게 지저귀는 한 언덕에서 하루 종일 보낸다)

(다) 부사절의 연결

a. [When he thinks of marriage, and when she also thinks of it], they will decide on their marriage. (때를 나타내는 접속사 when이 이끄는 두 부사절이 등위접속사(and)에 의해 연결) (그가 결혼을 생각하고 그녀 역시 결혼을 생각하면 그들은 그들의 결혼을 결정할 것이다)

b. [If the boy loves her, and if the girl also loves him], they will certainly get married. (조건을 나타내는 접속사 if가 이끄는 두 부사절이 등위접속사(and)에 의해 연결) (만약 그 소년이 그녀를 사랑한다면 그리고 그 소녀 역시 그를 사랑한다면 그들은 틀림없이 결혼할 것이다)

2. 연결 관계와 정문 비문과의 관련성

a. *[A boy very young] loved a girl. (명사구 내에서 한정사(a)가 가장 앞에 오고 형용사(young)를 수식하는 부사(very)가 그 다음에 오고 형용사가 오고 명사(boy)가 와야 정문)

b. *The girl [hard studied]. (동사구 내의 연결과 관련된 경우: 양태부사(hard)가 동사(study) 앞에 와서 비문)

c. *The actor is a [handsome and intelligent, tall] man. (접속사(and)가 마지막 형용사 앞에 오지 않아 비문)

d. *She talked [very slowly, very gracefully]. (동사(talk)를 수식하는 두 부사구를 등위접속사(and) 없이 쉼표(,)로 연결하여 비문)

e. *The nurse is talking [a patient about]. (전치사(about)가 명사구(a patient) 뒤에 와서 비문)

f. *[A boy, a girl] went hiking. (둘 이상의 명사구가 접속사 없이 쉼표(,)로 연결되어 비문)

g. *[The handsome boy and her] went hiking. (동사(went)의 주어자리의 명사구가 주격(she)이 아닌 목적격(her)으로 연결되어 비문)

h. *The boy [walked, talked, laughed]. (둘 이상의 동사구가 접속사 없이 쉼표(,)로 연결되어 비문)

i. *The girl [asked questions, answered his questions, and smiled him]. (완전한 동사구가 아닌 형태(smiled him)가 동사구와 연결되어 비문. smiled at him은 완전한 동사구)

j. *He was an [intelligent, diligent] boy. (둘 이상의 형용사구가 접속사 없이 쉼표(,)로 연결되어 비문)

k. *He drives [around a beautiful mountain, across a river, outside the busy city]. (둘 이상의 전치사구가 접속사(and) 없이 쉼표(,)로 연결되어 비문)

l. *I know [that he loves her, that she also loves him]. (둘 이상의 명사절(that-절)이 접속사(and) 없이 연결되어 비문)

m. *This is their son [whom they love very much, who wants to be a scientist in the future]. (명사(son)를 수식하는 두 관계절이 접속사(and) 없이 쉼표(,)로 연결되어 비문)

n. *[When he thinks of marriage, when she also thinks of it], they will decide on the marriage. (둘 이상의 부사절이 접속사(and) 없이 쉼표(,)로 연결되어 비문)

II 확인학습

※ 다음 중 비문의 원인을 찾아 고치시오.

1. The driver drove carefully his car and I felt comfortable. (그 운전자는 그의 자동차를 조심스럽게 운전해서 나는 편안했다)

____.

2. As she drove a car, she became quieter and more prudently. (그녀는 자동차를 운전하면서 더 조용하고 신중해졌다)

____.

3. We were going up, along the trail, in the shade, by a temple. (우리는 오솔길을 따라 그늘에서 그리고 한 절 옆에서 올라가고 있었다)

____.

4. He ran forward hasty and very fast and disappeared into a crowd. (그는 성급하게 그리고 매우 빨리 뛰어나갔으며 군중 속으로 사라졌다)

____.

5. I don't know why you plan to go abroad and how can you solve the difficulties. (나는 네가 왜 외국에 가려고 계획하는지 그리고 그 여러 가지 어려운 점들을 어떻게 해결할 수 있는지 모르겠다)

____.

6. He met two strong boys and young girl while he was coming down the mountain. (그는 그 산에서 내려오는 동안 두 튼튼한 소년과 한 어린 소녀를 만났다)

____.

7. The little girl walked toward her shoes, cleaned them with her hand and put on them. (그 어린 소녀는 신발이 있는 곳으로 걸어가 한 손으로 그것을 닦고 신었다)

____.

8. If you study hard, and if you get the grades who you want to get, you'll come to take more pride in yourself. (만약 네가 열심히 공부한다면 그리고 네가 받고 싶어 하는 성적을 받는다면 네 자신에 더 많은 긍지를 가지게 될 것이다)

____.

9. I can't forget the foreign girl whom I used to talk over a cup of coffee and who went up a mountain with me in the rain. (나는 커피를 마시면서 이야기하곤 했던 그리고

비를 맞으며 나와 등산을 갔던 그 외국소녀를 잊을 수 없다)

____.

10. I used to see a woman with a water pot on the head and a baby on back. (나는 머리에 물동이를 이고 등에 갓난아이를 업고 있는 한 여자를 보곤 했다)

____.

III 단문영작

※ 다음을 주어진 표현으로 시작하여 영작하시오.

1. 형형색색의 풍선이 일제히 하늘로 날아올랐다.
   a. Into the sky ____.
   b. Various balloons ____.
   c. I ____.
   d. The sky ____.

2. 그들은 호숫가의 아늑한 카페에서 자주 만났다.
   a. They ____.
   b. A cozy café ____.
   c. Their regular meeting place _________________________________.
   d. Their meetings ____.

3. 최근에 생산된 자동차는 더 빨리 더 안전하게 달린다.
   a. Newly-manufactured cars ____________________________________.
   b. You ____.

c. Higher speeds ____.

d. An advantage ____.

4. 영어가 필요하고 잘 하고 싶다면 영어공부를 시작해라.

a. I ____.

b. You ____.

c. English ____.

d. If ____.

5. 그 소년은 강을 건너고 산을 넘어 그 소녀를 만나러 왔다.

a. In order to ____.

b. The boy ____.

c. The river and the mountain ____.

d. After ____.

6. 나는 네가 외국인이고 한국에 공부하러 왔다는 것을 알고 있다.

a. As far as ____.

b. All ____.

c. I ____.

d. You ____.

7. 그 남자는 그의 이상형에 매우 가까운 사랑하는 여자가 있었다.

a. The woman ____.

b. The man's beloved woman ____.

c. There ____.

d. The man ____.

8. 3월 5일은 그녀의 생일로 이날 그들은 모여 즐겁게 이야기한다.

a. They ____.

b. March 5th ________________________________.

c. Her birthday ________________________________.

d. She ________________________________.

9. 그 아이는 잠자리에서 일어나 눈을 비비고 하품을 하고 세수하러 간다.

a. After ________________________________.

b. When ________________________________.

c. The following ________________________________.

d. The child ________________________________.

10. 구름이 빠르게 움직이고 한 줄기 바람이 스쳐갈 때 사람들은 지난날을 회상한다.

a. Both the clouds ________________________________.

b. Natural phenomena ________________________________.

c. We ________________________________.

d. People ________________________________.

IV 장문영작

※ 다음 모델영작을 주의 깊게 읽어 보시오.

1. 모델영작 I

My Favorite Sport

My favorite sport! It's table tennis and you'll find it very interesting to play it. Table tennis has been loved by lots of people who know its nature. I think they enjoy it for easy accessibility, exercise and promotion of friendship.

As you know, people of all ages and both sexes can play it easily because it does not require much physical strength. In addition, it does not cost you much money when you play it, so you can play it no matter whether you are rich or poor. Unlike many other sports, you can enjoy it in any kind of weather, such as in hot and cold weather. It does not require lots of players, but only two, when you play it. In this respect, you need not spend much energy on looking for other people to play with.

Somebody may doubt whether playing table tennis is a good way to keep good health. On the contrary, playing it requires that you move your whole body constantly, sometimes slowly and sometimes fast, sometimes to the left and sometimes to the right, sometimes forward and sometimes backward, when you play. Besides, you also have to control many things during a game. For instance, you have to control the spin of your ball, its direction, and the place it hits on the table. These all help you have good health.

Since it is easy to play table tennis, lots of people enjoy playing it irrespective of their differences, that is, differences in age and sex. This makes it possible for you to make friends with other players easily, though they have lots of differences. It seems that playing table tennis with other players gives you a strong belief that they are also good people like you. In this sense, table tennis seems to play an important role in joining people together strongly.

Since playing table tennis has such good effects as seen above, and since it has other good effects not mentioned above, isn't it desirable for you to try playing it to see if it really brings you such good effects.

2. 모델영작 Ⅱ

Hobbies and Personalities

Hobbies and personalities! The two have some connection to each other, and you'll find it when you observe a person with a hobby. An introspective person tends to have a hobby that makes him examine his own ideas, thoughts, and feelings, while an outgoing person tends to have a hobby that makes him associate with as many people as possible. I will examine three kinds of personalities, i.e., introspective, outgoing, and aggressive.

An introspective person may have hobbies such as collecting stamps, arranging flowers, drawing pictures, keeping an aquarium of fish, playing musical instruments, playing Go or Korean chess. This kind of person may go up a mountain alone rather than with a group of people. He may also avoid chatting with lots of people. In this respect, he may consciously avoid having a hobby that makes him associate with a lot of people.

On the contrary, an outgoing person is apt to have hobbies such as playing table tennis, playing football, playing golf, dancing with a lot of people, riding a horse, cycling, going up a mountain with lots of people, and hiking with friends. This kind of person enjoys not only helping others but also receiving their help. His confidence sometimes comes from the relationship between other people that he associates with. He knows how to behave before others.

An aggressive person may have hobbies such as hunting, deep sea fishing, gambling on billiards, betting on horses, playing cards for money, and the like. This kind of person enjoys competing with other people around him. He has overconfidence in everything. For this reason, he often becomes aggressive to others when he fails in competing with them. However, he becomes overproud when he wins competition.

There is a correlation between hobbies and personalities. Everybody has a few hobbies whether they are good or bad. Then, isn't it good to have good hobbies instead of bad ones?

※ 다음 제목으로 영작하시오.

1. 영작 I

A Soccer Fever in Korea

2. 영작 Ⅱ

Inline Skating and Cycling

논리관계

논리관계란 문장의 동사가 나타내는 행위를 중심으로 볼 때 보통 그 동사 앞은 동사의 행위를 하는 행위자인 주어가 오고 뒤는 동사의 행위를 받는 대상인 목적어가 온다. 그러나 동사에 따라서는 뒤에 어떤 요소도 필요하지 않거나 보어가 필요하거나 두 개의 목적어가 필요하거나 목적어와 보어가 필요한 경우도 있다. 동사 뒤에 어떤 요소가 반드시 필요한 경우와 그렇지 않은 경우 모두 동사가 가진 의미를 논리적으로 반영하는 것이다. 또한 동사가 가진 이러한 논리관계는 동사가 to-부정사, 동명사, 분사의 형태로 나타날 때도 여전히 존재한다. 따라서 논리적으로 보아 to-부정사, 동명사, 분사의 앞은 이들의 주어가 오고 뒤는 목적어나 보어가 온다. 그러나 이러한 논리관계가 바뀌면 동사는 바뀐 논리관계를 반영하기 위해 형태가 바뀐다는 점에 특히 유의해야 한다.

I 핵심탐구

1. 논리관계란?

논리관계란 문장 내에 나타나는 여러 가지 형태의 동사에서 그 동사의 행위를 하는 행위자와 행위를 받는 대상 그리고 그 동사의 의미를 보충하는 보어의 관계를 가리킨다.

(1) 문장 내의 논리관계

시제가 나타나 있는 완전한 문장에는 동사를 중심으로 동사 앞에 그 동사의 행위를 하는 행위자가 오고 동사 뒤는 동사의 의미에 따라 어떤 요소도 나올 필요가 없는 경우도 있고 동사의 의미를 보충하는 보어가 필요하거나 목적어가 필요한 경우도 있다.

a. [A dancer] danced. (주어인 명사구 a dancer가 동사(dance)의 행위자) (한 무용수가 춤을 추었다)

b. [She] looked [beautiful]. (주어인 명사구 she는 동사(look)가 기술하려는 대상이고 형용사구(beautiful)는 동사의 의미('~해보이다')를 완전하게 해 주는 보어) (그녀는 아름다워 보였다)

c. [She] ate [an apple]. (주어인 명사구 she는 동사(eat)의 행위자이고 명사구 an apple은 동사의 행위를 받는 대상인 목적어) (그녀는 사과를 하나 먹었다)

c.' [An apple] was eaten by [her]. (동사(eat)의 행위를 받는 대상(an apple)을 화제로 삼기위해 주어자리로 이동하면서 행위자인 she가 전치사 뒤에서 목적격 her로 나타난 문장) (사과 하나를 그녀는 먹었다)

d. [She] gave [her friend] [an apple]. (동사(give)의 행위자는 she이고 행위를 받는 대상이 각각 명사구 her friend와 an apple) (그녀는 그녀 친구에게 사과를 하나 주었다)

d.' [Her friend] was given [an apple] by [her]. (동사(give)의 행위를 받는 대상인 her friend를 화제로 삼기위해 문장의 앞으로 이동하면서 원래의 행위자(she)가 전치사 뒤에서 목적격(her)으로 존재하고 또 다른 행위를 받는 대상인 an apple은 원래의 자리에 남아 있는 문장) (그녀 친구는 사과 하나를 그녀에게 받았다)

e. [She] painted [her house] [blue]. (동사(paint)의 행위자는 주어인 명사구 she이고 her house는 행위를 받는 대상이고 형용사구 blue는 행위를 받는 대상에 관해 설명하는 보어) (그녀는 그녀 집을 푸르게 칠했다)

e.' [Her house] was painted [blue] by [her]. (동사(paint)의 행위를 받는 대상인 her house를 화제로 삼기위해 문장의 앞으로 이동하면서 원래의 행위자(she)는 전치사 뒤에서 목적격(her)으로 나타나고 행위를 받는 대상(her house)에 대해 설명하는 보어인 형용사구는 원래의 자리에 남아있는 문장) (그녀 집은 그녀가 푸르게 칠했다)

(2) 부정사 내의 논리관계

완전한 시제가 나타나 있지 않은 부정사에도 그 부정사의 앞에 부정사의 행위를 하는 행위자가 오고 뒤는 그 부정사로 쓰인 동사의 의미에 따라 어떤 요소도 나올 필요가 없는 경우도 있고 부정사의 행위를 받는 대상인 목적어가 나오거나 보어가 필요한 경우도 있다.

a. [A cyclist] wants [to get] there. (부정사의 행위자가 문장의 주어(a cyclist)와 동일하여 이 부정사 바로 앞에 표시하지 않은 문장) (한 자전거 타는 사람이 거기 도착하고 싶어 한다)

a.' He wants [his friend] [to get] there. (부정사의 행위자가 동사(want)의 목적어와 동일. 주절동사 want의 행위자는 He이고 부정사의 행위자는 his friend) (그는 그의 친구가 거기 도착하기를 원한다)

b. It is difficult [to get] there without a bicycle. (부정사의 행위자가 일반인(one, we, you)이어서 부정사(to get) 바로 앞에 특별히 표시하지 않은 문장) (자전거 없이 거기 도착하기는 어렵다)

b.' It is difficult [for him] [to get] there without a bicycle. (부정사의 행위자는 보통 전치사 for와 함께 온다) (그가 자전거 없이 거기 도착하기는 어렵다)

b.'' It is unwise [of you] [to go] there without a bicycle. (부정사의 행위자가 예외적으로 전치사 of와 함께 오는 문장) (네가 자전거 없이 거기 가는 것은 현명하지 않다)

c. [He] seems [to be eating] [lunch]. (진행부정사(to be -ing)의 행위자가 전체문장의 주어(He)와 동일한 문장. lunch는 진행부정사의 행위를 받는 대상) (그는 점심을 먹고 있는 중인 것 같다)

d. His legs seem [to be] [strong]. (부정사가 기술하려는 대상이 문장의 주어(his legs)와 동일. strong은 부정사의 의미를 완전하게 해 주는 보어) (그의 다리는 튼튼한 것 같다)

e. He seems [to strengthen] [his legs]. (부정사의 행위자는 문장의 주어(he)와 동일. his legs는 부정사의 행위를 받는 대상) (그는 자신의 다리를 튼튼하게 하는 것 같다)

e.' [His legs] seem [to be strengthened] by [him]. (부정사(to strengthen)의 행위를 받는 대상인 his legs를 화제로 삼아 문장의 앞인 부정사의 주어위치로 이동하여 부정사가 수동부정사(to be strengthened)가 되고 원래의 행위자(he)가 전치사(by)의 목적어인 문장) (그의 다리를 그는 튼튼하게 하는 것 같다)

f. He seems [to have strengthened] [his legs] for a long time. (완료부정사(to have strengthened)의 행위자는 문장의 주어(he)와 동일. his legs는 완료부정사의 행위를 받는 대상) (그는 오랫동안 자신의 다리를 강화해 온 것 같다)

f.' [His legs] seem [to have been strengthened] for a long time by [him]. (완료부정사(to have strengthened)의 행위를 받는 대상(his legs)을 화제로 삼기위해 이 부정사의 뒤에서 앞으로 이동하면서 원래의 행위자(he)가 전치사(by) 뒤에 목적격으로 온 문장) (그의 다리를 그는 오랫동안 강화해 온 것 같다)

g. He seems [to give] [others] [happiness]. (부정사(to give)의 행위자는 문장의 주어(he)와 동일. others와 happiness는 모두 행위를 받는 대상) (그는 남에게 기쁨을 주는 것 같다)

g.' [Others] seem [to be given] [happiness] by [him]. (부정사(to give)의 행위를 받는 대상(others)을 화제로 삼기 위해 이 부정사 뒤에서 앞으로 이동하면서 원래의 행위자(he)는 전치사(by) 뒤에 목적격(him)으로 오고 또 다른 행위를 받는 대상(happiness)은 원래의 자리에 남아 있는 문장) (남을 그가 기쁘게 하는 것 같다)

g.'' [Happiness] seems [to be given] [to others] by [him]. (부정사(to give)의 행위를 받는 대상(happiness)을 화제로 삼기위해 이 부정사 뒤에서 앞으로 이동하면서 원래의 행위자(he)는 전치사(by) 뒤에 목적격(him)으로 오고 또 다른 행위를 받는 대상은 전치사(to)와 함께 원래의 자리에 남아있는 문장) (기쁨을 그는 타인에게 주는 것 같다)

h. He seems [to make] [others] [happy]. (부정사(to make)의 행위자는 문장의 주어와 동일. others는 행위를 받는 대상. happy는 행위를 받는 대상에 대해 설명하는 보어) (그는 남을 기쁘게 하는 것 같다)

h.' [Others] seem [to be made] [happy] by [him]. (부정사(to make)의 행위를 받는 대상(others)을 화제로 삼기위해 이 부정사 뒤에서 앞으로 이동하면서 부정사의 행위자(he)는 전치사(by) 뒤에 목적격으로 오고 행위를 받는 대상에 대해 설명하는 보어인 happy는 원래의 자리에 남아 있는 문장) (남을 그는 즐겁게 하는 것 같다)

(3) 동명사 내의 논리관계

완전한 시제가 나타나 있지 않은 동명사에도 동명사로 나타나 있는 동사가 나타내는 행위와 관련된 논리관계가 존재한다. 동명사 앞은 동명사의 행위자가 올 수 있는 자리이고 동명사 뒤는 이 동명사로 나타나 있는 동사의 의미에 따라 동명사의 행위를 받는 대상이 오거나 이 대상과 이 대상에 대해 의미를 보충하는 보어가 함께 올 수도 있고 보어만 나올 수도 있으며 어떤 요소도 나올 필요가 없는 경우도 있다.

a. [Eating] is necessary for all living things. (동명사(eating)의 행위자가 일반적인 대상(all living things)일 때는 동명사 앞에 생략) (먹는 것은 모든 생물에게 필요하다)

b. [Your] [eating] is necessary for your life. (동명사(eating)의 행위자는 you로 동명사의 주어로는 이것의 소유격(your)을 사용) (네가 먹는 것은 너의 생명을 유지하는데 필수적이다)

c. [Being] [honest] is the best policy. (동명사(being)로 쓰인 동사 be는 완전한 의미를 전하기 위해서는 뒤에 보어가 와야 하므로 honest가 동명사의 보어) (정직한 것이 최선의 방책이다)

d. [Your] [eating] [hamburgers] may hurt your health. (동명사(eating)의 행위자는 your이고 hamburgers는 동명사의 행위를 받는 대상) (네가 햄버거를 먹는 것이 너의 건강을 해칠지도 모른다)

e. [Your] [giving] [the children] [hamburgers] may make them pleasant. (동명사(giving)로 쓰인 동사 give는 뒤에 행위를 받는 두 개의 대상을 가질 수 있으므로 the children과 hamburgers가 그 대상. your는 동명사의 행위자) (네가 햄버거를 주면 그 아이들은 기뻐할지도 모른다)

f. [Your] [painting] [the wall] [blue] may make others happy. (동사 paint는 뒤에 행위를 받는 대상(the wall)과 행위를 받는 대상에 대해 설명하는 보어(blue)가 올 수 있는 동사이므로 이것이 동명사(painting)로 바뀌어도 여전히 이러한 요소가 올 수 있다. your는 동명사의 행위자) (네가 그 벽을 푸르게 칠하면 남이 기뻐할 지도 모른다)

g. She is afraid of [punishing] [her son]. (동명사(punishing) 바로 앞에 이 동명사의 행위자가 없으므로 동명사의 행위자는 문장의 주어(she)와 동일. her son은 동명사의 행위를 받는 대상) (그녀는 아들 벌주는 것이 두렵다)

g.' [Her son] is afraid of [being punished] by [her]. (동명사(punishing)의 행위를 받는 대상(her son)이 동명사 뒤에서 앞으로 이동해 있고 동명사의 행위자는 전치사(by) 뒤의 her. 동명사의 행위를 받는 대상이 동명사 앞으로 이동하여 동명사가 수동동명사(being punished)가 된 것) (그녀 아들은 그녀에게 벌을 받는 것이 두렵다)

h. She admitted [her] [having punished] [her son]. (완료동명사(having punished)의 행위자는 her이고 행위를 받는 대상은 her son) (그녀는 자기 아들을 벌준 것을 인정했다)

h.' [Her son] admitted [having been punished] by [her]. (완료동명사(having punished)의 행위를 받는 대상은 완료동명사 뒤에서 앞으로 이동한 her son이고 완료동명사의 행위자는 전치사(by) 뒤의 her. 완료동명사의 행위를 받는 대상이 앞으로 이동하여 완료수동동명사(having been punished)가 된 것) (그녀 아들은 그녀에게 벌 받은 것을 인정했다)

(4) 분사 내의 논리관계

완전한 시제가 나타나 있지 않은 분사에도 분사로 나타나 있는 동사가 나타내는 행위와 관련된 논리관계가 존재한다. 현재분사 앞은 보통 이 분사의 행위자가 올 수 있는 자리이고 현재분사 뒤는 이 현재분사로 쓰인 동사의 행위를 받는 대상이 올 수 있는 자리이다. 타동사의 과거분사 뒤는 이 타동사가 원래 목적보어를 취할 수 있는 동사일 때는 보어가 올 수 있다.

a. I saw [your daughter] [playing]. (현재분사(playing)의 행위자가 동사(see)의 목적어(your daughter)와 동일) (나는 네 딸이 놀고 있는 것을 보았다)

b. The child watched [the balloon] [becoming] [bigger]. (현재분사(becoming)의 행위자는 동사(watch)의 목적어(the balloon)와 동일. bigger는 현재분사의 보어) (그 아이는 그 풍선이 점점 커지고 있는 것을 지켜보았다)

c. I saw [a child] [carrying] [a balloon]. (현재분사(carrying)의 행위자는 동사(see)의 목적어(a child)와 동일. a balloon은 현재분사의 행위를 받는 대상) (나는 한 아이가 풍선을 하나 가지고 다니는 것을 보았다)

c.' I saw [a balloon] [being carried] by [a child]. (현재분사(carrying)의 행위를 받는 대상(a balloon)이 현재분사의 뒤에서 앞으로 이동하면서 원래의 현재분사의 행위자(a child)가 전치사(by) 뒤에 온 문장) (나는 풍선 하나를 한 아이가 가지고 다니는 것을 보았다)

d. I saw [a man] [giving] [the child] [a balloon]. (현재분사(giving)의 행위자는 동사(see)의 목적어(a man)와 동일. the child와 a balloon은 현재분사의 행위를 받는 대상) (나는 한 남자가 그 아이에게 풍선을 하나 주고 있는 것을 보았다)

d.' I saw [the child] [being given] [a balloon] by [a man]. (현재분사(giving)의 행위를 받는 대상(the child)이 현재분사 앞으로 이동하면서 원래의 행위자(a man)는 전치사(by) 뒤에 오고 또 다른 행위를 받는 대상(a balloon)은 원래의 자리에 남아있는 문장) (나는 그 아이에게 한 남자가 풍선을 하나 주고 있는 것을 보았다)

d." I saw [a balloon] [being given] to [the child] by [a man]. (현재분사(giving)의 행위를 받는 대상(a balloon)이 현재분사 뒤에서 앞으로 이동하면서 원래의 현재분사의 행위자(a man)가 전치사(by) 뒤에 오고 또 다른 행위를 받는 대상(the child)은 전치사(to)와 함께 원래의 자리에 남아 있는 문장) (나는 풍선 하나를 그 아이에게 한 남자가 주고 있는 것을 보았다)

e. I saw [a thief] [pushing] [your door] [open]. (현재분사(pushing)의 행위자는 동사(see)의 목적어(a thief)와 동일. your door는 행위를 받는 대상이고 open은 행위를 받는 대상에 대해 설명하는 보어) (나는 한 도둑이 너의 문을 밀어 열고 있는 것을 보았다)

e.' I saw [your door] [being pushed] [open] by [a thief]. (현재분사(pushing)의 행위를 받는 대상(your door)이 현재분사 뒤에서 앞으로 이동하여 원래의 행위자(a thief)가 전치사(by) 뒤에 오고 행위를 받는 대상에 대해 설명하는 보어(open)는 원래의 자리에 남아있는 문장) (나는 너의 문을 한 도둑이 밀어 열고 있는 것을 보았다)

f. I have [a book] [written] in Korean and English. (동사(write)의 행위를 받는 대상(a letter)이 이 동사 뒤에서 앞으로 이동하여 이 동사가 수동의 의미를 가진 과거분사(written)가 된 것) (나는 한국어와 영어로 쓰인 책 한 권을 가지고 있다)

f.' The actor has [a nice house] [painted] [blue]. (동사(paint)의 행위를 받는 대상(a nice house)이 이 동사의 뒤에서 앞으로 이동하여 이 동사가 수동의 의미를 가진 과거분사가 되고 행위를 받는 대상에 대해 설명하는 보어(blue)는 이 동사가 과거분사로 바뀐 뒤에도 여전히 원래의 자리에 남아있는 문장) (그 배우는 푸른색으로 칠해진 멋진 집 한 채가 있다)

2. 논리관계와 정문 비문과의 관련성

a. *A dancer was danced. (a dancer가 동사 dance의 행위를 받는 대상이 아니라 행위를 하는 행위자이므로 원래부터 이 동사 앞에 존재하므로 이 동사가 능동형이 아닌 수동형(be+과거분사)이 되면 비문)

b. *She looked beautifully. (동사 look은 '~하게 보이다'는 의미로 뒤는 동사의 의미를 완전하게 해 주는 보어인 형용사구가 필요하다. 형용사구(beautiful)가 아닌 부사구(beautifully)가 와서 비문)

c. *She was eaten an apple. (동사 eat의 앞은 행위자(she)가 오고 뒤는 행위를 받는 대상(an apple)이 와 있으므로 동사가 능동형(ate)이 아닌 수동형(was eaten)이 되면 비문)

d. *She painted blue her house. (동사 paint는 '~을 ~하게 칠하다'는 의미를 뒤에 목적어(her house)와 보어(blue)를 두어 전한다. 보어가 목적어 앞에 와서 비문)

e. *Her house painted blue by her. (her house가 논리적으로 보아 동사 paint의 행위를 받는 대상이므로 동사 뒤에 있어야 하는데 앞으로 이동해 있으므로 동사는 능동형(painted)이 아닌 수동형(was painted)이 되어야 정문)

f. *He wants for his friend to get there. (동사 want의 행위를 받는 대상(his friend)과 to-부정사(to get)의 행위자가 동일할 때는 부정사의 행위자 앞에 전치사(for)를 두지 않아야 정문)

g. *It is difficult him to get there without a bicycle. (to-부정사(to get)의 앞은 부정사로 표현된 동사의 행위를 하는 행위자(him)가 오는 자리로 보통 전치사(for)와 함께 와야 정문)

h. *It is unwise for you to go there without a bicycle. (가주어(it) 뒤에 진주어인 부정사(to go)가 오고 가주어 뒤에 be동사(is)가 오고 보어로 인간행위를 판단하는 형용사(unwise)가 올 때 부정사의 행위자(부정사의 주어)(you)는 전치사 of와 함께 와야 정문)

i. *He seems to be eaten lunch. (to-부정사(to eat)로 표현된 동사(eat)의 행위를 받는 대상(lunch)이 부정사 뒤에 있고 이 동사(eat)의 행위자(he)가 seem의 행위자(he)와 동일하므로 부정사는 능동형부정사(to eat)가 되어야하며 수동형부정사(to be eaten)가 되면 비문)

j. *His legs seem to strengthen by him. (to-부정사(to strengthen)의 행위를 받는 대상(his legs)이 부정사 뒤에 있지 않고 앞으로 이동해 있으므로 부정사는 능동형(to strengthen)이 아닌 수동형(to be strengthened)이 되어야 정문)

k. *You eating is necessary for your life. (동명사(eating)로 표현된 동사의 행위자는 주격(you)이 아닌 소유격(your)으로 와야 정문)

l. *Being honestly is the best policy. (동명사(being)로 표현된 동사가 be동사이므로 뒤는 부사구(honestly)가 올 수 없고 이 동사의 의미를 완전하게 하는 보어인 형용사구(honest)가 와야 정문)

m. *Your eating hamburger may hurt your health. (동명사로 표현된 동사(eat)의 행위를 받는 대상은 명사구(hamburgers)가 되어야 하므로 명사구가 아닌 명사(hamburger)가 오면 비문)

n. *Your being given the children hamburgers may make them pleasant. (동명사가 되어야 할 동사(give) 뒤에 이 동사의 행위를 받는 대상이 각각 the children과 hamburgers로 나타나 있으므로 이 동사는 수동동명사(being given)가 아닌 능동동명사(giving)가 되어야 정문)

o. *Her son is afraid of punishing by her. (동사 punish의 행위를 받는 대상(her son)이 이 동사 뒤에 있지 않고 앞으로 이동해 있으므로 이 동사는 능동동명사(punishing)가 아닌 수동동명사(being punished)가 되어야 정문)

p. *I saw your daughter played. (동사 play가 현재분사(playing)가 되면 앞의 your daughter가 분사의 행위자가 되어 논리적으로 문제가 없지만 과거분사(played)가 되면 앞의 your daughter가 동사 play의 행위를 받는 대상이 되어 논리적으로 맞지 않아 비문)

q. *I saw a child carried a balloon. (동사 carry가 현재분사(carrying)가 되면 뒤의 a balloon은 이 동사의 행위를 받는 대상이 되고 앞의 a child는 이 동사의 행위자가 된다. 이와 달리 과거분사(carried)가 되면 행위를 받는 대상인 a child가 이 동사 뒤에서 앞으로 이동한 것이 되어 뒤의 a balloon은 이 동사와 어떤 관계도 가지지 못하게 되어 비문)

r. *I saw [a balloon] [carrying] by [a child]. (분사로 바뀐 동사 carry의 행위를 받는 대상(a balloon)이 분사 뒤에서 앞으로 이동해 있으므로 이 동사는 능동형현재분사(carrying)가 아닌 수동형현재분사(being carried)가 되어야 정문)

s. *I saw a man given the child a balloon. (분사가 된 동사 give의 행위를 받는 대상(the child와 a balloon)이 모두 분사 뒤에 있으므로 이 분사는 수동의 의미를 가진 과거분사(given)가 아닌 능동의 의미를 가진 현재분사(giving)가 되어야 정문)

t. *I saw a thief pushed your door open. (분사가 된 동사 push의 행위를 받는 대상(your door)과 그 보어(open)가 그 동사 뒤에 있고 그 동사의 행위자(a thief)가 그 동사 앞에 있으므로 이 동사는 수동의 의미를

가진 과거분사(pushed)가 아닌 능동의 의미를 가진 현재분사(pushing)가 되어야 정문)

u. *I saw your door pushing open by a thief. (분사가 된 동사 push의 행위를 받는 대상(your door)은 그 동사 앞으로 이동해 있고 그 보어(open)는 뒤에 남아 있고 그 동사의 행위자(a thief)는 전치사(by) 뒤에 있으므로 그 동사는 능동의 의미를 가진 현재분사(pushing)가 아닌 수동의 의미를 가진 현재분사(being pushed)가 되어야 정문)

v. *I have a book writing in Korean and English. (분사가 된 동사 write의 행위를 받는 대상(a book)이 그 동사 뒤에서 앞으로 이동해 있으므로 그 동사는 능동의 의미를 가진 현재분사(writing)가 아닌 수동의 의미를 가진과거분사(written)가 되어야 정문)

w. *The actor has a nice house painting blue. (분사가 된 동사 paint의 행위를 받는 대상(a nice house)이 그 동사 뒤에서 앞으로 이동해 있고 그 보어(blue)는 뒤에 남아 있다. 따라서 분사는 능동의 의미를 가진 현재분사(painting)가 아닌 수동의 의미를 가진 과거분사(painted)가 되어야 정문)

II 확인학습

※ 다음 중 비문의 원인을 찾아 고치시오.

1. She tries to avoid blaming by her boss at work. (그녀는 직장에서 사장에게 비난받는 것을 피하려고 애쓴다)

______________________________.

2. The girl seems to love by one of her classmates. (그 소녀는 그녀 급우 중 한 명의 사랑을 받는 것처럼 보인다)

______________________________.

3. Somebody saw your purse taking away by a stranger. (누가 네 지갑을 한 낯선 사람이 가지고 가는 것을 보았다)

______________________________.

4. He seems to finish his work and he is helping others now. (그는 숙제를 끝마친 것처럼 보이며 지금 남을 도와주고 있는 중이다)

____.

5. The door was pushing open and shut repeatedly by the wind. (그 문이 반복적으로 바람에 밀려 여닫히고 있었다)

____.

6. Your son seems to read a comic book in his room right now. (네 아들은 바로 지금 그의 방에서 만화책을 읽고 있는 중인 것 같다)

____.

7. A mobile phone has given to her for her birthday by her father. (휴대폰을 그녀에게 그녀 아버지가 생일 선물로 주었다)

____.

8. The teacher was ordered the students to submit their homework. (그 선생은 그 학생들이 숙제를 제출하도록 지시했다)

____.

9. Your keeping silently may make others think that you agree with them. (네가 침묵을 지키고 있으면 남은 네가 그들과 같은 의견이라고 생각하게 될지도 모른다)

____.

10. That is my house painting blue, located in front of the beautiful mountain. (그것은 그 아름다운 산 앞에 위치하고 있는 푸른색으로 칠해진 내 집이다)

____.

III 단문영작

※ 다음을 주어진 표현으로 시작하여 영작하시오.

1. 사람은 누구나 사랑하고 사랑받는다.
   a. We ______________________________.
   b. Every person ______________________________.
   c. All men ______________________________.
   d. There ______________________________.

2. 그녀는 거울로 그녀의 짧게 자른 머리를 보았다.
   a. The mirror ______________________________.
   b. She ______________________________.
   c. Her hair ______________________________.
   d. What ______________________________.

3. 불필요한 논쟁에 휘말리지 않는 것이 현명한 일이다.
   a. It ______________________________.
   b. An unnecessary dispute ______________________________.
   c. A wise person ______________________________.
   d. You ______________________________.

4. 그 젊은 어머니는 어려서 결혼한 것을 후회하고 있다.
   a. The young mother ______________________________.
   b. Her marriage ______________________________.
   c. The young mother's early marriage ______________________________.
   d. It ______________________________.

5. 푸른색에서 붉은색으로 바뀐 그녀의 손톱색깔이 예쁘다.

a. The color ______________________________.

b. Her fingernail color ______________________________.

c. She ______________________________.

d. I ______________________________.

6. 그는 한 쪽 다리를 절고 있으며 자동차사고를 당한 것 같다.

a. His limp ______________________________.

b. I ______________________________.

c. He ______________________________.

d. It ______________________________.

7. 바람에 계속해서 열리고 닫히는 그 문이 나를 짜증나게 한다.

a. The door ______________________________.

b. I ______________________________.

c. It ______________________________.

d. The wind ______________________________.

8. 남의 도움을 받고 있는 그 고아는 앞으로 남을 돕기를 희망한다.

a. The orphan ______________________________.

b. It ______________________________.

c. People ______________________________.

d. The orphan's hope ______________________________.

9. 그 남자는 남을 돕는 것과 남의 도움을 받는 것을 주저하지 않는다.

a. There ______________________________.

b. The man ______________________________.

c. Both ______________________________.

d. Giving ______________________________.

10. 아이스크림이 빨리 녹아내려 그 아이는 제 때에 빨아먹지 못하고 있다.

a. The ice cream ______________________________.

b. The child ______________________________.

c. The melting speed ______________________________.

d. Since ______________________________.

IV 장문영작

※ 다음 모델영작을 주의 깊게 읽어 보시오.

1. 모델영작 I

Traveling Abroad

Traveling abroad! It's an expression that makes us excited, and you'll come to enjoy it more when you follow some advice. It is important to ask yourself why you want to travel abroad. I think a few points should be taken into consideration before and after you travel: the purpose, place, and effect of the travel.

Before everything else, you have to decide on your purpose for traveling. Are you interested in visiting historical sites abroad? Do you want to look around modern cities and associate with their citizens? Do you like to visit rural communities and talk with lots of people there? Are you interested in visiting world-famous summer resorts? Different people have different purposes for traveling. It is very important for you to clarify your purposes for travel before you travel abroad.

Once you have decided on your purpose for travel, you can find out some possible destinations. Next, you should examine these places closely for your final decision. The more your decision is based on exact information, the more your travel is likely to succeed. If you have lots of historical sites that you want to look around, you should decide on the priority for which place to visit. It is nearly impossible for you to visit all the places that you want to.

After your decision on the purpose and place of travel, you also have to think deeply about the effect of the travel. Everybody may be interested in the effect of his travel and want to have various positive effects. Before your travel, you can think of these effects. After you travel, you can evaluate these effects and make a better plan for next time. The more appropriately you evaluate them, the more you can enjoy the travel next time.

Every traveler going abroad has his purpose for traveling. In this respect, he should decide on the place of the travel and evaluate its possible effects before and after the travel.

2. 모델영작 Ⅱ

A Train Trip Through Beautiful Mountains

A train trip through beautiful mountains! It will make everybody excited even when he imagines it. It has given me a special opportunity to take a long trip into myself. I will introduce my trip into my past, present, and future.

My parents live in a small town far from Seoul, the capital city of Korea, and I sometimes go to visit them by train in spring. Fortunately, my train goes through beautiful high mountains strewn with various spring flowers here and there. Whenever I see them on the train, I begin to take a long trip into my past, my childhood. I first go back to my family in my childhood. They were all good and gave me deep love. Thanks to their generosity, I was able to hold a bigger dream.

As soon as I finish my trip into the past, I get back to the present and begin to take a trip into my present. Above all, I closely compare my wishes in the past with what I am. Some wishes have been realized, while other wishes are still to be realized in the future. This makes me happy, on the one hand, and it also makes me careful about some unrealized wishes, on the other hand. The beautiful scenery outside the train does not allow me to go deeper into my present situation.

After looking around the beautiful scenery, I slide into the trip into my future. Since I have looked back on my past wishes, I begin to compare what I am with my wishes to be realized in the future. I should realize my future wishes just as I have realized my past ones. It gives me not only some hopes but also some burdens that I have some wishes to realize in the future. At any rate, I am sure that my future wishes will come true as my past ones have been realized.

Since we can forget all our daily worries for a while, and since we can also take a trip into our past, present, and future, how about taking a train trip through beautiful mountains in spring?

※ 다음 제목으로 영작하시오.

1. 영작 I

Mountain Hiking

2. 영작 Ⅱ

Going to a Summer Resort

제7장

부정사

부정사란 동사원형으로 행위나 사건이 일어나는 실제의 때를 보여주지 않는 동사의 형태이다. to가 앞에 붙어있는 것을 to-부정사라하고 동사원형만이 있는 것을 원형부정사라 한다. 이것은 동사의 일종이므로 보통의 동사처럼 앞은 부정사의 행위자인 주어가 올 수 있는 자리이고 뒤는 이 부정사로 표현되어 있는 동사의 의미특성에 따라 이 동사의 행위를 받는 대상인 목적어가 오거나 이 동사의 의미를 보충해주는 보어인 명사구나 형용사구가 올 수도 있다. 또한 이 부정사로 표현된 동사의 행위가 일시적인 행위라는 것을 나타낼 때는 진행부정사가 되고, 이 부정사로 표현된 동사의 행위를 받는 대상이 이 부정사 앞으로 이동하면 수동부정사가 되고, 부정사로 표현된 동사의 행위가 주절동사가 나타내는 행위보다 먼저 일어난 것이라는 것을 나타낼 필요가 있을 때는 완료부정사가 된다.

I 핵심탐구

1. 부정사란?

부정사란 행위나 사건이 일어나는 실제의 때를 보여주지 않는 동사의 형태로 동사원형을 말하거나 to가 동사원형 앞에 붙어 있는 것을 말한다. 전자를 원형부정사라 하고 후자를 to-부정사라 한다.

(1) 부정사의 종류

(가) 단순부정사: 'to + 동사원형' 또는 to 없는 동사원형

a. The speed skater came [to win] the gold medal. (to 뒤에 동사원형이 나온 형태) (그 스피드 스케이터는 금메달을 따러 왔다)

b. They made her [participate] in the game. (사역동사(make) 뒤에서 쓰이는 to가 없는 원형부정사) (그들은 그녀가 그 경기에 참가하게 했다)

(나) 진행부정사: 'to be -ing'

a. She seemed [to be looking] around other players. (부정사가 진행의 의미를 가진 'to be + -ing' 형태) (그녀는 다른 선수들을 둘러보고 있는 중인 것처럼 보였다)

b. It was nice [to be sitting] there with her. (진행부정사가 가주어 it에 대한 진주어) (그녀와 거기 앉아 있어서 좋았다)

(다) 수동부정사: 'to be + 과거분사'

a. Her parents had [to be told] about her victory. (to-부정사 to tell의 목적어인 her parents가 이 부정사 뒤에서 앞의 주어자리로 이동하여 수동부정사가 된 것) (그녀 부모는 그녀의 승리에 관해 들어야 했다)

b. There were few things [to be solved]. (to-부정사 to solve의 목적어인 few things가 이 부정사 뒤의 부정사의 목적어자리에서 부정사의 주어자리로 이동하여 수동부정사가 된 것) (해결할 문제는 거의

없었다)

(라) 완료부정사: 'to have + 과거분사'

a. I'm sorry not [**to have helped you**] with your work yesterday. (주절동사(am)가 나타내는 사건보다 부정사(to help)가 나타내는 사건이 먼저 일어난 것이라는 것을 분명히 나타내기 위해 사용) (어제 너의 숙제를 도와주지 못해 미안하다)

b. It's nice [**to have finished**] the paper. (완료부정사가 가주어 it에 대한 진주어) (그 논문을 끝마쳐 기분 좋다)

(마) 완료진행부정사: 'to have been + -ing'

a. I'd like [**to have been speaking**] with a foreigner when she walked in. (과거(walked)의 시점에서 그 이전에 어떤 행위가 진행 중에 있었다는 것을 나타낼 필요성이 있을 때 과거완료진행시제(had been –ing)로 표현. 이 과거완료진행시제가 to-부정사로 표현될 때 완료진행부정사(to have been speaking)로 표현된 것) (그녀가 들어왔을 때 내가 한 외국인과 이야기하고 있었다면 좋았을 텐데)

b. What would you like [**to have been doing**] when she came to see you yesterday? (과거(came)의 시점에서 그 이전에 어떤 행위가 진행 중이었다는 것을 나타내기 위해 과거완료진행시제(had been doing)가 필요. 이것이 would like 뒤에서 완료진행부정사로 표현 된 것) (그녀가 어제 너를 보러 왔을 때 너는 무엇을 하고 있는 중이었다면 좋았겠느냐?)

(바) 완료수동부정사: 'to have been + 과거분사'

a. The soldier seems [**to have been killed**] in a war. (주절동사(seems)가 나타내는 때보다 부정사(to kill)가 나타내는 때가 먼저 일어난 것이라는 것을 완료부정사(to have killed)로 표현. 완료부정사의 목적어인 the soldier가 부정사의 목적어자리에서 주어자리로 이동하여 완료수동부정사(to have been killed)가 된 것) (그 군인은 전사한 것 같다)

b. The hamburger seems [**to have been eaten**] by your son. (완료부정사(to have eaten)의 목적어인 the hamburger가 부정사의 주어자리로 이동하여 완료수동부정사(to have been eaten)가 된 것) (그 햄버거는 네 아들이 먹은 것 같다)

(2) 부정사와 관련문제

(가) 부정사만을 취하는 동사

a. The singer [planned] [to please] the audience. (동사 plan은 뒤에 오는 동사가 to-부정사로 오기를 요구) (그 가수는 그 관중을 기쁘게 할 계획을 세웠다)

b. She [hoped] [to please] the audience. (동사 hope는 뒤에 오는 동사가 to-부정사로 오기를 요구) (그녀는 그 관중을 기쁘게 하기를 바랐다)

(나) 원형부정사만을 취하는 동사

a. The woman [made] her daughter [skate] on the ice. (사역동사(make)는 뒤에 부정사가 올 때 원형부정사(to 없는 부정사)로 오기를 요구) (그 여자는 그녀 딸이 얼음판에서 스케이트를 타게 했다)

b. The professor won't [let] the students [go] out of the room during the class. (사역동사(let)는 뒤에 to-부정사(to go) 대신 원형부정사(go)가 오기를 요구) (그 교수는 그 학생들이 그 수업 중 교실 밖으로 나가는 것을 허용하지 않을 것이다)

(다) 부정사를 취하지 않는 동사

a. The little girl [avoids] [going] out before finishing her homework. (동사 avoid 뒤는 목적어로 to-부정사(to go)가 아닌 동명사(going)만 올 수 있다) (그 어린 소녀는 숙제를 하기 전에 외출하는 것을 피한다)

b. She [finishes] [doing] her homework before going out. (동사 finish는 목적어로 to-부정사(to do)는 취할 수 없고 동명사(doing)만을 취한다) (그녀는 외출하기 전 숙제하는 것을 끝마친다)

(라) 부정사의 주어

부정사의 주어는 보통 부정사 바로 앞에 온다.

a. [To love] others is not that easy. (부정사의 주어가 일반인(one)일 때는 보통 생략한다. to love 앞에 일반인을 가리키는 주어(for one)가 생략) (남을 사랑하는 것이 그렇게 쉬운 것이 아니다)

b. My father wants [me] [to be] a famous politician. (부정사(to be)의 주어가 주절동사(want)의 목적어(me)와 동일할 때는 부정사의 주어(me) 앞에 전치사(for)를 두지 않는다) (나의 아버지는 내가 유명한 정치가가 되기를 원하신다)

c. It is not easy [for a beggar] [to be] a billionaire. (부정사의 주어(a beggar) 앞에는 보통 전치사 for가 온다) (거지가 억만장자가 되는 것은 쉽지 않다)

d. It is foolish [of you] [to ignore] his advice. (가주어(it)가 나오고 진주어로 to-부정사(to ignore)가

나오는 문장에서 be동사(is)의 보어로 인간행위를 판단하는 형용사(foolish)가 올 때 부정사의 주어(you) 앞에는 전치사 for 대신 of가 온다) (그의 조언을 무시하다니 너는 어리석구나)

(마) 부정사의 보어

보어가 와야 완전한 의미를 전하는 동사는 부정사가 된 뒤에도 여전히 보어가 와야 한다.

a. The scholar seems [to be] [very healthy]. (be동사는 뒤에 보어가 나오기를 요구하므로 부정사 to be 뒤에도 보어인 형용사구(very healthy)가 와야 한다) (그 학자는 매우 건강한 것 같다)

b. He wants [to be] [a strong man]. (명사구(a strong man)가 부정사(to be)의 보어) (그는 강한 사람이 되기를 원한다)

(바) 부정사의 목적어

뒤에 목적어가 와야 완전한 의미를 전할 수 있는 동사는 to-부정사로 바뀐 뒤에도 여전히 뒤에 목적어가 나와야 한다.

a. The psychologist wants [to study] [criminals' psychology]. (동사 study는 '~을 공부하다'는 의미를 전할 때 뒤에 목적어가 나오기를 요구하므로 부정사(to study) 뒤에 목적어인 명사구(criminals' psychology)가 필요) (그 심리학자는 범죄자의 심리를 연구하기를 원한다)

b. He likes [to observe] [people] around him. (동사 observe는 '~을 관찰하다'는 의미를 전할 때 뒤에 목적어가 나오기를 요구하므로 부정사(to observe) 뒤에 목적어인 명사구(people)가 필요) (그는 주위 사람들을 관찰하기를 좋아한다)

(사) 부정사의 부정

부정사를 부정하는 부정어(not, never)는 보통 부정사 바로 앞에 온다.

a. The old man tries [not] [to be] behind the times. (부정의 부사(not)가 부정사(to be) 앞에 와서 부정사를 부정) (그 노인은 시대에 뒤떨어지지 않기 위해 애쓴다)

b. You are silly [not] [to have accepted] his advice. (부정의 부사(not)가 완료부정사(to have accepted) 앞에서 이 완료부정사를 부정) (그의 조언을 받아들이지 않다니 너는 어리석구나)

c. It is impossible [never] [to have loved] anybody. (완료부정사(to have loved)를 부정하는 부정의 부사 never가 부정사 앞에서 부정사를 부정) (어느 누구도 결코 사랑한 적이 없기란 불가능하다)

c.' It is impossible [to have [never] loved] anybody. (완료부정사(to have loved)의 경우 부정의

부사 never가 부정사 내에도 올 수 있다)

(아) 부정사와 가주어

부정사는 가주어 it에 대한 진주어로 쓰이기도 한다.

a. [It] is hard [to make] him change his mind. (부정사(to make)가 가주어 it에 대한 진주어) (그의 생각을 바꾸게 하는 것은 어렵다)

b. [It] is undesirable [to invest] too much money in stocks. (부정사(to invest)가 가주어 it에 대한 진주어) (주식에 너무 많은 돈을 투자하는 것은 바람직하지 않다)

(자) 부정사와 가목적어

부정사는 가목적어 it에 대한 진목적어로 쓰이기도 한다.

a. He thinks [it] difficult [to make] lots of money. (부정사(to make)가 가목적어 it에 대한 진목적어) (그는 많은 돈을 버는 것은 어렵다고 생각한다)

b. He thinks [it] undesirable [to idle] away one's time. (부정사(to idle)가 가목적어 it에 대한 진목적어) (그는 시간을 빈둥빈둥 보내는 것은 바람직하지 않다고 생각한다)

(차) 부정사가 올 수 있는 자리와 올 수 없는 자리

부정사는 보통 문장에서 명사구가 오는 자리에 온다.

a. [To be] a famous man is not easy. (동사(is)의 주어자리) (유명한 사람이 되는 것이 쉬운 일은 아니다)

b. His aim is [to be] a famous man. (동사(is)의 보어자리) (그의 목표는 유명인이 되는 것이다)

c. He believes his son [to be] honest. (동사(believe)의 목적어(his son)에 대한 보어자리) (그는 그의 아들이 정직하다고 믿는다)

d. He wants [to be] a famous man. (동사(want)의 목적어자리) (그는 유명인이 되고 싶어 한다)

e. *He is talking [about] [to be] a famous man. (전치사(about)의 목적어자리에는 일반적으로 올 수 없다)

2. 부정사와 정문 비문과의 관련성

a. *Her father didn't let her to stay out late at night. (사역동사(let) 뒤에 원형부정사(stay)가 아닌 to-부정사가 와서 비문)

b. *She seemed to be knowing the fact. (진행형으로 쓰일 수 없는 상태동사(know)를 진행부정사(to be knowing)로 만들어 비문. 진행부정사를 단순부정사(to know)로 바꾸어야 정문)

c. *This information had to give to her immediately. (부정사(to give)의 목적어(this information)가 부정사 뒤에서 앞으로 이동했으므로 부정사는 능동형이 아닌 수동형(to be given)이 되어야 정문)

d. *The boy was made finish his homework before he went out. (사역동사(make)가 수동태(was made)가 되면 뒤의 원형부정사(finish)는 to-부정사(to finish)로 바뀌어야 정문)

e. *I'd like to meet you at the airport yesterday, but I was busy. (부사 yesterday가 보여주듯이 어제 만나지 않은 것을 현재 유감으로 생각하는 문장이 되어야 하므로 단순부정사(to meet)는 완료부정사(to have met)가 되어야 정문)

f. *What would you like to be doing when your girlfriend came to see you yesterday? ('어제 너의 여자 친구가 너를 보러왔을 때 너는 무엇을 하고 있는 중이었다면 좋겠느냐'는 의미를 전하려면 진행부정사(to be doing)가 아닌 완료진행부정사(to have been doing)가 되어야 정문)

g. *His valuables seem to be stolen in the robbery a few days ago. (주절동사(seem)가 나타내는 때는 현재이고 사건이 일어난 것은 그 이전이므로 단순수동부정사(to be stolen)가 아닌 완료수동부정사(to have been killed)가 되어야 정문)

h. *His doctor suggested him to take a long rest. (suggest가 '~을 제안하다'는 의미를 전할 때 뒤에 to-부정사(to take)를 취하지 않는다. 따라서 him to take a long rest는 that he take a long rest가 되어야 정문)

i. *The dancer has given up to dance. (give up은 뒤에 to-부정사(to dance)를 목적어로 취하지 않으므로 to dance를 동명사(dancing)로 고쳐야 정문)

j. *It is hard for teacher to give all his students good grades. (to-부정사(to give)의 주어는 명사구가 되어야 한다. 따라서 명사 teacher는 명사구 (a teacher)가 되어야 정문)

k. *The old man tries to not be behind the times. (부정사를 부정하는 부정어가 부정사 앞이 아닌 to와 동사 원형(be) 사이에 와서 비문)

l. *That is hard to make him change his mind. (to-부정사를 가리키는 가주어는 it만이 가능. 대명사 That은 It이 되어야 정문)

m. *He thinks that undesirable to idle away one's time. (to-부정사가 진목적어로 나올 때는 가목적어(it)가 필요하므로 that은 it이 되어야 정문)

n. *The politician is afraid of to fail in the election. (전치사(of)의 목적어로 to-부정사(to fail)는 올 수 없다. to fail은 동명사(failing)가 되어야 정문)

II 확인학습

※ 다음 중 비문의 원인을 찾아 고치시오.

1. That is not easy to treat everybody equally. (모든 사람을 동등하게 대우하기는 쉽지 않다)

 ____.

2. He decided to not start a new foreign language. (그는 새로운 외국어 하나를 시작하지 않기로 결정했다)

 ____.

3. Your wife won't let you to travel abroad without her. (네 아내는 그녀를 두고 네가 혼자 외국 여행하는 것을 허락하지 않을 것이다)

 ____.

4. The man focused his study of English on to speak fluently. (그 남자는 영어 공부의 초점을 유창하게 말하는데 맞추었다)

 ____.

5. It is very silly for you not to have informed us of the news. (네가 우리에게 그 소식을 알려주지 않은 것은 매우 어리석은 일이다)

____.

6. I'd love to be waiting for you yesterday, but it was impossible. (어제 내가 너를 기다렸다면 좋았을 텐데. 하지만 그것은 불가능했다)

____.

7. The girl seems to have been knowing her boyfriend for 3 years. (그 소녀가 그녀 남자친구를 알고 지낸지 3년이 된 것 같다)

____.

8. He is very poor, but he will manage graduating university on time. (그는 매우 가난하지만 때가 되면 그럭저럭 대학을 졸업할 것이다)

____.

9. The boy has a black eye. He seems to have beaten by somebody. (그 소년은 한쪽 눈에 멍이 들어있다. 그는 누군가에게 구타를 당한 것 같다)

____.

10. They think this a problem to allow the freedom of assembly for 24 hours. (그들은 24시간 집회의 자유를 허락하는 것은 문제라고 생각한다)

____.

III 단문영작

※ 다음을 주어진 표현으로 시작하여 영작하시오.

1. 그녀는 우산이 없어 비를 맞지 않을 수 없었다.
   a. Not ______________________________.
   b. Because ______________________________.
   c. She ______________________________.
   d. It ______________________________.

2. 어린이는 당연히 어른의 보호를 받을 필요가 있다.
   a. Children ______________________________.
   b. Adults ______________________________.
   c. Looking ______________________________.
   d. It ______________________________.

3. 그 학생들은 선생에게 십 분간의 휴식시간을 청했다.
   a. The students ______________________________.
   b. A ten-minute break ______________________________.
   c. What ______________________________.
   d. The teacher ______________________________.

4. 남의 마음을 아프게 하지 않도록 말을 조심해야 한다.
   a. You ______________________________.
   b. Watching ______________________________.
   c. It ______________________________.
   d. In ______________________________.

5. 그녀는 어리석게도 남자친구의 조언을 따르지 않았다.

a. It ______________________________.

b. Her boyfriend ______________________________.

c. Her boyfriend's advice ______________________________.

d. She ______________________________.

6. 규칙적인 운동은 건강하게 사는데 중요하다고 생각된다.

a. You ______________________________.

b. Our healthy life ______________________________.

c. I ______________________________.

d. Regular exercise ______________________________.

7. 그 등산객들은 모두 산에서 내려오고 있는 중인 것 같다.

a. Every climber ______________________________.

b. All the climbers ______________________________.

c. It ______________________________.

d. I ______________________________.

8. 그 젊은 여성은 한 시간 이상 미행을 당한 것처럼 보인다.

a. It ______________________________.

b. The young woman ______________________________.

c. I ______________________________.

d. My guess ______________________________.

9. 외국인이 한국어를 배우는 데는 많은 시간이 걸릴 것이다.

a. Foreigners ______________________________.

b. It ______________________________.

c. Lots of hours ______________________________.

d. Korean ______________________________.

10. 그 소년은 가능한 한 빨리 숙제를 마치고 놀러나갈 계획이다.

a. It ____.

b. The boy ____.

c. The boy's plan ____.

d. Going out ____.

IV 장문영작

※ 다음 모델영작을 주의 깊게 읽어 보시오.

1. 모델영작 I

Doing Volunteer Work

Doing volunteer work! It's praiseworthy to do volunteer work, and you'll find lots of people doing it. Volunteer work has been done by people of various jobs, there are lots of kinds of volunteer work, and its effects suggest lots of things as to how to live a happy life. I will write about volunteer work, its meanings, and its future.

People with different jobs do volunteer work differently. For instance, many college students go to the country and do volunteer work for farmers in their busy season. Some medical students also visit remote farming or fishing villages and examine the villagers and give them medical services as volunteer work. Some women in voluntary organizations visit poor old men and women in nursing homes and feed them, bathe them, and entertain them with music and dance.

The increase of volunteer workers suggests that more and more people are concerned about others' welfare. They realize that others' happiness is deeply related to theirs. In other words, they recognize that they are, in some way, responsible for their neighbors' wellbeing. For this reason, they help their neighbors voluntarily even though they also need others' help. In some respect, their volunteer work begins with their sympathy for others who are in need of their urgent help.

As time passes, more and more people will get in trouble for various reasons. They will need others' help whether they want it or not. The government won't be able to solve all the citizens' problems even though they try to. For this reason, some people will have to help others come out of difficulties even though they also have problems to solve. At any rate, you should not hesitate to do volunteer work, because you will gain high self-esteem helping others.

Everybody is surrounded by his neighbors who are in need of his urgent help. You can not only help your neighbors but also receive their help. Then, how about starting your volunteer work first?

2. 모델영작 Ⅱ

Pleasing Others

Pleasing others! It is not an easy thing to do, but some people please others, while other people displease them. Some people enjoy pleasing others because they know it makes them happy, while other people are ignorant of this happiness. I've thought about reasons, ways, and effects of pleasing others.

Generally, people who please others feel some satisfaction in pleasing them. A person who tries to please others should have an ability to control himself first. If he is apt to be impatient, he may not succeed in pleasing others. In this respect, he should recognize that pleasing others gives him the ability to control himself, and that the more he pleases them, the more he will become happy. In this respect, a person who is willing to please others knows that their pleasure increases his own pleasure.

There are lots of ways to please others if you intend to please them. One way is to be attentive to them while they are talking with you. They will believe that you are a very considerate person. Another way is to see through your counterpart and do what he wants you to do for him. He will have confidence in you because of this. A third way is to have dinner with your counterpart and treat him to the dinner. This will increase his confidence in you. Generally, he will try to please you next time since he has got pleasure from you.

Pleasing others pays. It is to bring about good results in time. If you have pleased others, they will try to please you someday as you have pleased them. They will also want to meet you and talk with you for a long time whenever they have time. This will certainly please you. Besides, your pleasing others will make them please people around them. This will double your pleasure.

Pleasing others is not easy, but it brings about lots of good results to you and your neighbors. Since it is such a good thing, how about trying to please others first before they try to please you?

※ 다음 제목으로 영작하시오.

1. 영작 I

University Students' Volunteer Activities

2. 영작 Ⅱ

Babysitting as Volunteer Work

제8장

동명사

동명사란 동사 뒤에 -ing를 붙인 것으로 문장에서 명사처럼 명사구가 오는 자리에 오는 동사의 한 형태이다. 동사의 한 형태이므로 동사처럼 앞은 동명사의 주어가 올 수 있고 뒤는 이 동명사가 된 동사의 행위를 받는 대상인 목적어가 오거나 이 동사의 의미를 보충하는 보어인 형용사구나 명사구가 올 수도 있다. 그러나 동명사 뒤에 어떤 요소가 반드시 와야 하는지 올 수도 있고 오지 않아도 좋은지는 동명사로 표현된 동사의 의미특성에 달려있다. 또한 동명사로 표현된 동사의 행위를 받는 대상이 이 동사의 뒤에 있지 않고 이 동사 앞으로 이동하면 논리관계가 바뀐 것이므로 이 동사는 수동동명사가 된다. 그리고 동명사로 표현된 동사가 나타내는 행위가 주절동사가 나타내는 행위보다 먼저 일어난 것이라는 것을 분명히 나타낼 필요가 있을 때는 완료동명사로 나타낸다.

I 핵심탐구

1. 동명사란?

-ing로 끝나면서 명사로 쓰이는 동사의 한 형태이다. 동명사가 된 동사의 원래의 의미에 따라 동명사 뒤에 보어 목적어 수식어가 올 수도 있다.

(1) 동명사의 종류

(가) 단순동명사: 동사 뒤에 -ing가 붙어서 명사처럼 기능

a. The boy enjoys [reading] English writing books. (그 소년은 영어쓰기 책을 즐겨 읽는다)

b. He likes [playing] table tennis. (그는 탁구 치는 것을 좋아한다)

(나) 수동동명사: 'being + 과거분사'가 명사처럼 기능

a. The girl avoids [being blamed] by others. (그 소녀는 남의 비난을 받는 것을 피한다)

b. She hates [being asked] to do something by others. (그녀는 무엇을 하라는 남의 지시를 받는 것을 싫어한다)

(다) 완료동명사: 'having + 과거분사'가 명사처럼 기능

a. The student admitted [having cheated] in the exam. (그 학생은 그 시험에서 부정행위를 한 것을 인정했다)

b. He regretted [having gotten] the lowest mark in the exam. (그는 그 시험에서 최하점을 받은 것을 유감으로 생각했다)

(2) 동명사의 문장내의 위치

a. [Writing] a novel is not easy. (주어자리: 동명사가 동사(is)의 주어) (소설을 쓰는 것은 쉽지 않다)

b. His job is [writing] novels. (동사의 주격보어자리: 동명사가 동사(is)의 주격보어) (그의 직업은 소설을 쓰는 것이다)

c. He enjoys [writing] novels. (동사의 목적어자리: 동명사가 동사(enjoy)의 목적어) (그는 소설 쓰는 것을 즐긴다)

d. He often talks about [writing] a good novel. (전치사의 목적어자리: 동명사가 전치사(about)의 목적어) (그는 종종 좋은 소설을 쓰는 것에 관해 이야기한다)

e. It's nice [talking] with him. (가주어에 대한 진주어자리: 동명사가 가주어(it)의 진주어) (그와 이야기 하니 좋다)

f. I think it interesting [talking] with him. (가목적어에 대한 진목적어자리: 동명사가 가목적어(it)에 대한 진목적어. interesting은 목적보어) (나는 그와 이야기하는 것이 재미있다고 생각한다)

g. His hobby, [riding] a bicycle, is very helpful for his health. (동격명사구의 자리: 동명사가 주어인 명사구(his hobby)와 동격) (그의 취미인 자전거 타기는 그의 건강에 매우 도움이 된다)

He enjoys his hobby, [riding] a bicycle, whenever he is free. (동명사가 동사의 목적어인 명사구(his hobby)와 동격) (그는 한가할 때마다 그의 취미인 자전거타기를 즐긴다)

He learns lots of things from his hobby, [riding] a bicycle. (동명사가 전치사(from)의 목적어인 명사구(his hobby)와 동격) (그는 그의 취미인 자전거타기로부터 많은 것을 배운다)

(3) 동명사의 주어

동명사의 주어는 명사나 대명사의 소유격을 원칙으로 한다. 그러나 구어체에서는 동명사가 타동사나 전치사의 목적어일 때 주어로 목적격을 쓰기도 한다.

a. [The girl's] singing made lots of people pleasant. (명사(girl)의 소유격이 동사의 주어자리의 동명사의 주어) (그 소녀가 노래한 것이 많은 사람들을 기쁘게 했다)

b. It's [her] singing that appeals to us. (대명사의 소유격이 동사의 보어자리에 있는 동명사의 주어) (우리의 흥미를 끄는 것은 그녀가 노래하는 것이다)

c. She made [her] singing appeal to us. (대명사의 소유격이 동사의 목적어 자리에 있는 동명사의 주어) (그녀는 그녀가 노래하는 것이 우리의 흥미를 끌게 했다)

d. They are proud of [him] dating the girl. (대명사의 목적격이 전치사(of)의 목적어자리에 있는 동명사(dating)의 주어) (그들은 그가 그 소녀와 데이트 하는 것이 자랑스럽다)

e. She hates [her mother] asking her to stop singing. (동명사(asking)가 동사(hates)의 목적어일 때 동명사의 주어는 구어체에서 명사의 목적격이 가능) (그녀는 어머니가 그녀에게 노래 부르는 것을 그만두라고 하는 것을 싫어한다)

e.' She hates [her mother's] asking her to stop singing. (동명사가 동사의 목적어일 때 동명사의 주어로 명사의 소유격도 가능) (그녀는 그녀 어머니가 그녀에게 노래를 그만하라고 하는 것을 싫어한다)

f. She is afraid of [her mother] asking her to stop singing. (동명사가 전치사(of)의 목적어일 때 동명사의 주어는 구어체에서 목적격이 가능) (그녀는 어머니가 그녀에게 노래 부르는 것을 그만두라고 하는 것을 두려워한다)

f.' She is afraid of [her mother's] asking her to stop singing. (동명사가 전치사의 목적어일 때 동명사의 주어는 명사의 소유격이 가능) (그녀는 어머니가 그녀에게 노래 부르는 것을 그만두라고 하는 것을 두려워한다)

(4) 동명사의 보어

동명사가 된 동사가 원래 보어를 필요로 하는 동사일 때는 동명사가 된 뒤에도 여전히 보어가 필요하다.

(가) 주격보어

a. I picked up the dish smelling [good]. (형용사구보어: 동사 smell은 '~한 냄새가 나다'는 의미를 전할 때 뒤에 형용사구를 필요로 하는 동사. 형용사구가 동명사(smelling)의 보어) (나는 좋은 냄새가 나는 그 요리를 골랐다)

b. I dreamed of becoming [an astronomer]. (명사구 보어: 동사 become은 형용사구나 명사구인 보어를 필요로 하는 동사. 명사구가 동명사(becoming)의 보어) (나는 천문학자가 되기를 꿈꿨다)

(나) 목적보어

a. The young man looked for his spouse after painting his house [blue]. (형용사구 보어: 동사 paint는 '~을 ~하게 칠하다'는 의미를 뒤에 목적어와 목적보어를 두어 전하는 동사. 형용사구(blue)가 동명사(painting)의 목적보어) (그 청년은 집을 푸른색으로 칠하고 배우자를 찾았다)

b. His plan is making his son [a doctor]. (명사구 보어: 동사 make는 '~을 ~로 만들다'는 의미를 뒤에 목적어와 목적보어를 두어 전하는 동사. 명사구(a doctor)가 동명사(making)의 목적보어) (그의 계획은 그의 아들을 의사로 만드는 것이다)

(5) 동명사의 목적어

동명사가 된 동사가 원래 목적어를 하나 취하는 동사일 때 동명사의 목적어는 하나이고 두 개 취할 수 있는 동사일 때 동명사의 목적어는 두 개가 될 수 있다.

a. Helping [the poor] is necessary for the government. (하나의 목적어: 명사구 the poor가 동명사(helping)의 목적어) (가난한 사람들을 돕는 것은 그 정부에 필수적이다)

b. Giving [the poor] [jobs] is not easy for the government. (두 개의 목적어: 명사구 the poor는 동명사(giving)의 간접목적어이고 명사구 jobs는 직접목적어) (가난한 사람들에게 일자리를 주는 것이 그 정부에 쉬운 일이 아니다)

(6) 동명사의 수식어

동명사가 된 동사가 원래 보어나 목적어를 필요로 하지 않는 동사일 때 동명사 뒤에 수식어가 올 수 있다.

a. Living [happily] is everybody's dream. (부사구가 동명사(living)의 수식어) (행복하게 사는 것이 모두의 꿈이다)

b. Stepping [on the chair] doesn't look good. (전치사구가 동명사 (stepping)의 수식어) (그 의자를 밟는 것은 좋아 보이지 않는다)

(7) 동명사의 부정

동명사를 부정하는 부정어(not, never)는 동명사 바로 앞에 온다.

a. The doctor suggested [not] working too hard. (단순동명사의 부정: 부정어(not)가 동명사 앞에서 동명사(working)를 부정) (그 의사는 너무 열심히 일하지 말라고 했다)

b. The patient was afraid of [not] being looked after by the doctor. (수동동명사의 부정: 부정어(not)가 수동동명사(being looked after)를 부정) (그 환자는 그 의사의 보살핌을 받지 못하는 것이 두려웠다)

c. He admitted [not] having looked after lots of patients. (완료동명사의 부정: 부정어(not)가 완료동명사(having looked after)를 부정) (그는 많은 환자를 돌보지 않은 것을 인정했다)

d. He admitted [not] having been looked after by the doctor. (완료수동동명사의 부정: 부정어(not)가 완료수동동명사(having been looked after)를 부정) (그는 그 의사의 보살핌을 받지 못한 것을 인정했다)

(8) 동명사와 현재분사의 차이

동명사와 현재분사 모두 동사 뒤에 -ing를 붙인 것으로 외형은 같다. 그러나 동명사는 명사로서 현재분사는 형용사로서 기능을 한다는 점이 다르다. 따라서 문장에서 동명사는 일반적으로 명사구가 오는 자리에 오는데 비해 현재분사는 형용사구가 오는 자리에 온다.

a. [Sleeping] on the floor may be uncomfortable. (동명사: 문장의 주어. '자는 것'으로 명사처럼 해석) (마루에서 자는 것은 편하지 않을 지도 모른다)

b. The [sleeping] boy is my nephew. (현재분사: 주어인 명사(boy)를 한정. '자고 있는'으로 형용사처럼 해석) (그 자고 있는 소년은 내 조카이다)

a. I admit [dancing] with the girl. (동명사: 동사(admit)의 목적어. '춤춘 것'으로 명사처럼 해석) (나는 그 소녀와 춤춘 것을 인정한다)

b. I like the [dancing] girl. (현재분사: 동사(like)의 목적어인 명사(girl)를 한정. '춤추고 있는'으로 형용사처럼 해석) (나는 그 춤추고 있는 소녀를 좋아한다)

a. I am afraid of [sleeping] with the girl. (동명사: 전치사(of)의 목적어. '자는 것'으로 해석) (나는 그 소녀와 잠자는 것이 두렵다)

b. I am afraid of the [sleeping] girl. (현재분사: 전치사(of)의 목적어인 명사구 내의 명사(girl)를 한정. '자고 있는'으로 해석) (나는 그 잠자고 있는 소녀가 두렵다)

2. 동명사와 정문 비문과의 관련성

a. *Loving lots of people are not easy. (동명사(loving)가 주어일 때는 단수로 보아 동사는 단수형(is)이 되어야 정문)

b. *The boy enjoys to play table tennis. (동사 enjoy의 목적어자리에 오는 동사는 to-부정사(to play)가 아닌 동명사(playing)만이 가능)

c. *The little girl hates laughing at by others. (laugh at의 목적어가 앞의 the little girl이므로 동명사는 수동동명사(being laughed at)가 되어야 정문)

d. *The drunken driver admitted to have driven his car after drinking. (동사 admit의 목적어는 to-부정사(to have driven)가 올 수 없다. 동명사(having driven)가 되어야 정문)

e. *Writing novel is not easy. (동명사(writing)의 목적어는 명사(novel)가 아닌 명사구(a novel)

가 되어야 정문)

f. *The man often talks about to make much money. (to-부정사(to make)는 전치사(about)의 목적어가 될 수 없다. 동명사(making)가 되어야 정문)

g. *I think this interesting talking with him. (동명사(talking)가 동사(think)의 진목적어이므로 this가 아닌 가목적어(it)가 필요)

h. *The astronomer's job, observe stars, is not an easy thing to do. (주어(the astronomer's job)와 동격관계가 되려면 명사적이 되어야 하므로 동사(observe)는 동명사(observing)가 되어야 정문)

i. *She objected to he reading her e-mails. (동명사(reading)의 주어는 명사나 대명사의 소유격을 원칙으로 하므로 주격(he)은 소유격(his)이 되어야 한다. 동명사가 전치사(to)의 목적어자리에 있으므로 구어체에서 목적격(him)도 가능)

j. *I tasted the dish because of its looking deliciously. (동사 look은 '~해 보이다'는 의미를 부사구(deliciously)가 아닌 형용사구(delicious)로 전한다. 따라서 동명사(looking)의 보어로 형용사구가 와야 정문)

k. *His mother was opposed to his becoming dancer. (동사 become은 뒤에 형용사구나 명사구인 보어가 필요. dancer는 명사이지만 명사구(a dancer)가 아니므로 동명사(becoming)의 보어가 될 수 없어서 비문)

l. *The boy tried to gain her heart by making her happily. (동사 make의 목적보어로 형용사구(happy)는 가능하지만 부사구(happily)는 불가능. 따라서 동명사(making)의 목적보어로 형용사구가 와야 정문)

m. *Submitting the professor the report is due at 5 p.m. tomorrow. (동사 submit은 간접목적어와 직접목적어를 나란히 취하지 못하는 동사. 따라서 동명사 submitting 뒤에 목적어(the report)가 오고 간접목적어(the professor)는 전치사(to)와 함께 to the professor로 와야 정문)

n. *You can get lots of knowledge by reading careful. (동사 read 뒤는 형용사구(careful)는 올 수 없고 읽는 방법을 나타내는 양태부사(carefully)가 올 수 있는 자리)

o. *The man avoids pleasing not others. (동명사(pleasing)를 부정하는 부정어(not)는 동명사 뒤가 아닌 바로 앞에 와야 정문)

p. *The child regrets having not finished homework. (완료동명사(having finished)를 부정하는 부정어는 이 완료동명사 앞(not having finished)에 와야 정문)

q. *The orphan regretted being not loved by his parents. (수동동명사(being loved)를 부정하는 부정어(not)는 이 수동동명사 앞(not being loved)에 와야 정문)

II 확인학습

※ 다음 중 비문의 원인을 찾아 고치시오.

1. The girl dreamed of becoming world-famous CEO. (그 소녀는 세계적인 최고경영자가 되기를 꿈꿨다)

____.

2. Having good meal may be comforting in sultry weather. (충분한 양의 식사를 하는 것이 무더운 날씨에 위안이 될 지도 모른다)

____.

3. The kid was punished by his father for being not honest. (그 아이는 정직하지 않다고 그의 아버지에게 벌을 받았다)

____.

4. Meeting a lot of people are very important to lawmakers. (많은 사람들을 만나는 것은 입법자에게 매우 중요하다)

____.

5. The politician doesn't mind blaming by others, since he is firm. (그 정치가는 믿음이 확고해서 남의 비난을 받는 것을 신경 쓰지 않는다)

____.

6. He has considered to leave his own country for another country. (그는 자신의 나라를 떠나 다른 나라로 가는 것을 고려한 적이 있다)

____.

7. Making himself energetically is the first thing he does every day. (자신을 정력적으로 만드는 것이 그가 매일 하는 첫 번째 일이다)

____.

8. His decision, make his country a super power, will be welcomed by his people. (그의 결심은 자기 나라를 초강대국으로 만드는 것으로 그의 국민의 환영을 받을 것이다)

____.

9. Tom helping Mary with her homework at college led to their marriage later. (탐이 대학에서 메리의 숙제를 도와준 것이 후에 그들의 결혼에 이르게 했다)

____.

10. The boy thought this meaningful listening to his girlfriend's explanation before their breakup. (그 소년은 그들이 결별하기 전에 여자 친구의 해명을 듣는 것이 의미가 있다고 생각했다)

____.

III 단문영작

※ 다음을 주어진 표현으로 시작하여 영작하시오.

1. 행복하게 사는 것은 모든 인간의 바람이다.
   a. We ______________________________.
   b. All human beings ______________________________.
   c. It ______________________________.
   d. Living ______________________________.

2. 외국어를 공부할 때는 인내심이 매우 중요하다.

a. Learning ____.

b. You ____.

c. Patience ____.

d. It ____.

3. 그는 음악을 좋아하지만 듣는 것을 즐기지는 않는다.

a. He ____.

b. Music ____.

c. Though ____.

d. As for ____.

4. 매사에 성급하면 제대로 일을 완성하지 못할 것이다.

a. Haste ____.

b. To ____.

c. Impatience ____.

d. If ____.

5. 나는 네가 친구들을 데리고 오는데 반대하지 않는다.

a. You ____.

b. I ____.

c. Your friends ____.

d. Your bringing ____.

6. 그 소년은 숙제를 하지 않아 어머니에게 벌을 받았다.

a. The boy's mother ____.

b. Not doing homework ____.

c. The boy ____.

d. A punishment ____.

7. 꾸준하게 책을 읽으면 너는 언젠가 박식하게 될 것이다.

a. Reading ______________________________.

b. If ______________________________.

c. Read ______________________________.

d. Your steady reading ______________________________.

8. 구타를 하거나 구타를 당하는 것 모두 피해야 할 것이다.

a. Both ______________________________.

b. You ______________________________.

c. An avoidable thing ______________________________.

d. It ______________________________.

9. 그의 취미는 탁구를 치는 것으로 정신과 육체의 건강에 도움이 된다.

a. His hobby ______________________________.

b. Playing ping-pong ______________________________.

c. Ping-pong ______________________________.

d. His mental and physical health ______________________________.

10. 경기에서 이기기 위해서는 상대를 두려워해서도 얕잡아봐서도 안 된다.

a. To ______________________________.

b. It ______________________________.

c. You ______________________________.

d. If ______________________________.

IV 장문영작

※ 다음 모델영작을 주의 깊게 읽어 보시오.

1. 모델영작 Ⅰ

One's Best Friend

One's best friend! Everybody may have his best friend, and he may or may not meet his best friend very often. I met my best friend while I was in graduate school. I will tell you about our meeting, promoting our friendship, and losing contact with each other.

I entered graduate school for a master's degree and met a friend who came from a province like me. He came from Chuncheon, a well-known city for its beautiful rural scenery. He was one year older than I was. We often exchanged our ideas about subjects we were taking. He and I were concerned with the same branch of linguistics. He was one of the most considerate people that I had ever met. He was very eager in his studies and we often met in the school library and studied together.

After we finished our daily studies in the school library, we sometimes dropped by at a pub and talked long over a glass of draft beer before us. We talked about our concerns. At first, we began our conversation with our personal affairs. Next, the conversation led to educational systems in our country. He even proposed his ideal educational system and I agreed with him about it. Our conversation ended in our views on religion. We exchanged our views and mostly agreed with each other. We became close friends soon.

We got our master's degrees in the end, and I began teaching English at universities. However, he left Korea for Canada and stayed there for his studies. I came to lose contact with him then, but I still remembered him as a close friend.

Later I heard that he got a master's degree in Canada and returned home. At any rate, it was difficult for me to find where he lived and what he was doing even though I tried to.

There are some people we cannot meet, even though we really want to meet them. Ironically, there are also some people that we cannot avoid meeting, even though we really want to avoid meeting them. Is this life?

2. 모델영작 II

Meeting People from Other Countries

Meeting people from other countries! It may mean lots of things to a person and you will find this if you meet them yourself. It has given me opportunities to open my mind to others and make friends with them. I received a deep impression from people from other countries, made friends with them and understood all of their cultures.

I think I first met a person from some other country when I was in the sixth grade. Two weeks before my graduation, I first began to study English at a private educational institute near my house. I had much curiosity in English, so I studied it very hard, sometimes learning simple English sentences by heart. One day, I was coming home from the private educational institute when I first came across a person from some other country. I said hello and he answered me. He asked a simple question to me and I answered him. These few words that we exchanged gave me a strong belief that I would be able to speak English very well in the future.

I've made friends with lots of people from other countries since I first began to learn English. When I was a senior high school student, I first began to exchange letters in English with foreign pen pals. I was eager to make friends with them, because I had much curiosity in communicating with people with different physical characteristics. Above all, I was interested in making friends with people with blue eyes and blond hair. Later I made friends with lots of people from other countries irrespective of the color of their eyes and hair.

The more frequently I met people from other countries, the more I became interested in their culture. At first, it was not easy to understand their culture, since it was different from ours. However, I began to understand it as time passed. While I was talking with them, I came to recognize them as human beings like me. In this respect, their culture meant something important to me. Above all, cultural differences made us respect each other.

It is difficult to live without meeting people from other countries in the age of globalization. Since you are sure to meet them someday, why don't you try to meet them and make friends with them in advance?

※ 다음 제목으로 영작하시오.

1. 영작 I

Meeting Strangers at a Party

2. 영작 Ⅱ

How to Find an Appropriate Person for a Spouse

제9장 분사

분사란 동사가 변한 형태로 부분적으로 동사의 기능을 하면서 동시에 형용사나 부사의 기능을 하는 것을 가리킨다. 분사에는 동사 뒤에 -ing를 붙여 형용사나 부사처럼 쓰는 현재분사와 보통 -ed로 끝나지만 -en으로 끝나거나 모음을 변화시켜 만드는 과거분사가 있다. 현재분사의 앞은 이 분사로 표현된 동사의 행위자인 주어가 앞에 오듯이 분사의 주어가 오고 뒤는 이 동사의 행위를 받는 대상인 분사의 목적어가 올 수 있는 자리이다. 그러나 현재분사 뒤에 어떤 요소가 반드시 와야 하는지 또는 올 수 있는 지는 분사로 표현된 동사의 의미특성에 의해 결정된다. 타동사의 과거분사는 보통 수동의 의미를 가지며 이 동사가 원래 목적어와 목적보어를 취할 수 있는 동사라면 목적어가 이 분사 앞으로 이동해 있을 때조차도 목적보어는 여전히 이 분사 뒤에 남아 있게 된다.

I 핵심탐구

1. 분사란?

동사의 변화형으로 부분적으로 동사의 기능을 할 뿐 아니라 때로는 형용사나 부사의 기능을 하는 것을 가리킨다. 현재분사는 동사 뒤에 -ing가 붙어 있는 형태이고 과거분사는 보통 -ed로 끝나며 -en으로 끝나거나 모음을 변화시켜 만들기도 한다.

(1) 분사의 기능

(가) 현재분사

a. I met a [singing] girl. (형용사적 기능: 명사(girl)를 수식) (나는 노래를 부르고 있는 한 소녀를 만났다)

b. The girl was [singing]. (동사적 기능: be동사(was)와 쓰여 진행형을 만든다) (그 소녀는 노래를 부르고 있었다)

c. I watched the girl [singing]. (형용사적 기능: 동사(watch)의 목적보어) (나는 그 소녀가 노래를 부르고 있는 것을 지켜보았다)

d. She ran [screaming] out of the classroom. (부사적 기능: 동사(run)를 수식) (그녀는 고함을 지르면서 그 교실 밖으로 뛰어 나왔다)

e. [Singing] a song, the girl danced beautifully. (분사구문을 형성) (노래를 부르면서 그 소녀는 아름답게 춤을 추었다)

(나) 과거분사

a. He has to take a [written] exam to get a job. (형용사적 기능: 명사(exam)를 수식) (그는 일자리를 얻기 위해 필기시험을 쳐야 한다)

b. The boy has [written] a letter. (동사적 기능: have동사(has)와 쓰여 완료시제를 만든다) (그 소년은 편지를 한 통 썼다)

c. Please get the letter [written] in ink. (형용사적 기능: 동사(get)의 목적보어) (그 편지를 잉크로

써 주세요)

d. [Written] by the boy, the letter will be mailed soon. (분사구문을 형성) (그 소년이 쓴 그 편지는 곧 우송될 것이다)

(2) 분사의 종류

a. I saw the young child [kicking] the ball. (단순현재분사: 동사(kick) 뒤에 -ing를 붙여 명사(child)를 수식하는 형용사처럼 사용) (나는 그 어린아이가 그 공을 차고 있는 것을 보았다)

b. I saw the ball [being kicked] by the young child. (수동분사: 'being +과거분사'로 수동의 의미. 위의 예문 (a)에서 동사(saw)의 목적보어인 현재분사(kicking)의 목적어를 이 분사 앞으로 이동하여 이 분사가 능동형(kicking)에서 수동형(being kicked)이 된 것) (나는 그 공이 그 어린 소년에 의해 차이는 것을 보았다)

c. [Having kicked] the ball, he ran fast toward the goal posts. (완료분사: 'having + 과거분사'가 형용사처럼 기능. 주절동사(ran)가 나타내는 때 보다 분사가 나타내는 때가 먼저 일어난 행위라는 것을 나타낸다. 공을 찬 것이 달린 것보다 먼저 일어난 행위) (그 공을 찬 그는 그 골대를 향해 빨리 뛰었다)

d. [Having been playing] for more than an hour, the player felt tired. (완료진행분사: 'having + been + -ing'가 형용사처럼 기능. 완료분사처럼 분사가 나타내는 행위가 주절동사가 나타내는 행위보다 먼저 일어난 행위라는 것을 나타낸다) (한 시간 이상 경기를 해 오고 있었으므로 그 선수는 피곤했다)

(3) 분사의 주어

a. I know [the child] carrying a large ball. (분사가 수식하고 있는 대상이 논리적으로 보아 분사의 주어. 현재분사 carrying은 명사구 the child를 수식하지만 논리적으로 보아 The child carries a large ball에서 The child가 동사 carry의 주어이듯이 the child가 분사의 주어) (나는 커다란 공을 가지고 다니는 그 아이를 안다)

b. Have you met [anyone] carrying a large ball? (대명사 anyone이 현재분사(carrying)의 주어) (너는 커다란 공을 가지고 다니는 사람을 만난 적이 있느냐?)

c. Having lost a ball, [he] bought another. (주절주어 he가 완료분사(having lost)의 주어. 분사구문 Having lost a ball은 이유를 나타내는 부사절 Because he had lost a ball에서 접속사 Because를 없애고 주어 he가 뒤의 주절주어와 동일하여 생략한 것으로 본다) (공을 잃어버린 그는 또 하나 샀다)

d. Defeated by the opposite team, [the child] practiced harder. (과거분사(defeated)의 주어는 주절주어인 the child. 분사구문 Defeated by the opposite team은 부사절 Because/Since he was defeated by the opposite team에서 접속사 Because/Since를 없애고 주어(he)를 뒤의 주절주

어와 동일하여 없애고 be동사를 분사 Being으로 바꾸어 수동분사 Being defeated에서 Being은 생략 가능하여 생략한 것으로 본다) (그 상대팀에 패한 그 아이는 더 열심히 연습했다)

e. The child lived in [a small house] painted blue. (명사구 a small house가 과거분사(painted)의 주어. Somebody painted a small house blue에서 동사 paint의 목적어인 명사구 a small house가 동사(paint)의 주어자리로 이동하여 주어가 된 것으로 볼 수 있다) (그 아이는 푸르게 채색된 한 조그만 집에서 살았다)

(4) 분사의 보어

보어를 필요로 하는 동사가 분사가 될 때 분사 뒤는 여전히 분사의 보어가 오게 된다. 분사로 바뀌는 동사가 보어로 명사구나 형용사구를 모두 취할 수 있는 동사일 때는 명사구나 형용사구 모두 분사의 보어가 될 수 있고 보어로 형용사구만을 취할 수 있는 동사가 분사가 될 때는 형용사구만이 분사의 보어가 될 수 있다.

(가) 현재분사의 보어

a. She bought some plums tasting [sour]. (형용사구(sour)가 현재분사(tasting)의 주격보어) (그녀는 신맛이 나는 자두를 몇 개 샀다)

b. She met a man remaining [a bachelor]. (명사구(a bachelor)가 현재분사(remaining)의 주격보어) (그녀는 노총각인 한 남자를 만났다)

c. She loved the man painting his house [blue]. (형용사구(blue)가 현재분사(painting)의 목적보어) (그녀는 자신의 집을 푸르게 칠하고 있는 그 남자를 사랑했다)

d. She admired the man making his house [a paradise]. (명사구(a paradise)가 현재분사(making)의 목적보어) (그녀는 자신의 집을 천국으로 만들고 있는 그 남자에 감탄했다)

(나) 과거분사의 보어

a. The man found the door pushed [open]. (형용사구(open)가 과거분사(pushed)의 보어: Somebody pushed the door open에서 동사(pushed)의 목적어(the door)가 이 동사의 주어자리로 이동하여 수동의 의미를 가진 과거분사(pushed)가 된 것으로 원래의 목적보어(open)는 이 동사가 과거분사로 바뀐 뒤에도 여전히 원래의 자리에서 보어로서 기능) (그 남자는 그 문이 밀어 열려 있는 것을 발견했다)

b. He met a woman called [Mary]. (명사구(Mary)가 과거분사(called)의 보어: They called a woman Mary에서 동사(called)의 목적어가 동사의 뒤에서 앞으로 이동하여 수동의 의미를 가진 과거분사(called)가 되고 원래의 목적보어인 명사구(Mary)는 이 동사가 분사로 바뀐 뒤에도 여전히 원래의 자리에서 보어로서 기능) (그는 메리라 불리는 한 여성을 만났다)

(5) 분사의 목적어

목적어를 필요로 하는 동사가 분사가 될 때 그 분사 뒤에 목적어가 필요하다.

(가) 현재분사의 목적어

a. He is a scientist studying [stars]. (동사 study는 목적어를 취하는 동사. 명사구(stars)가 현재분사(studying)의 목적어) (그는 별을 연구하는 과학자이다)

b. He is a scientist buying [his wife] [clothes]. (동사 buy는 간접목적어와 직접목적어를 취할 수 있는 동사. 명사구 his wife는 현재분사(buying)의 간접목적어이고 명사구 clothes는 직접목적어) (그는 자기 아내에게 옷을 사주는 과학자이다)

(나) 과거분사의 목적어

a. He is a boy taught [English] as a child. (동사 teach는 간접목적어와 직접목적어를 취할 수 있는 동사. teach의 간접목적어(a boy)와 직접목적어(English)에서 간접목적어는 이 동사 앞으로 이동해 있으므로 직접목적어가 뒤에 남아 있는 문장. 명사구 English가 과거분사(taught)의 논리상의 목적어) (그는 어릴 때 영어를 배운 소년이다)

b. He is the scientist given [much popularity]. (동사 give는 간접목적어와 직접목적어를 취할 수 있는 동사. give의 간접목적어(the scientist)와 직접목적어(much popularity)에서 간접목적어가 이 동사 앞으로 이동해 있으므로 직접목적어가 뒤에 남아 있는 문장. 명사구 much popularity가 과거분사(given)의 목적어) (그는 많은 인기를 얻은 그 과학자이다)

(6) 분사의 수식어

수식어를 취할 수 있는 동사가 분사가 될 때 분사의 뒤에 수식어가 올 수 있다.

(가) 현재분사의 수식어

a. I met an actor reading [on a bench]. (수식어(on a bench)가 현재분사(reading)를 수식) (나는 벤치에서 독서를 하고 있는 한 배우를 만났다)

b. The actor has a car going [very fast]. (수식어(very fast)가 현재분사(going)을 수식) (그 배우는 매우 빨리 달리는 자동차를 한대 가지고 있다)

(나) 과거분사의 수식어

a. This is a book written [**by a famous writer**]. (수식어(by a famous writer)가 과거분사(written)를 수식) (이것은 한 유명작가가 쓴 책이다)

b. It is the book given [**to my girlfriend**]. (수식어(to my girlfriend)가 과거분사(given)를 수식) (그것이 나의 여자 친구에게 준 그 책이다)

(7) 분사의 부정

분사를 부정할 때는 부정어(not)를 그 분사 앞에 두어 부정한다.

(가) 현재분사의 부정

a. [**Not**] knowing what to do, I returned home. (부정의 부사(not)가 현재분사(knowing)를 부정) (무엇을 해야 할지 몰라서 나는 집으로 돌아왔다)

b. [**Not**] having finished his homework, the boy didn't go out to play. (부정의 부사(not)가 완료분사(having finished)를 부정) (숙제를 끝마치지 않아서 그 소년은 놀러나가지 않았다)

(나) 과거분사의 부정

a. [**Not**] surprised by the noise, the student continued his study. (부정의 부사(not)가 과거분사(surprised)를 부정) (그 소란에 놀라지 않고 그 학생은 그의 공부를 계속했다)

b. He cheered up his friend [**not**] invited to the party. (부정의 부사(not)가 과거분사(invited)를 부정) (그는 그 파티에 초대받지 못한 그의 친구를 격려했다)

(8) 분사의 때

분사가 나타내는 때는 현실의 시간과 관계없이 문장의 술어동사의 시제와의 시간적 전후 관계를 나타낸다.

a. The scholar spends hours [**reading**] books. (현재분사는 보통 주문의 동사와 같은 때를 나타낸다: 주절동사(spends)가 현재이므로 분사가 나타내는 때도 현재. 시간을 보내는 것과 책을 읽는 것 모두 현재) (그 학자는 책을 읽으면서 시간을 보낸다)

b. The girl, reading a book, smiled at me. (주절동사(smiled)가 과거이므로 분사가 나타내는 때도 과거. 책을 읽은 것과 미소를 지은 것 모두 과거) (그 소녀는 책을 읽으면서 나에게 미소를 지었다)

c. Students [**coming**] late for school tomorrow will be cautioned. (주절동사(will be cautioned)

가 미래이므로 분사(coming)가 나타내는 때도 미래. 지각하는 것과 주의를 받는 것 모두 미래) (내일 학교에 지각하는 학생은 주의를 받을 것이다)

d. The player [kicking] the ball used to be on another team. (현재분사가 술어동사의 시제와 관계없이 문장이 진술된 때를 나타내기도 한다. 주절동사는 과거(used)이고 분사는 현재를 나타낸다. 공을 차는 것은 현재이고 다른 팀에 있었던 것은 과거) (그 공을 차고 있는 그 선수는 이전에는 다른 팀에 있었다)

e. [Kicked] by the player, the ball flew away in the air. (과거분사는 주문의 동사가 나타내는 때보다 그 전의 때를 가리킨다. 공을 찬 것은 날아간 것 보다 이전) (그 선수가 찬 그 공은 공중으로 멀리 날아갔다)

f. The player, [having kicked] the ball, ran fast toward the goal posts. (완료분사도 과거분사처럼 주문의 동사가 나타내는 때 보다 이전의 때를 가리킨다. 공을 찬 것은 뛴 것보다 이전) (그 공을 찬 그 선수는 그 골대를 향해 빨리 뛰었다)

g. [Having been playing] for an hour, he felt a bit tired. (완료진행분사도 과거분사처럼 주문의 동사가 나타내는 때 보다 이전의 때를 가리킨다. 경기를 한 것은 피곤한 것 보다 이전) (한 시간 동안 경기를 해오고 있었기 때문에 그는 좀 피곤했다)

2. 분사와 정문 비문과의 관련성

a. *The gentleman looked around drunk the water on the table. ('물을 마시면서'는 동사(drink)의 행위자(the gentleman)가 앞에 있고 행위를 받는 대상(the water)이 뒤에 있으므로 수동의 의미를 가진 과거분사(drunk)가 아닌 능동의 의미를 가진 현재분사(drinking)가 되어야 정문)

b. *I had the car fixing to go on a vacation. (동사 fix는 '~을 수리하다'는 의미로 이 동사의 행위자가 아닌 행위를 받는 대상(the car)이 이 동사 뒤에 있지 않고 앞으로 이동해 있으므로 이 동사는 능동의 의미를 가진 현재분사(fixing)가 아닌 수동의 의미를 가진 과거분사(fixed)가 되어야 정문)

c. *Some students saw their friend hitting by some strangers. (동사 hit은 '~을 구타하다'는 의미로 이 동사 앞은 행위자가 오고 뒤는 행위를 받는 대상(their friend)이 온다. 그러나 예문에서는 행위를 받는 대상이 이 동사의 뒤에서 앞으로 이동해 있으므로 이 동사는 능동의 의미를 가진 현재분사(hitting)가 아닌 수동의 의미와 진행의 의미를 가진 수동분사(being hit)가 되어야 정문. '몇몇 학생들은 그들의 친구가 몇몇 낯선 사람들에게 구타를 당하고 있는 것을 보았다'는 의미)

d. *Having been put on makeup, the girl went out to meet her guest. (put on의 뒤에 행위를 받는 대상인 목적어(makeup)가 있으므로 수동완료분사(having been put)가 아닌 능동완료분사(having put)가

되어야 정문)

e. *Having be chewing gum for more than an hour, the woman felt her teeth aching. (주절동사(felt)가 나타내는 때보다 한 시간 이상 이전부터 그때까지 껌을 씹고 있었으므로 완료진행분사가 되어야 한다. 따라서 be를 been으로 바꾸어야 정문)

f. *I know a student studied English very hard. (동사 study의 행위자는 앞의 a student이고 행위를 받는 대상은 뒤의 English이므로 이 동사는 목적어를 취하면서 앞의 명사(student)를 수식하는 기능을 해야 하므로 과거분사(studied)가 아닌 현재분사(studying)가 되어야 정문. a student는 현재분사의 주어)

g. *They passed the door pushing open. (동사 push의 행위를 받는 대상인 명사구 the door가 이 동사의 뒤에서 앞으로 이동해 있으므로 이 동사는 능동의 의미를 가진 현재분사(pushing)가 아닌 수동의 의미를 가진 과거분사(pushed)가 되어야 정문)

h. *My mother bought some rice cake looking deliciously. (동사 look은 '~해 보이다'는 의미를 뒤에 형용사구인 보어를 두어 전한다. 따라서 이 동사의 현재분사(looking) 뒤는 부사구(deliciously)가 아닌 형용사구(delicious)가 와야 정문)

i. *He met his daughter found happily. (동사 find는 '~가 ~하다는 것을 알다'는 의미를 뒤에 목적어와 목적보어를 두어 전한다. 목적어인 his daughter가 이 동사 앞으로 이동해 있으므로 이 동사의 과거분사 뒤는 이 동사의 목적어가 이 동사 앞으로 이동하기 전의 보어인 형용사구(happy)가 여전히 필요)

j. *He is a person giving his friends freely. (동사 give는 '~에게 ~을 주다'는 의미를 간접목적어인 명사구와 직접목적어인 명사구로 전한다. 따라서 이 동사의 현재분사(giving) 뒤의 간접목적어(his friends) 뒤에 직접목적어로 명사구(everything, money 등)가 와야 정문)

k. *This is the handkerchief bringing him. (동사 bring은 '~에게 ~을 가지고 오다'는 의미를 간접목적어와 직접목적어로 전한다. 직접목적어가 이 동사 앞으로 이동한 the handkerchief이므로 이 동사는 수동의 의미를 가진 과거분사(brought)가 되어야 정문)

l. *We saw a dancer dancing beautiful. (동사 dance는 형용사구(beautiful)인 보어를 필요로 하는 동사가 아니라 동사의 행위가 일어나는 모양을 나타내는 양태부사(beautifully)가 뒤에 올 수 있는 동사이다. 따라서 이 동사의 현재분사형(dancing) 뒤에 양태부사가 와야 정문)

m. *This is the picture shown to girlfriend. (동사 show의 목적어는 이 동사 앞으로 이동된 the picture이고 과거분사(shown) 뒤의 to girlfriend는 분사의 수식어인 전치사구가 되어야 한다. 전치사(to) 뒤에 명사구(my girlfriend)가 아닌 명사(girlfriend)가 와서 수식어의 내부구조가 잘못되어 비문)

n. *Knowing not where to go, she walked round the lake again and again. (분사(knowing)를 부정하는 부정어(not)는 분사 뒤가 아닌 앞에 온다. 따라서 Knowing not은 Not knowing이 되어야 정문)

II 확인학습

※ 다음 중 비문의 원인을 찾아 고치시오.

1. The girl has some problems solved not yet. (그 소녀는 아직 해결되지 않은 몇 가지 문제가 있다)

____.

2. The man is a linguist studying English sentence. (그 남자는 영어문장을 연구하는 언어학자이다)

____.

3. She came to the party with a man looking strongly. (그녀는 튼튼해 보이는 한 남자와 그 파티에 왔다)

____.

4. There were some students caring for by a rich man. (한 부자의 보살핌을 받고 있는 몇 명의 학생이 있었다)

____.

5. I met a few people carried backpacks over one shoulder. (나는 한 쪽 어깨에 배낭을 메고 있는 몇 명의 사람들을 만났다)

____.

6. The woman is smiling there now used to love me before. (지금 저기서 미소 짓고 있는 여자는 전에 나를 사랑했다)

____.

7. He is a lucky man given not a few money from his father. (그는 자기 아버지로부터 적지 않은 돈이 주어진 운 좋은 남자이다)

____.

8. I am meeting the man elected the President of Korea tomorrow. (나는 내일 한국 대통령으로 선출된 그 남자를 만나려고 한다)

____.

9. Having been worked for more than three hours, he felt a bit tired. (3시간 이상 일을 해오고 있어서 그는 약간 피곤했다)

____.

10. Have you ever heard of person serving his or her parents with devotion? (너는 부모에게 효도하는 사람 이야기를 들어본 적이 있니?)

____.

III 단문영작

※ 다음을 주어진 표현으로 시작하여 영작하시오.

1. 냄새가 좋은 그 음식은 모두의 입맛을 돋운다.
   a. Smelling ______________________________.
   b. The food ______________________________.
   c. The good smell ______________________________.
   d. Everybody's appetite ______________________________.

2. 그는 국민들의 많은 신망을 받는 위대한 과학자이다.

a. The people ____.

b. As ____.

c. He ____.

d. Lots of confidence ____.

3. 노란색이 아닌 푸른색으로 칠해진 그 집이 마음에 든다.

a. I ____.

b. The house ____.

c. It ____.

d. What ____.

4. 한 시간 쯤 뛰고 있었기 때문에 그 청년은 좀 피곤했다.

a. The run ____.

b. The young man ____.

c. Because ____.

d. Having ____.

5. 땀을 흘리며 커다란 수박을 들고 가는 한 여성을 보았다.

a. I ____.

b. Sweating ____.

c. What ____.

d. A woman ____.

6. 내일 지각하는 사람은 그 여행에 참가할 수 없게 될 것이다.

a. A latecomer ____.

b. Whoever ____.

c. Anyone ____.

d. If ____.

7. 그는 자식들에게 직접 외국어를 가르치는 자상한 아버지이다.

a. He ______________________________.

b. Being ______________________________.

c. The children ______________________________.

d. The children's father ______________________________.

8. 많은 관중들로 둘러싸여 그 남녀는 노래하고 춤을 추고 있었다.

a. With ______________________________.

b. Surrounded ______________________________.

c. The man and woman ______________________________.

d. Lots of spectators ______________________________.

9. 집주인은 집의 문이 누군가에 의해 밀어 열려 있는 것을 발견했다.

a. The owner ______________________________.

b. Somebody ______________________________.

c. The door ______________________________.

d. It ______________________________.

10. 어디로 가야할 지 몰라서 그 이방인은 마주치는 사람들에게 길을 물었다.

a. Because ______________________________.

b. Not sure ______________________________.

c. Not knowing ______________________________.

d. The stranger ______________________________.

IV 장문영작

※ 다음 모델영작을 주의 깊게 읽어 보시오.

1. 모델영작 I

A Role Model

A role model! Everybody may have this and you'll find this when you ask people about their role models. One's role model may change into another person, but generally lasts until one becomes much like him or her. I've thought about kinds of role models, my role model, and his role in my future.

Different people have different dreams for their future. For this reason, they have different role models. A person who wants to be a singer may have a famous singer as a role model. A person who respects patriots may have a famous patriot such as General Sun-Shin Lee as a role model. Besides, if a person dreams of becoming a famous astronomer, he may have a famous astronomer such as Stephen William Hawking as a role model. In this respect, a role model stands for a person's ideals.

As many people have their role models, I also have my role model. He was born in a small rural village like me. He overcame lots of difficulties. Even though he was poor, he overcame poverty and became a famous politician. When he became a famous man, he worked very hard to save people from the poverty that he had undergone as a child. I've respected him as my role model because he worked for others instead of working for himself and his family. He concentrated his efforts on making other people wealthy.

If a person has a role model, will the role model play any role in his life in the future? As far as I know, my role model has influenced me deeply since I recognized him to be my role model when I was a child. I haven't changed my dream since my childhood, so my role model has not changed. If I don't change my dream, my role model will not change even in the future. Put it differently, at first, my role model and I existed as separate individuals, but he has become part of me.

Since you choose your role model at first and he becomes part of you later, how about choosing a nice person for your role model if you need one for your future?

2. 모델영작 II

How to Achieve a Goal

Achieving a goal! It's a difficult thing, and you'll find that you need to prepare for achieving it. To achieve your goal, you have to set up a goal, make a concrete plan, and make a concerted effort to achieve it. I will introduce three important things for achieving a goal, i.e., goals, plans, and efforts.

If you want to achieve a goal, the goal should be an achievable one. It goes without saying that an achievable goal should be selected out of several possible ones. In this respect, your goal should not be too easy or too difficult to achieve. If it is too easy, you won't feel like achieving it. On the contrary, if it is too difficult, you will most likely not achieve it and thus become frustrated. This is why a goal should be moderately difficult but not too easy. Setting up a moderate goal is the first step to achieve your goal.

If you have set up a moderate goal, you have to plan to achieve it as the next step. Above all, your plans should be specific rather than general. If you need lots of time to achieve the goal, you have to divide it into several periods. Each period should consist of concrete plans for a larger plan. Since a good plan is indispensable for achieving your goal, you cannot be too careful in making it. It seems that smaller plans should not be too dependent upon the larger plan, though they should be interconnected with it.

Once you have made a good plan, you should have the will to carry it out. You won't achieve your goal if you make a good plan but don't have a strong will to carry it out. When you retain the will, you will try to carry out the plans no matter how hard it is to carry them out. In other words, there is nothing that enables you to achieve your goal but your strong will and endless efforts to achieve it.

To achieve a goal, the goal should be an achievable one, and a good plan is also needed. The good plan requires your endless efforts to achieve the goal. Isn't it a good way to achieve your goal like this?

※ 다음 제목으로 영작하시오.

1. 영작 Ⅰ

The Job I Want to Get After Graduation

2. 영작 Ⅱ

My Present and Future

시제

시제란 동사에 의해 표현되는 행위가 일어나는 때를 가리킨다. 시제는 크게 단순시제 진행시제 완료시제로 나눈다. 단순시제는 보통 긴 시간에 걸쳐 이루어지는 행위를 나타낼 때 쓰고, 진행시제는 일시적인 행위를 나타낼 때 쓰며, 완료시제는 두 시점이 연관성을 가지고 있을 때 쓴다. 또한 일반적으로 종속절의 시제가 주절의 시제에 영향을 받는 시제의 일치현상이 존재하며 여기에 대한 예외적인 경우도 있으므로 영작을 할 때 주의가 필요하다. 그리고 한국어 문장을 영작할 때 한국어 표현이 가진 외견상의 시제와 영어의 시제가 일치하지 않아 명확한 의미전달이 되지 않는 문장을 종종 만들곤 한다. 따라서 한국어 표현이 가진 외견상의 시제를 기초로 영작할 것이 아니라 한국어 표현이 가진 의미를 기초로 올바른 영어시제를 선택해야 원문의 의미가 분명히 전달된다는데 유의해야 한다.

I 핵심탐구

1. 시제란?

시제란 동사에 의해 표현되는 행위가 일어나는 때를 가리킨다.

(1) 시제의 종류

(가) 단순시제

보통 긴 시간에 걸쳐 이루어지는 행위를 가리킨다.

A. 단순현재

영속적인 상황, 불변의 진리, 물리적 법칙, 규칙적 반복적 행위는 단순현재시제로 나타낸다.

a. The earth [moves] around the sun. (불변의 진리) (지구는 태양 주위를 돈다)

b. Water [boils] at 100 degrees Celsius. (물리적 법칙) (물은 섭씨 100도에서 끓는다)

c. The scholar [jogs] at six every morning. (규칙적 반복적 행위) (그 학자는 매일 아침 6시에 조깅한다)

d. My parents [live] in the country. (긴 시간에 걸쳐 이루어지는 행위: 시골에 일시적으로 사는 것이 아니라 오랫동안 사는 경우) (나의 양친은 시골에 사신다)

e. What [do] dragonflies [eat]? (언제나 일어나는 행위) (잠자리는 무엇을 먹는가?)

f. First, I [take] a bowl and [pour] some water into it. Next ... (실연: 말을 하면서 동시에 행동으로 보여주는 경우) (먼저 나는 그릇 하나를 잡고 거기에 약간의 물을 붓는다. 다음에는...)

g. Young-Pyo [passes] to Doo-Ri. Doo-Ri to Ji-Sung, and Ji-Sung [kicks] — and it's a goal! (스포츠 실황방송) (영표가 두리에게 패스한다. 두리는 지성에게 그리고 지성이 찬다. 그리고 그것은 골이다!)

h. I [promise] never to quarrel with others again. (약속이나 맹세를 할 때) (결코 남과 말다툼하지 않기로 약속해)

i. In Chapter 1, Hester Prynne's shame [is introduced], in Chapter 2, Hester Prynne [meets] her ex-husband, and in Chapter 3, ... (작품의 줄거리를 요약할 때) (1장에서 헤스터 프린의 수치가 소개되고 2장에서 헤스터 프린은 그녀 전남편을 만나고 3장에서는...)

j. Here [comes] your girlfriend. (here comes...나 there goes... 구문에서) (여기 너의 여자 친구가 온다)

k. I [hear] you're marrying Miss Kim. (서두표현(I hear, I see, I understand)에서) (나는 네가 김양과 결혼하려고 한다고 듣고 있다)

B. 단순과거

짧은 빨리 끝난 행위나 우연히 일어난 일, 긴 상황, 반복적인 사건 등 여러 종류의 과거의 사건에 대해 쓴다.

a. Teresa [broke] a dish last night. (우연히 일어난 일) (테레사는 어젯밤 접시를 깼다)

b. She [spent] all her childhood in foreign countries. (과거의 긴 상황) (그녀는 유년시절 전부를 외국에서 보냈다)

c. She [visited] her homeland regularly every winter vacation. (과거의 규칙적 반복적 행위) (그녀는 겨울방학마다 언제나 고향을 방문했다)

d. She [finished] college last year. (명백한 과거를 나타내는 시간표현(yesterday, last year, in 1980, etc.)과 함께) (그녀는 작년에 대학을 마쳤다)

e. The Korean War [started] in 1950. (역사적 과거사실) (한국전쟁은 1950년에 시작되었다)

f. A burglar [broke] into my house while I was sleeping. (과거의 두 사건 중 주된 사건) (내가 잠자고 있는 동안 도둑이 나의 집에 침입했다)

g. The actress is not as beautiful as I [expected]. (막 사실이나 거짓으로 드러난 과거의 믿음이나 기대) (그 여배우는 내가 기대한 것만큼 그 정도로 아름답지 않다)

C. 단순미래

미래에 대해 정보를 제공하거나 예언이나 예측을 하는데 쓰인다.

a. All my friends [will be] at the party. (미래에 대한 예측) (내 친구들 모두 그 파티에 올 것이다)

b. I [shall be] a famous man one day. (미래사건에 대한 예언) (나는 언젠가 유명인이 될 것이다)

c. If it rains tomorrow, our meeting [will be cancelled]. (어떤 일에 대한 조건을 나타낼 때) (내일 비가 온다면 우리의 모임은 취소될 것이다)

d. [Shall] I [turn] on the air conditioner? (제의를 할 때) (내가 그 에어컨을 켤까?)

e. I [will buy] you an ice-cream cone after this class. (말하면서 무엇을 하겠다고 결정할 때) (이 수업 끝나고 내가 너에게 아이스크림 하나 사줄게)

f. This car [won't start]. (거부를 나타낼 때) (이 자동차가 시동이 걸리려고 하지 않는다)

g. You [shall marry] my daughter. (2인칭과 3인칭 주어와 함께 화자의 의지를 나타낼 때) (내가 너를 내 딸과 결혼시키겠다)

h. The employer [shall be] responsible for the healthcare of his employees. (법률문서에서 3인칭 주어와 shall을 사용하여 의무를 나타낼 때) (고용주는 피고용인의 건강을 돌볼 책임이 있다)

(나) 진행시제

보통 일시적인 행위를 가리킨다.

A. 현재진행

현재의 주위에서 일시적으로 계속되고 있는 행위나 사건에 관해 이야기할 때 사용한다.

a. The pot [is boiling]. I'll make some coffee. (현재 일시적으로 진행 중에 있는 행위) (그 주전자가 끓고 있다. 내가 커피를 만들게)

b. I [am meeting] a lot of friends these days. (현재 주변에서 일시적으로 진행 중에 있는 행위) (나는 요즈음 많은 친구를 만나고 있다)

c. It [is getting] colder. (발전하거나 변화하고 있는 상황) (날씨가 더 추워지고 있다)

d. I [am playing] table tennis with my friend at 5:00 p.m. tomorrow. (이미 예정된 미래) (나는 내일 오후 5시에 내 친구와 탁구를 치려고 한다)

e. She [is always losing] her keys. (always와 진행형을 사용하여 어떤 예기치 않은 계획하지 않은 일이 예상보다 자주 일어난다는 것을 표현) (그녀는 언제나 열쇠를 잃어버린다)

f. *I [am liking] this car made in Korea. (상태 동사는 진행형이 불가능)

B. 과거진행

과거의 한 특정 때 주위에서 어떤 것이 진행 중에 있었다는 것을 나타낼 때 사용한다.

a. I [**was watching**] the table tennis game on TV at 10:00 last night. (과거의 기준시점에서 일시적인 행위) (나는 어젯밤 열시에 TV로 그 탁구경기를 시청하고 있었다)

b. She [**was chatting**] with her friends all day yesterday. (한 시기 동안 매 순간에 진행 중에 있었던 행위를 강조) (그녀는 어제 하루 종일 그녀 친구들과 잡담을 하고 있었다)

c. A burglar broke into my house while I [**was sleeping**]. (단순과거시제로 표현된 주된 사건의 배경이 되는 사건을 표현) (내가 잠자고 있는 동안 도둑이 내 집에 침입했다)

d. He [**was always calling**] me late at night. (always와 진행형을 사용하여 어떤 것이 예기치 않게 반복된다는 것을 표현) (그는 항상 밤늦게 나에게 전화하고 있었다)

e. *I [**was knowing**] that he was right. (상태 동사는 진행형이 불가능)

C. 미래진행

미래의 한 특정 순간에 어떤 행위가 진행 중에 있을 것이라는 것을 나타낸다.

a. This time tomorrow I [**will be driving**] for my hometown. (미래에 진행 중에 있을 행위) (내일 이맘때 나는 나의 고향을 향해 차를 몰고 있는 중에 있을 것이다)

b. The professor [**will be giving**] another lecture on syntax at the same time next week. (진행의 의미는 없이 정해진 미래사건을 가리키는 경우) (그 교수는 다음 주 같은 시간에 통사론에 관한 또 다른 강의를 할 것이다)

c. Don't call him now. He [**will be meeting**] a very important person. (현재에 대해 예측할 때) (지금 그에게 전화하지 마라. 그는 매우 중요한 사람을 만나고 있는 중일 것이다)

d. [**Will**] you [**be staying**] home this evening? (사람들의 계획에 관한 정중한 문의를 할 때) (오늘 저녁 집에 있으실 건가요?)

(다) 완료시제

두 시점의 연관성을 가리킨다.

A. 현재완료

보통 현재 이전에 실행이 되어 현재 완료되어 있거나 과거에 시작되어 현재 계속되고 있는 행위를 가리킬 때 사용한다.

a. I [**have talked**] to the girls before. (현재 이전에 실행이 되어 현재 완료되어 있는 행위) (나는

전에 그 소녀들과 이야기한 적이 있다)

b. I [have] always [talked] to the girls. (과거에 시작되어 현재 계속되고 있는 행위) (나는 언제나 그 소녀들과 이야기해 왔다)

c. I can't go swimming because I [have broken] my leg. (끝난 행위나 사건이 어떤 식으로 현재와 연관성이 있을 때) (나는 다리가 부러져 수영하러 갈 수 없다)

d. At last! I['ve finished] my homework! (완료나 성취를 나타낼 때) (드디어! 나는 숙제를 끝마쳤다!)

e. The President [has said] that the country's economy is getting better. (최근의 사건에 대한 소식을 제공할 때) (대통령은 그 나라 경제가 더 좋아지고 있다고 말했다)

f. [Have] you [ever seen] a UFO? (현재까지를 나타내는 표현과 함께 쓰인 끝난 사건) (너는 UFO를 본 적이 있니?)

g. I['ve written] four books since the first book. (현재까지의 반복과 계속을 나타낼 때: 어떤 것이 현재까지 몇 번 일어난 적이 있다고 말할 때) (나는 그 첫 번째 책 이래 네 권의 책을 썼다)

B. 과거완료

어떤 다른 과거행위 이전에 끝난 과거행위를 나타낼 때 사용한다.

a. This morning I saw the girl who [had spoken] to me last month. (내가 그 소녀를 본 것은 과거이고 그녀가 나에게 말을 건 것은 과거 이전) (오늘 아침 나는 지난 달 내게 말을 걸었던 그 소녀를 보았다)

b. I realized that I [had met] her before. (과거에서 보아 그 이전부터 그때까지의 경험: 깨달은 것은 과거이고 그녀를 만난적이 있는 것은 과거의 기준시점 이전부터 그 기준시점까지의 경험) (나는 내가 전에 그녀를 만난 적이 있다는 것을 깨달았다)

c. When I got to the party, my girlfriend [had] already [left] it. (과거에서 보아 이미 완료된 행위: 그 파티에 도착한 것은 과거이고 떠난 것은 이미 그 시점에서 보아 완료되어 있는 행위) (내가 그 파티에 도착하자 나의 여자 친구는 이미 그곳을 떠나고 없었다)

C. 미래완료

미래의 어떤 때 이전에 완료되어 있을 행위를 나타낼 때 사용한다.

a. The builders say they [will have built] the house by the end of October. (미래의 기준시점까지의 행위의 완료) (그 건축업자들은 10월 말까지 그 집을 다 지을 것이라고 한다)

b. The professor [will have taught] English for five years this summer. (미래의 기준시점까지의 경험) (그 교수는 이번 여름이면 5년 동안 영어를 가르친 셈이 될 것이다)

(라) 완료진행

두 시점의 연관성을 가리키며 기준 시점 이전에 시작된 행위가 기준시점까지 계속되고 있다는 것을 가리킨다.

A. 현재완료진행

과거에 시작된 행위가 현재 진행 중에 있지 않지만 현재와 아주 가까운 시점까지도 진행 중에 있었다는 것을 알 수 있는 명백한 증거가 있거나 과거에 시작된 행위가 현재에도 여전히 진행 중일 때 사용한다.

a. The boy has a black eye and his hair is messy. He [has been fighting] with his friend. (그 소년이 현재 한 쪽 눈에 멍이 들고 머리가 엉망인 것이 그가 조금 전까지도 싸우고 있는 중이었다는 것을 알 수 있는 명백한 증거) (그 소년은 눈에 멍이 들고 머리는 헝클어져 있다. 그는 친구와 싸움을 했다)

b. It [has been raining] for three days. (3일 전에 시작된 비가 현재에도 진행 중인 경우) (3일 동안 비가 내리고 있다)

B. 과거완료진행

과거의 특정 기준시점 이전에 시작된 행위가 그 시점에서는 진행중에 있지 않지만 그 시점과 아주 가까운 시점까지도 진행 중에 있었다는 것을 알 수 있는 명백한 증거가 있거나 과거의 특정 기준시점 이전에 시작된 행위가 그 시점에서도 여전히 진행 중에 있었다는 것을 나타낼 때 사용한다.

a. Yesterday morning I looked out of the window. It was not raining, but the ground was wet. It [had been raining]. (과거의 기준시점 이전에 시작된 행위가 그 시점에서는 진행 중에 있지 않았지만 그 시점과 아주 가까운 시점까지도 진행 중에 있었다는 것을 알 수 있는 명백한 증거가 있는 경우: 땅이 젖어 있었던 것이 그 이전부터 내리기 시작한 비가 그때와 가까운 시점까지도 내리고 있었다는 것을 알 수 있는 명백한 증거) (어제 아침 나는 창밖을 내다봤다. 비가 내리고 있지는 않았지만 땅은 젖어 있었다. 조금 전까지도 비가 내리고 있었다)

b. I [had been running] for about an hour when I met with my friend. (과거의 기준시점

이전에 시작된 행위가 그 기준시점에서도 진행 중) (약 한 시간동안 달리고 있었을 때 내 친구를 우연히 만났다)

c. I [had been fishing] for several years, so my mind was full of a variety of fish. (과거의 기준시점 이전에 시작되어 그 시점 주변에서 진행 중에 있었던 행위) (나는 몇 년 동안 낚시를 해오고 있었기 때문에 내 머리는 여러 가지 종류의 물고기로 가득 차 있었다)

d. *The boy [had been knowing] her for a month when he decided to marry her. (상태동사는 완료진행시제로 쓰일 수 없다)

C. 미래완료진행

미래의 기준시점까지의 행위의 성취를 나타내면서 그 때도 여전히 그 행위가 계속되고 있다는 것을 강조하기 위해 사용한다.

a. This time next year the professor [will have been teaching] English for five years. (내년 이맘때가 영어를 가르친 지 5년이 되는 시기로 가르치는 행위가 그 때 끝나는 것은 아니다) (내년 이맘때면 그 교수는 5년 동안 영어를 가르치고 있는 셈이 될 것이다)

b. *This time next year the professor [will have been knowing] his wife for fifteen years. (상태동사는 완료진행형으로 쓰일 수 없다)

(2) 시제의 일치

종속절의 시제가 주절의 시제에 의해 영향을 받는 것을 시제의 일치라고 한다.

(가) 주절이 현재시제

종속절에는 모든 시제가 가능하며 현재완료시제일 때도 마찬가지이다.

a. I [believe] that he [is] honest. (주절과 종속절 모두 현재시제) (나는 그가 정직하다고 생각한다)

a.' I [have heard] that he [is] honest. (주절은 현재완료시제 종속절은 현재시제) (나는 그가 정직하다고 들었다)

b. I [believe] that he [was] honest. (주절은 현재시제 종속절은 과거시제) (나는 그가 정직했다고 생각한다)

c. I [believe] that his honesty [will be] known. (주절은 현재시제 종속절은 미래시제) (나는 그의 정직성이 알려질 것이라고 생각한다)

d. I [believe] that he [has finished] his studies. (주절은 현재시제 종속절은 현재완료시제) (나는

그가 연구를 마쳤다고 생각한다)

e. I [believe] that he [had] already [left] the party when I got there. (주절은 현재시제 종속절은 과거완료시제) (나는 내가 도착했을 때 그는 이미 그 파티를 떠나고 없었다고 생각한다)

(나) 주절이 과거시제

종속 명사절 내의 동사도 과거나 과거완료시제가 되며 주절이 과거완료시제일 때도 이에 준한다.

a. I [believed] that he [was] honest. (주절과 종속절 모두 과거시제) (나는 그가 정직하다고 생각했다)
b. I [believed] that his honesty [would be] known. (주절과 종속절 모두 과거시제) (나는 그의 정직성이 알려질 것이라고 생각했다)

(다) 시제의 일치에 대한 예외

불변의 진리, 역사적 사실, 가정법, 조동사 must 등은 주절동사의 시제에 영향을 받지 않는다.

a. He [told] us that the earth [moves] around the sun. (불변의 진리: 주절은 과거시제 종속절은 현재시제) (그는 우리에게 지구가 태양주위를 돈다고 말했다)
b. He [said] that World War I [broke] out in 1914. (과거의 역사적 사실: 주절과 종속절 모두 과거시제) (그는 1차 세계 대전이 1914년에 발발했다고 말했다)
c. He [suggested] that I [see] a doctor at a university hospital. (주절은 과거시제 종속절은 가정법) (그는 나에게 대학병원의사를 만나보라고 했다)
d. He [said] that he [must] leave New York sooner or later. (종속절의 조동사 must는 주절동사의 과거시제에 영향을 받지 않는다) (그는 조만간 뉴욕을 떠나야만 한다고 했다)

2. 시제와 정문 비문과의 관련성

a. *The student is always getting up at six every morning. (반복적 규칙적 행위는 현재진행시제가 아닌 단순현재시제가 되어야 정문)
b. *My parents live in my brother's house for the moment. (일시적으로 사는 행위는 단순현재시

제가 아닌 현재진행시제가 되어야 정문)

c. *There is going your bus. (There goes ... 구문에서는 현재진행시제가 아닌 단순현재시제가 되어야 정문)

d. *I am seeing you are right. (서두표현으로 '~라는 것을 알다'는 의미는 현재진행시제가 아닌 단순현재시제가 되어야 정문)

e. *My foreign friend has visited Korea yesterday. (명백한 과거를 나타내는 시간표현(yesterday)은 현재완료시제가 아닌 단순과거시제가 되어야 정문)

f. *The nurse was visiting her parents in the country every weekend. (과거의 규칙적 반복적 행위는 과거진행시제가 아닌 단순과거시제가 되어야 정문)

g. *The New Community Movement has begun in 1970. (과거의 역사적 사실은 현재완료시제가 아닌 단순과거시제가 되어야 정문)

h. *She is more beautiful than I have thought. (막 사실이나 거짓으로 드러난 과거의 기대나 믿음은 현재완료시제가 아닌 단순과거시제가 되어야 정문)

i. *I give you a present if you study English writing harder. (어떤 일에 대한 조건을 나타낼 때 단순현재시제(give)가 아닌 단순미래시제(will give)가 되어야 정문)

j. *I am believing that Korea will be a superpower before long. (상태동사를 진행형으로 쓰면 비문)

k. *My friend watched a football game on TV when I called him last night. (과거의 기준시점에서의 일시적인 행위는 단순과거시제(watched)가 아닌 과거진행시제(was watching)가 되어야 정문)

l. *This time after two weeks I will lie on the beach with my girlfriend. (미래의 한 특정 순간의 일시적인 행위는 단순미래시제(will lie)가 아닌 미래진행시제(will be lying)가 되어야 정문)

m. *Don't call her now. She will make up her face. (현재에 대해 예측을 할 때 단순미래시제(will make)가 아닌 미래진행시제(will be making)가 되어야 정문)

n. *I never received any e-mails from her since December 25. (과거와 현재가 연관성을 가지고 있을 때는 단순과거시제가 아닌 현재완료시제가 되어야 정문)

o. *When I got to the station, the train already left. (과거의 기준시점에서 이미 끝나 있었던 행위나 사건은 단순과거시제(left)가 아닌 과거완료시제가 되어야 정문)

p. *The scientist says that the spaceship will get to the moon by the end of next week. (미래의 기준시점까지 완료되어 있을 행위는 단순미래시제(will get)가 아닌 미래완료시제가 되어야 정문)

q. *You're out of breath. Have you run a marathon? (과거에 시작된 행위가 현재와 가까운 시점까지도 진행 중에 있었다고 말할 때 단순현재완료시제가 아닌 현재완료진행시제가 되어야 정문)

r. *Yesterday I met my friend. He was not running, but he was out of breath. He had run. (과거의 특정 기준시점과 아주 가까운 시점까지도 진행 중에 있었던 행위는 단순과거완료시제(had run)가 아닌 과거완료진행시제가 되어야 정문)

s. *The writer will write books for seven years by the end of the year. (미래의 기준시점까지의 행위의 성취를 나타내기 위해서는 단순미래(will write)가 아닌 미래완료시제(will have written)나 미래완료진행시제(willhave been writing)를 사용)

t. *The boy thought that he will marry the girl at that time. (주절이 과거시제(thought)이므로 종속절의 미래시제(will marry)는 주절과의 시제가 일치해야 하므로 같은 과거시제(would marry)가 되어야 정문)

u. *The teacher said that water boiled at 100 degrees Celsius. (과학적 사실은 시제의 일치에 대한 예외이므로 주절동사가 과거이지만 종속절의 동사는 주절동사의 영향을 받지 않으므로 여전히 단순현재시제(boils)가 되어야 정문)

II 확인학습

※ 다음 중 비문의 원인을 찾아 고치시오.

1. What do you think butterflies are eating? (너는 나비가 무엇을 먹는다고 생각하니?)

____.

2. My mother cooks in the kitchen right now. (나의 어머니는 바로지금 부엌에서 요리하고 계신다)

____.

3. I can't go swimming with you because I broke my arm. (나는 한쪽 팔이 부러져서

너와 수영하러 갈 수 없다)

____.

4. I'm believing that she will succeed in her life eventually. (나는 그녀가 결국 인생에서 성공할 것이라고 믿는다)

____.

5. You have been a senior high school student three years ago. (너는 3년 전 고등학생이었다)

____.

6. When he met her last year, she was married for three years. (그가 작년에 그녀를 만났을 때 그녀는 결혼한 지 3년이 되었다)

____.

7. The teacher told the students that the earth is moving around the sun. (그 선생은 그 학생들에게 지구는 태양주위를 돈다고 말했다)

____.

8. This time next year he will be teaching for five years in this university. (내년 이맘때면 그는 이 대학에서 5년 동안 가르친 셈이 될 것이다)

____.

9. When she met him last year, she told him that she has never gone out with any boys. (그녀는 작년에 그를 만났을 때 그에게 어떤 남자애들과도 교제한 적이 없다고 했다)

____.

10. The owner required that the renters paid rent by the end of each month. (그 주인은 그 임차인들에게 매월 말까지 집세를 내도록 요구했다)

____.

III 단문영작

※ 다음을 주어진 표현으로 시작하여 영작하시오.

1. 참새는 무엇을 먹고 사는지 모르겠다.
   a. I ______________________________.
   b. My curiosity ______________________________.
   c. Never ______________________________.
   d. It ______________________________.

2. 그는 해외에 가본 적이 없지만 외국어를 잘한다.
   a. His foreign language skills ______________________________.
   b. He ______________________________.
   c. Never ______________________________.
   d. Though ______________________________.

3. 그 남녀는 사귄지 오래 되었지만 곧 결혼할 것 같지는 않다.
   a. The man and woman's dating ______________________________.
   b. I ______________________________.
   c. The man and woman ______________________________.
   d. It ______________________________.

4. 선생님은 우리에게 물은 섭씨 백도에서 끓는다고 말씀하셨다.
   a. The teacher ______________________________.
   b. The fact ______________________________.
   c. We ______________________________.
   d. It ______________________________.

5. 그 소녀는 시간이 있을 때마다 애완견을 데리고 산책을 한다.

a. The girl ______________________________.

b. When ______________________________.

c. Going ______________________________.

d. The girl's free time ______________________________.

6. 내년 이맘때면 그는 5년 동안 대학 강의를 해 오는 셈이 된다.

a. This time ______________________________.

b. He ______________________________.

c. His lectures ______________________________.

d. If ______________________________.

7. 일요일임에도 불구하고 많은 사람들이 열람실에서 공부하고 있다.

a. It ______________________________.

b. There ______________________________.

c. Lots of people ______________________________.

d. The reading room ______________________________.

8. 친구가 어제 나를 방문했을 때 나는 한 시간 동안 TV를 보고 있었다.

a. I ______________________________.

b. It ______________________________.

c. My friend ______________________________.

d. My friend's visit ______________________________.

9. 그 학자는 내일 오후 두 시에 한국의 정치에 관한 연설을 할 예정이다.

a. The scholar ______________________________.

b. At ______________________________.

c. The scholar's speech ______________________________.

d. A speech ______________________________.

10. 그는 지금 서른 살인데 스물다섯 살이 되기 전에는 영어를 열심히 공부한 적이 없다.

a. His age ______________________________.

b. Though ______________________________.

c. Never ______________________________.

d. He ______________________________.

IV 장문영작

※ 다음 모델영작을 주의 깊게 읽어 보시오.

1. 모델영작 Ⅰ

Political Issues

A political issue! Political issues attract a lot of people but they are not solved easily. It is because they have to be solved politically rather than practically, so we often have to vote on them. I will describe a political issue's characteristics as its attraction, its relation to political interests and its necessity to conclude them by voting.

A political issue interests people all over the country, because it is to affect them more or less. For this reason, they talk to each other about it whenever they have time. The more it matters to them, the more frequently they talk about it. In particular, it becomes the main topic among relatives who get together in traditional holidays such as Chuseok and Lunar New Year's Day. Each person may have a different view, relying on his interests. However, some people may show an objective view away from their own interests.

Politicians generally stand for a position for the sake of their political interests. In this respect, they tend to insist on their particular point of view with respect to a political issue. In this case, their point of view is usually the same as their party's. As you know, each politician may have a different view from other politicians in the same party. Nevertheless, he usually follows his party's general view. For this reason, an individual's view is apt to be concealed in the general view of the party for the sake of its interests.

Since a political issue is related to each political party's interests, it is rarely solved without relying on a vote. Therefore, it is natural that each political party tries to pass its view when the political issue is put forth for a vote. At any rate, each political party should take public opinion into account when it deals with the issue. If it goes against the public opinion, it cannot be supported by the public in the next election.

Political issues are related to people's and political parties' interests, so they are not easily solved. For this reason, isn't it desirable to try to solve them objectively away from one's interests?

2. 모델영작 II

Quarrels with Friends over Political Matters

A quarrel with a friend over a political matter! It happens frequently, and you'll find that it can happen at any time when you talk about political matters. A human being has a variety of opinions and a political matter is so complex, which brings about a quarrel even between friends. I've thought about human beings, political matters, and solutions.

It is only natural that different human beings may have different opinions over the same political matter. Even the same human being may show a different opinion in another time. This human nature may lead a person to quarrel with his friends when he has to show his opinion about a particular matter such as a political one. As you know, a political matter is a very sensitive one among people.

As a human being has a variety of opinions, so a political matter is related to a variety of interests. Different political parties may represent different parties' or groups' interests. Since a political matter is closely related to these interests, an individual or a particular political party is apt to advocate a particular view. For this reason, you may sometimes find that the particular view is far from being objective, which makes you disappointed and apolitical. At any rate, you should not get angry if you take it into account that a political party by nature represents a particular group's interests.

It is easy to quarrel with your friend when you talk about a political matter. However, there are a few ways to avoid quarreling. First of all, you have to understand that a political matter is a sensitive one because it is related to a variety of interests. Therefore, you should listen to your friend's opinion carefully and patiently. Don't be impatient while you listen to his opinion. Try to be objective, not subjective, while you put forth your opinion. Don't object to his opinion and influence him to go in the right direction by suggesting facts.

Since every human being may have a different opinion and a political matter is related to his interests, isn't it wise to take these facts into consideration while you talk about a political matter with your friend?

※ 다음 제목으로 영작하시오.

1. 영작 Ⅰ

How to Make a Powerful Nation

2. 영작 Ⅱ

Politicians and the Jobless

제11장

태

태란 동사가 나타내는 행위를 하는 행위자가 주어인가 아니면 행위를 받는 대상이 주어인가를 보여주는 동사의 형태를 가리킨다. 타동사의 목적어가 이 타동사 뒤에 나와 있는 타동사를 능동태라 하고 타동사의 목적어가 주어가 되어 있을 때 그 동사가 가진 형태를 수동태라 한다. 태는 동사가 나타내는 행위를 하는 행위자와 행위를 받는 대상의 논리관계를 보여주는 동사의 형태이므로 완전한 시제를 가진 문장 뿐 아니라 완전한 시제를 보여주지 않는 동사의 형태인 to-부정사, 동명사, 분사에도 나타난다. to-부정사, 동명사, 분사로 표현된 동사가 나타내는 행위의 행위자가 이들의 주어자리에 있을 때는 능동형이 되고 이와 달리 행위를 받는 대상이 주어자리에 있을 때는 수동형이 되어 수동형 to-부정사, 수동형 동명사, 수동형 분사가 된다는 점에 특히 유의해야 한다.

I 핵심탐구

1. 태란?

태란 주어가 동사가 나타내는 행위를 하는 행위자인가 아니면 행위를 받는 대상인가를 보여주는 동사의 형태를 가리킨다. 타동사만이 태를 보여줄 수 있으며 목적어가 뒤에 나오는 타동사를 능동태라 하고 목적어가 주어가 되어 있을 때 그 동사가 가진 형태를 수동태라 한다.

(1) be-수동태

수동태가 쓰이는 모든 상황에서 쓰인다.

a. He [ate] a hamburger. (능동태: 동사(eat)의 목적어(a hamburger)가 동사 뒤에 위치) (그는 햄버거를 하나 먹었다)

b. A hamburger [was eaten] by him. (be-수동태: 동사(eat)의 목적어(a hamburger)가 동사의 주어자리에 위치) (햄버거 하나를 그는 먹었다)

(2) get-수동태

우연히 예기치 않게 일어나는 사건에 대해 쓰이며 주로 격식을 따지지 않는 구어체에서 쓰인다.

a. A car [ran over] his pet dog. (능동태: 동사(run over)의 목적어(his pet dog)가 동사 뒤에 위치) (한 자동차가 그의 애완견을 치었다)

b. His pet dog [got run over] by a car. (get-수동태: 동사(run over)의 목적어가 동사의 주어자리에 위치) (그의 애완견이 한 자동차에 치였다)

2. 정형절의 태

정형절이란 동사의 완전한 시제가 나타나 있는 절을 말한다.

(1) 목적어가 하나인 문장의 태

(가) 단순시제의 경우

a. Tom [loves] Mary. (능동태: 단순현재) (탐은 메리를 사랑한다)

b. Mary [is loved] by Tom. (수동태: 단순현재) (메리는 탐의 사랑을 받고 있다)

a. Tom [loved] Mary. (능동태: 단순과거) (탐은 메리를 사랑했다)

b. Mary [was loved] by Tom. (수동태: 단순과거) (메리는 탐의 사랑을 받았다)

a. Tom [will love] Mary. (능동태: 단순미래) (탐은 메리를 사랑할 것이다)

b. Mary [will be loved] by Tom. (수동태: 단순미래) (메리는 탐의 사랑을 받을 것이다)

(나) 진행시제의 경우

a. A boy [is reading] a novel. (능동태: 현재진행) (한 소년이 소설을 읽고 있다)

b. A novel [is being read] by a boy. (수동태: 현재진행) (소설을 한 소년이 읽고 있다)

a. A boy [was reading] a novel. (능동태: 과거진행) (한 소년이 소설을 읽고 있었다)

b. A novel [was being read] by a boy. (수동태: 과거진행) (소설을 한 소년이 읽고 있었다)

a. A boy [will be reading] a novel. (능동태: 미래진행) (한 소년이 소설을 읽고 있는 중일 것이다)

b. A novel [will be being read] by a boy. (수동태: 미래진행) (소설을 한 소년이 읽고 있는 중일 것이다)

(다) 완료시제의 경우

a. They [have made] a spaceship. (능동태: 현재완료) (그들은 우주선을 만들었다)

b. A spaceship [has been made] by them. (수동태: 현재완료) (우주선을 그들은 만들었다)

a. They [had made] a spaceship. (능동태: 과거완료) (그들은 우주선을 만들었었다)

b. A spaceship [had been made] by them. (수동태: 과거완료) (우주선을 그들은 만들었었다)

a. They [will have made] a spaceship. (능동태: 미래완료) (그들은 우주선을 하나 만들어 있을 것이다)

b. A spaceship [will have been made] by them. (수동태: 미래완료) (우주선 하나를 그들은 만들어 있을 것이다)

(2) 목적어가 둘인 문장의 태

(가) 단순시제의 경우

a. He [teaches] his students English. (능동태: 단순현재) (그는 그의 학생들에게 영어를 가르친다)

b. His students [are taught] English by him. (수동태: 단순현재: 간접목적어가 주어) (그의 학생들은 그에게 영어를 배운다)

b.' English [is taught] to his students by him. (수동태: 단순현재: 직접목적어가 주어) (영어를 그는 그의 학생들에게 가르친다)

a. He [taught] his students English. (능동태: 단순과거) (그는 그의 학생들에게 영어를 가르쳤다)

b. His students [were taught] English by him. (수동태: 단순과거: 간접목적어가 주어) (그의 학생들은 그에게 영어를 배웠다)

b.' English [was taught] to his students by him. (수동태: 단순과거: 직접목적어가 주어) (영어를 그는 그의 학생들에게 가르쳤다)

a. He [will teach] his students English. (능동태: 단순미래) (그는 그의 학생들에게 영어를 가르칠 것이다)

b. His students [will be taught] English by him. (수동태: 단순미래: 간접목적어가 주어) (그의 학생들은 그에게 영어를 배울 것이다)

b.' English [will be taught] to his students by him. (수동태: 단순미래: 직접목적어가 주어) (영어를 그는 그의 학생들에게 가르칠 것이다)

(나) 진행시제의 경우

a. He [is teaching] his students English. (능동태: 현재진행) (그는 그의 학생들에게 영어를 가르치고 있는 중이다)

b. His students [are being taught] English by him. (수동태: 현재진행: 간접목적어가 주어) (그의 학생들은 그에게 영어를 배우고 있는 중이다)

b.' English [is being taught] to his students by him. (수동태: 현재진행: 직접목적어가 주어) (영어를 그는 그의 학생들에게 가르치고 있는 중이다)

a. He [was teaching] his students English. (능동태: 과거진행) (그는 그의 학생들에게 영어를

가르치고 있었다)

b. His students [were being taught] English by him. (수동태: 과거진행: 간접목적어가 주어) (그의 학생들은 그에게 영어를 배우고 있었다)

b.' English [was being taught] to his students by him. (수동태: 과거진행: 직접목적어가 주어) (영어를 그는 그의 학생들에게 가르치고 있었다)

a. He [will be teaching] his students English. (능동태: 미래진행) (그는 그의 학생들에게 영어를 가르치고 있는 중일 것이다)

b. His students [will be being taught] English by him. (수동태: 미래진행: 간접목적어가 주어) (그의 학생들은 그에게 영어를 배우고 있는 중일 것이다)

b.' English [will be being taught] to his students by him. (수동태: 미래진행: 직접목적어가 주어) (영어를 그는 그의 학생들에게 가르치고 있는 중일 것이다)

(다) 완료시제의 경우

a. He [has taught] his students English. (능동태: 현재완료) (그는 그의 학생들에게 영어를 가르쳐 왔다)

b. His students [have been taught] English by him. (수동태: 현재완료: 간접목적어가 주어) (그의 학생들은 그에게 영어를 배워 왔다)

b.' English [has been taught] to his students by him. (수동태: 현재완료: 직접목적어가 주어) (영어를 그는 그의 학생들에게 가르쳐 왔다)

a. He [had taught] his students English. (능동태: 과거완료) (그는 그의 학생들에게 영어를 가르쳐 왔었다)

b. His students [had been taught] English by him. (수동태: 과거완료: 간접목적어가 주어) (그의 학생들은 그에게 영어를 배워 왔었다)

b.' English [had been taught] to his students by him. (수동태: 과거완료: 직접목적어가 주어) (영어를 그는 그의 학생들에게 가르쳐 왔었다)

a. He [will have taught] his students English for two years. (능동태: 미래완료) (그는 그의 학생들에게 2년 동안 영어를 가르쳐 온 셈이 될 것이다)

b. His students [will have been taught] English for two years by him. (수동태: 미래완료: 간접목적어가 주어) (그의 학생들은 그에게 2년 동안 영어를 배워 온 셈이 될 것이다)

b.' English [will have been taught] to his students for two years by him. (수동태: 미래완료: 직접목적어가 주어) (영어를 그는 그의 학생들에게 2년 동안 가르쳐 오고 있는 셈이 될 것이다)

3. 비정형절의 태

비정형절이란 to-부정사절, 동명사절, 분사절처럼 동사의 완전한 시제가 나타나 있지 않은 절을 말한다. 비정형절에서도 to-부정사, 동명사, 분사의 목적어가 이들의 주어자리로 이동하면 능동태에서 수동태로 바뀐다.

(1) to-부정사와 태

(가) to-부정사의 목적어가 하나인 문장의 태

A. 단순부정사의 경우

a. He seems [to love Mary]. (능동태: 부정사의 목적어는 Mary) (그는 메리를 사랑하는 것처럼 보인다)

b. Mary seems [to be loved] by him. (수동태: 부정사의 목적어가 주어자리로 이동) (메리는 그의 사랑을 받는 것처럼 보인다)

B. 완료부정사의 경우

a. He seems [to have loved Mary]. (능동태: 완료부정사의 목적어는 Mary) (그는 메리를 사랑한 것처럼 보인다)

b. Mary seems [to have been loved] by him. (완료부정사의 목적어는 주어자리로 이동한 Mary) (메리는 그의 사랑을 받은 것처럼 보인다)

(나) to-부정사의 목적어가 둘인 문장의 태

A. 단순부정사의 경우

a. He seems [to give Mary presents]. (능동태: Mary는 부정사의 간접목적어이고 presents는 직접

목적어) (그는 메리에게 선물을 주는 것처럼 보인다)

b. Mary seems [to be given presents] by him. (수동태: 부정사의 간접목적어 Mary가 주어자리로 이동) (메리는 그에게서 선물을 받는 것처럼 보인다)

b.' Presents seem [to be given to Mary] by him. (수동태: 부정사의 직접목적어 presents가 주어자리로 이동) (선물을 그가 메리에게 주는 것처럼 보인다)

B. 완료부정사의 경우

a. He seems [to have given Mary presents]. (능동태: Mary는 완료부정사의 간접목적어이고 presents는 직접목적어) (그는 메리에게 선물을 준 것처럼 보인다)

b. Mary seems [to have been given presents] by him. (수동태: 완료부정사의 간접목적어 Mary가 주어자리로 이동) (메리는 그에게서 선물을 받은 것처럼 보인다)

b.' Presents seem [to have been given to Mary] by him. (수동태: 완료부정사의 직접목적어 presents가 주어자리로 이동) (선물을 그는 메리에게 준 것처럼 보인다)

(2) 동명사와 태

(가) 동명사의 목적어가 하나인 문장의 태

a. The boy likes [pleasing the friends]. (능동태: 명사구 the friends가 동명사 pleasing의 목적어) (그 소년은 그 친구들을 기쁘게 하기를 좋아한다)

b. The friends like [being pleased] by the boy. (수동태: 동명사 pleasing의 목적어 the friends가 주어자리로 이동) (그 친구들은 그 소년이 기쁘게 하는 것을 좋아한다)

(나) 동명사의 목적어가 둘인 문장의 태

a. The girl enjoys [telling her friends stories]. (능동태: 명사구 her friends는 동명사 telling의 간접목적어이고 명사구 stories는 직접목적어) (그 소녀는 친구들에게 이야기를 즐겨 한다)

b. Her friends enjoy [being told stories] by the girl. (수동태: 동명사 telling의 간접목적어가 주어자리로 이동) (그 소녀의 친구들은 그녀의 이야기를 듣는 것을 즐긴다)

b.' *Stories enjoy [being told to her friends] by her. (수동태: 동명사 telling의 직접목적어가 주어자리로 이동)

(3) 분사와 태

(가) 현재분사의 목적어가 하나인 문장의 태

a. I saw a boy [carrying a ball]. (능동태: 현재분사 carrying의 목적어는 명사구 a ball) (나는 한 소년이 공을 하나 휴대하고 다니는 것을 보았다)

b. I saw a ball [being carried] by a boy. (수동태: 현재분사 carrying의 목적어 a ball이 분사의 주어자리로 이동) (나는 공을 한 소년이 휴대하고 다니는 것을 보았다)

(나) 현재분사의 목적어가 둘인 문장의 태

a. I found Mary [writing her friend a letter]. (능동태: 명사구 her friend는 현재분사 writing의 간접목적어이고 명사구 a letter는 직접목적어) (나는 메리가 그녀 친구에게 편지를 쓰고 있는 것을 발견했다)

b. I found her friend [being written a letter] by Mary. (수동태: 현재분사 writing의 간접목적어가 분사의 주어자리로 이동) (나는 친구에게 메리가 편지를 쓰고 있는 것을 발견했다)

b.' I found a letter [being written to her friend] by Mary. (수동태: 현재분사의 직접목적어가 분사의 주어자리로 이동) (나는 편지를 메리가 친구에게 쓰고 있는 것을 발견했다)

4. 태와 정문 비문과의 관련성

a. *His son was died in a war. (자동사는 수동태가 불가능)

b. *Her father is resembled by her. (상태동사 resemble, fit, have, lack, suit 등은 수동태가 불가능)

c. *The figure skater Yuna gets liked by everybody. (연아를 모두가 좋아하는 것은 우연히 일어나는 일이 아니므로 get-수동태가 불가능. be-수동태는 가능)

d. *A boy will be read a textbook. (동사의 목적어(a textbook)가 동사 뒤에 있으므로 수동태(will be read)가 불가능. 능동태 will be reading이 되어야 정문)

e. *He taught to his students English. (간접목적어가 직접목적어 앞에 올 때는 전치사 없이 와야 정문)

f. *The politician was made leave his country. (사역동사의 목적어 뒤의 원형부정사는 수동문에서 to-부정사(to leave)가 되어야 정문)

g. *A present [is being giving] her daughter by her. (현재진행형이 수동태가 되면 is being 뒤에

과거분사(given)가 와야 정문)

h. *His students have been being taught English for two years by him. (완료수동진행형은 일반적으로 쓰이지 않는 형태)

i. *Mary seems to have loved by him. (완료부정사(to have loved)의 목적어가 부정사의 주어자리에 있는 Mary이므로 완료수동부정사(to have been loved)가 필요)

j. *He seems to give to Mary presents. (부정사의 간접목적어가 직접목적어 앞에 올 때 간접목적어는 전치사(to) 없이 와야 정문)

k. *Clothes seem to give Mary by him. (to-부정사의 직접목적어(clothes)가 부정사 앞에 있으므로 부정사(to give)는 수동부정사(to be given)가 되어야 정문)

l. *The students enjoy telling an interesting story by their teacher. (동명사(telling)의 간접목적어(the students)가 동명사의 주어자리로 이동해 있으므로 동명사는 능동형(telling)이 아닌 수동형(being told)이 되어야 정문)

m. *I met a woman carried a baby on her back. (동사 carry의 목적어(a baby)가 뒤에 있으므로 이것은 수동의 의미를 가진 과거분사(carried)가 아닌 능동의 의미를 가진 현재분사(carrying)가 되어야 정문)

n. *The boy saw a large water jar carrying by a girl. (동사 carry의 목적어(a large water jar)가 이 동사 뒤가 아닌 앞에 있으므로 능동의 현재분사(carrying)가 아닌 수동의 현재분사(being carried)가 되어야 정문)

II 확인학습

※ 다음 중 비문의 원인을 찾아 고치시오.

1. The scientist seems to respect by the people. (그 과학자는 국민의 존경을 받는 것처럼 보인다)

____.

2. I found a young boy teaching English by his father. (나는 한 어린소년이 자기 아버지에게 영어를 배우고 있는 것을 발견했다)

____.

3. She enjoys telling interesting stories by her boyfriend. (그녀는 남자친구가 해주는 재미있는 이야기를 듣는 것을 즐긴다)

____.

4. A new car will give to his wife for her birthday by him. (새 자동차를 그는 자기 아내에게 생일 선물로 줄 것이다)

____.

5. Two pet dogs are had by Teresa and she often walks them. (테레사는 애완견을 두 마리 가지고 있으며 종종 그것들을 걸린다)

____.

6. English writing will be teaching to his students by him soon. (영어쓰기를 그가 곧 그의 학생들에게 가르치고 있을 것이다)

____.

7. The doctor is followed by lots of students in the hall right now. (그 박사를 많은 학생들이 바로지금 복도에서 뒤따르고 있다)

____.

8. The woman has been finished her chores and is reading a book. (그 여자는 허드렛일을 끝마쳤으며 책을 읽고 있는 중이다)

____.

9. Sometimes food appears to give to poor children by rich people. (때때로 먹을 것을

부자들이 가난한 아이들에게 주는 것 같다)

____.

10. The boy is walking with a limp and his leg seems to have broken. (그 소년은 절름거리며 걷고 있는 중이며 그의 한쪽 다리가 부러진 것 같다)

____.

III 단문영작

※ 다음을 주어진 표현으로 시작하여 영작하시오.

1. 그 건물은 올해 말까지 완공할 예정이다.
   a. The building ______________________________.
   b. We ______________________________.
   c. The end ______________________________.
   d. The completion ______________________________.

2. 옆방에서 피아노를 치고 있는 아이는 내 딸이다.
   a. The piano player ______________________________.
   b. My daughter ______________________________.
   c. The child ______________________________.
   d. You ______________________________.

3. 그들은 2년 동안 같은 선생에게 영어를 배워왔다.
   a. The same teacher ______________________________.
   b. It ______________________________.

c. They ______________________________.

d. Two years ______________________________.

4. 관광객들이 무희들의 춤을 구경하고 있는 중이다.

a. The tourists ______________________________.

b. Dancers' dancing ______________________________.

c. Dancers ______________________________.

d. What ______________________________.

5. 그 아이는 소풍가서 모기에 물려 팔이 여러 군데 부었다.

a. Some parts ______________________________.

b. The child ______________________________.

c. Because of ______________________________.

d. On ______________________________.

6. 사람은 누구나 남을 돕기도 하고 남의 도움을 받기도 한다.

a. It ______________________________.

b. There ______________________________.

c. Everybody ______________________________.

d. Helping ______________________________.

7. 그녀는 남자친구에게 자신이 좋아하지 않는 선물을 받는 것이 싫다.

a. She ______________________________.

b. Her boyfriend's giving ______________________________.

c. Receiving ______________________________.

d. A gift ______________________________.

8. 나는 친구가 그의 고향 부모님께 소포를 보내고 있는 것을 발견했다.

a. My friend's package ______________________________.

b. A package ______________________________.

c. I ______________________________.

d. My friend ______________________________.

9. 나는 한 소녀가 몇 명의 다른 소녀들에게 구타를 당하는 것을 보았다.

a. I ______________________________.

b. A few girls ______________________________.

c. What ______________________________.

d. A girl ______________________________.

10. 나는 그녀가 그 이야기책을 자기 아들에게 읽어주고 있는 것을 보았다.

a. I ______________________________.

b. She ______________________________.

c. Her son ______________________________.

d. The storybook ______________________________.

IV 장문영작

※ 다음 모델영작을 주의 깊게 읽어 보시오.

1. 모델영작 I

The Power of Money

The power of money! There's nobody who doesn't know the importance of money. Money makes it possible for us to live a happy life during our lifetime.

I've included the following as the power of money: stability of one's life, protection of one's life and the realization of one's dream.

It is true that you can do lots of things with money. If you have enough money, your daily life will be stabilized. On the contrary, if you don't have enough money, your daily life will become unstable. In other words, the stability of your daily life will be in danger if you don't have enough money for your daily life. Money may play a role in freeing you from daily difficulties. In case you don't have enough money, you have to spend much time on solving them. For this reason, you may not have enough time to enjoy yourself.

Nobody knows when he may get sick. As you know, lots of people catch diseases such as cancer, diabetes, and high blood pressure. These diseases may endanger your life at any time. If you suffer from one of them, you'll need much money to treat it. In this case, you'll die of the disease if you don't have enough money for the medical expenses. If you get married and have a wife and children, your money will play an important role in saving your family from potential diseases.

Every person has a dream that he wants to realize in his lifetime. As you know, you cannot realize your dream if you don't have enough money. In general, you need a lot of money to realize it. For instance, a person who wants to go abroad to study cannot go abroad if he doesn't have enough money for the school expenses. A person who wants to be a political leader also needs a lot of money to realize his dream.

The power of money is so strong that you cannot disregard it. However, you should be careful not to worship it. Then, to what extent should we think highly of the power of money?

2. 모델영작 II

Individuals and the National Economy

Individuals and the national economy! Nobody denies the relation between an individual and the national economy. It's not easy for an individual to affect the whole national economy, but on the contrary, it's easy for the national economy to affect the individual. I've thought about an individual, a country, and the world with respect to the economy.

An individual is indispensable for the national economy, because he is the basis for it. The individual has difficulty in affecting the whole national economy. However, all the individuals in a country have a great effect on it because they are in large numbers. As you know, the national economy has a great effect not only on individuals as a whole but also on each individual. In this respect, an individual is to be sensitive to the change of the national economic situation.

It is true that a country is affected by the change of the economic situations of other countries. If it depends on their economies greatly, it will be affected greatly by them. If it depends on them less, it will be affected less by them. In this respect, economic situations of other countries are a factor that may affect the economic situation of a country. This is why a country's economy should be less dependent upon other economies in order to protect its people from outer factors.

As each country's economy is sensitive to other countries' economies, so the world economy is affected by each country's economy. For this reason, it becomes unstable when economic superpowers or lots of countries become unstable economically. In other words, it is affected by each country's economy just as each country's economy is affected by each individual's household economy.

Since an individual, a country, and the world are closely related economically, they naturally affect each other economically. Then, isn't it wise to find a way in which we can reduce outer factors that undermine economic stability?

※ 다음 제목으로 영작하시오.

1. 영작 I

How to Make and Spend Money

2. 영작 Ⅱ

Living Without Lots of Money

제12장

법

법이란 하나의 절이 진술인지 명령인지 아니면 가정인지를 보여주기 위해 쓰인 동사의 형태를 가리킨다. 법에는 화자가 사실을 진술하거나 질문을 할 때 쓰는 직설법, 명령이나 요구를 할 때 쓰는 명령법, 의심이나 소망 혹은 사실에 반하는 조건을 나타내는 가정법이 있다. 따라서 법에 따라 변하는 절의 동사의 각기 다른 형태에 대한 명확한 이해가 선행되어야 동사의 형태와 관련된 실수를 피할 수 있다. 또한 하나의 문장이 여러 개의 절로 되어 있는 경우 각각의 절은 동사의 법과 관련하여 일관성을 가져야 한다.

I 핵심탐구

1. 법이란?

화자가 그 행위를 어떻게 보는가를 보여주기 위해 쓰인 동사의 형태를 가리킨다.

(1) 직설법

화자가 사실을 진술하거나 질문을 할 때의 그 동사의 형태를 가리킨다.

a. The boy [is] strong. (직설법 현재: 현재의 사실) (그 소년은 힘이 세다)

b. He [was] weak in the past. (직설법 과거: 과거의 사실) (그는 과거에 허약했다)

c. He [will be] stronger in the future. (직설법 미래: 미래의 사실) (그는 장차 힘이 더 세게 될 것이다)

d. [Will] he [be] stronger in the future? (미래에 대한 질문) (그는 장차 힘이 더 세게 될까요?)

(2) 명령법

명령이나 요구를 표현하는 동사의 형태로 동사원형을 가리킨다.

a. [Be] quiet. (be동사의 명령법) (조용히 해라)

b. Please [clear] the table. (동사 clear의 명령법) (그 탁자 위의 물건을 치워라)

c. You [be] ready to come with us. (명령문의 주어(you)를 생략하지 않을 때) (너 우리와 함께 갈 준비를 해라)

Tom [come] here. Everybody else [stay] where you are. (탐 이리와. 그 밖의 다른 사람들은 그대로 있어라)

d. [Do not work] so hard. (부정명령: 조동사 do와 부정어(not)와 동사원형 사용) (그렇게 열심히 일하지 마라)

[Don't work] so hard. (부정명령: 축약형 사용) (그렇게 열심히 일하지 마라)

[Do not be] afraid. (부정명령: 조동사 do와 부정어(not)와 동사원형 사용) (겁내지 마라)

[Don't be] afraid. (부정명령: 축약형 사용) (겁내지 마라)

e. [Don't anybody touch] the picture. (대명사 주어를 가진 부정명령법) (아무도 그 그림에 손대지

마라)

f. [Do stand] up. (강조적 명령법: 조동사 do와 동사원형) (일어서라)

g. [Get vaccinated] as soon as you can. (수동 명령법: get과 과거분사) (가능한 한 곧 예방주사를 맞아라)

(3) 가정법

의심이나 소망 혹은 사실에 반하는 조건을 나타내는 동사의 형태를 가리킨다.

(가) 가정법 현재

동사의 원형을 가리키며 주절동사의 시제의 영향을 받지 않는다.

a. The commander demanded that his soldiers [fire] on the enemy. (명령: 동사 demand 뒤의 that-절에서의 가정법) (그 지휘관은 그의 병사들이 적에게 발포하라고 명령했다)

b. The teacher required that the students [be] quiet. (요구: 동사 require 뒤의 that-절에서의 가정법) (그 선생은 그 학생들이 조용히 하기를 요구했다)

b.' You should keep in mind the requirement that every passenger [be] in the airport at least two hours before takeoff. (요구(requirement)를 나타내는 동격명사절 내에서) (너는 모든 승객은 적어도 이륙 두 시간 전에 공항에 도착해 있어야 한다는 요구조건을 명심해야 한다)

c. The politician insisted that the defense minister [resign] immediately. (주장: 동사 insist 뒤의 that-절에서의 가정법) (그 정치가는 그 국방장관이 즉시 사임하기를 주장했다)

c.' The defense minister accepted the politician's insistence that he [resign] immediately. (주장(insistence)을 나타내는 동격명사절 내에서의 가정법) (그 국방장관은 즉시 사임하라는 그 정치가의 주장을 받아들였다)

d. The doctor suggested that his patient [take] exercise regularly. (제의: 동사 suggest 뒤의 that-절에서의 가정법) (그 의사는 자신의 환자에게 규칙적으로 운동하라고 했다)

d.' The patient accepted the doctor's suggestion that he [take] regular exercise. (제의(suggestion)를 나타내는 동격명사절 내의 가정법) (그 환자는 규칙적으로 운동하라는 그 의사의 제의를 받아들였다)

e. They proposed that the expenditure [be] reduced. (제안: 동사 propose 뒤의 that-절에서 가정법) (그들은 그 지출을 줄이기를 제안했다)

e.' The group accepted the proposal that the expenditure [be] reduced. (제안(proposal)을 나타내는 동격명사절 내에서의 가정법) (그 단체는 그 지출을 줄이라는 제안을 받아들였다)

f. His friend recommended that he [finish] university without delay. (권고: 동사 recommend 뒤의 that-절에서 가정법) (그의 친구는 그가 지체 없이 대학을 마치도록 권했다)

f.' He followed his friend's recommendation that he [finish] university without delay. (권고(recommendation)를 나타내는 동격명사절 내에서) (그는 지체 없이 대학을 마치라는 그의 친구의 권고를 따랐다)

(나) 가정법 과거

be동사 were와 동사의 과거형을 가리킨다. 현재사실에 반하는 상황을 가정해 볼 때 사용한다.

a. I wish you [were] here. (네가 여기 있다면 좋을 텐데)

b. If he [were] here, I would give him the book. (그가 여기 있다면 그에게 그 책을 줄 텐데)

c. If it [snowed], I would ski in a ski resort. (눈이 온다면 나는 스키장에서 스키를 탈 텐데)

(다) 가정법 과거완료

be동사 had been과 'had + 과거분사'를 가리킨다. 과거사실에 반하는 상황을 가정해 볼 때 사용한다.

a. I wish you [had been] here. (네가 여기 있었더라면 좋았을 텐데)

b. If he [had been] here, I would have given him the book. (그가 여기 있었다면 내가 그에게 그 책을 주었을 텐데)

c. If it [had snowed], I would have skied in a ski resort. (눈이 왔더라면 나는 스키장에서 스키를 탔을 텐데)

2. 법과 정문 비문과의 관련성

a. *If I were rich, I will travel around the world. (가정법 과거의 주절은 조동사(will)의 과거형

(would)과 동사원형(travel)이 와야 정문)

b. *I wish I bought the apartment last year. (wish 뒤의 가정법은 과거를 나타내는 시간표현(last year)이 있으므로 과거사실에 반하는 상황을 가정해 보는 것이므로 가정법 과거(bought)가 아닌 과거완료(had bought)가 되어야 정문)

c. *Will he move to another country if he retire? (직설법에서 조건절은 동사원형이 아닌 현재시제(retires)가 되어야 정문)

d. *My love toward her will last as long as she will be loyal to me. (직설법의 때나 조건을 나타내는 부사절에서는 미래의 의미를 미래시제(will be) 대신 현재시제(is)를 사용)

e. *The teacher said to the students, "Not eat lunch before lunchtime." (부정명령법은 'not + 동사원형'(not eat)이 아닌 'don't + 동사원형'(don't eat)이 되어야 정문)

f. *Mary wish she were as beautiful as the actress. (wish를 사용한 가정법과거에서 주절동사는 동사원형(wish)이 아닌 현재시제(wishes)가 되어야 정문)

g. *Everybody observed the requirement that they got on time. (요구(requirement)를 나타내는 동격절에 가정법(get)이 와야 정문)

h. *It is required that every member will be on time for the meeting. (가주어 it이 가리키는 진주어(that-절)가 요구를 나타내므로 미래시제(will be)가 아닌 가정법(be)을 써야 정문)

i. *I could have gotten there on time if I left my house a little earlier. (가정법 과거완료의 조건절은 과거(left)가 아닌 과거완료(had left)가 되어야 정문)

j. *I wish I had had enough money to take a trip around the world now. (현재(now)의 사실에 반하는 상황을 가정해 볼 때는 가정법 과거완료(had had)가 아닌 가정법 과거(had)가 되어야 정문)

k. *She said to her son, "Be always kind to other people." (부사 always는 명령법에서 동사(be) 뒤가 아닌 앞에 와야 정문)

II 확인학습

※ 다음 중 비문의 원인을 찾아 고치시오.

1. Speak never to me like that again. (다시는 내게 결코 그렇게 말하지 마)

____.

2. Jenny has an old car, so she wishes she had had a new car. (제니는 오래된 자동차를 가지고 있어서 새 자동차를 가지고 있다면 좋을 텐데 하고 바란다)

____.

3. The woman looks back at a noise, but she find no one around. (그 여자는 시끄러운 소리에 뒤돌아보지만 주위에서 어느 누구도 발견하지 못한다)

____.

4. If the student had enough money for his school fee, he won't work part-time. (그 학생은 수업료를 위한 돈이 충분히 있다면 시간제 일을 하지는 않을 텐데)

____.

5. If he did not marry his present wife a few years ago, he would have married his classmate. (그가 몇 년 전 현재의 그의 아내와 결혼하지 않았다면 그의 급우와 결혼했을 텐데)

____.

6. Michael didn't go to university in the past, and he wishes he went to university at that time. (마이클은 과거에 대학에 다니지 않았으며 그때 대학에 다녔었더라면 하고 유감으로 생각한다)

____.

7. The daughters insisted that their father distributed his property equally. (그 딸들은

그들의 아버지가 재산을 똑같이 분배하기를 주장했다)

____.

8. She told me that she will call me back as soon as she could get home. (그녀는 집에 도착하자마자 내게 전화하겠다고 말했다)

____.

9. The teacher said to the students, "Not anybody go out of the classroom before the exam is over." (그 선생은 그 학생들에게 "그 시험이 끝나기 전에 아무도 그 교실 밖으로 나가지 마"라고 말했다)

____.

10. Read the book carefully above all and then you can write your argument about it. (무엇보다 그 책을 조심스럽게 읽어라 그리고 나서 그것에 관해 너의 주장을 써라)

____.

III 단문영작

※ 다음을 주어진 표현으로 시작하여 영작하시오.

1. 그녀와 내가 한 집에 산다면 좋을 텐데.
   a. I ____.
   b. It ____.
   c. She and I ____.
   d. A regrettable thing ____.

2. 모든 선수는 경기규칙을 지켜야 한다는 요구에 따랐다.

a. The game rules ______________________________.

b. Every player ______________________________.

c. There ______________________________.

d. It ______________________________.

3. 그녀와 나는 한가할 때 만나 팥빙수를 먹기로 약속했다.

a. I ______________________________.

b. To ______________________________.

c. An appointment ______________________________.

d. She and I ______________________________.

4. 제사지낼 때 옆 사람과 이야기하거나 장난을 치지 마라.

a. It ______________________________.

b. Don't ______________________________.

c. You ______________________________.

d. I ______________________________.

5. 대화를 중단하고 모자와 신발을 벗고 마루로 올라가거라.

a. Stop ______________________________.

b. I ______________________________.

c. You ______________________________.

d. Would ______________________________.

6. 그는 대학시절 좀 더 열심히 공부했더라면 하고 생각한다.

a. He ______________________________.

b. His regret ______________________________.

c. His study ______________________________.

d. His university days ______________________________.

7. 그는 계속해서 영어를 열심히 공부할 것이고 잘하게 될 것이다.

a. He ______________________________.

b. His hard study ______________________________.

c. I ______________________________.

d. My belief ______________________________.

8. 어떤 사람들은 운동장을 돌고 다른 사람들은 그들을 지켜보고 있다.

a. Some people ______________________________.

b. While ______________________________.

c. You ______________________________.

d. There ______________________________.

9. 그 정도로 많은 비가 내리지 않았다면 그 집은 무너지지 않았을 텐데.

a. It ______________________________.

b. If ______________________________.

c. The collapse ______________________________.

d. The house ______________________________.

10. 돈이 많다면 자유롭게 해외여행을 하고 많은 사람들과 대화도 할 텐데.

a. I ______________________________.

b. A regrettable thing ______________________________.

c. If ______________________________.

d. It ______________________________.

IV 장문영작

※ 다음 모델영작을 주의 깊게 읽어 보시오.

1. 모델영작 Ⅰ

Mixing with People

Mixing with people! That's a great thing not only for a person but also for others. It gives him good opportunities to get what he wants from others and give them what they need from him. I think it gives him opportunities to discover himself, exchange information with others and develop abilities.

If you often mix with others, this will give you an opportunity to discover yourself. In other words, you continue to compare the people you meet with you in all respects while you meet them. The more frequently you meet them, the more you will find out about yourself. If you have not planned for your future yet, you'll think about your future and try to make a good plan for it. In this respect, it is undeniable that your frequent meetings bring good results for your future.

Frequent meetings with others give you opportunities to exchange information with them. When you mix with others, you meet people with various jobs. Therefore, you can get lots of useful information from them, and it will be helpful for your right decision later. If you get as much information as possible, it will be easier for you to make a proper decision. In this respect, associating with others is very important to people nowadays, since it is too difficult to live without lots of useful information.

Mixing with others will give you a strong desire to develop your abilities. As you know, people want to be respected by others. They know that they cannot be respected by others if they don't have particular skills or abilities. In this respect, you want to be respected by the people you meet. This will inevitably make you develop your abilities. For this reason, you'll be somebody that you want to be later.

Since mixing with people brings lots of desirable effects both to you and to the people you meet, how about starting to associate with them and succeeding in life?

2. 모델영작 II

The Traffic in Seoul

The traffic in Seoul! Every citizen in Seoul knows that it's too heavy and expects somebody to solve the problem. It has improved gradually, but it is still not satisfactory. The traffic in Seoul may be characterized by three changes: the increase of cars, completion of bus-only lanes and the establishment of new subway lines.

Compared to a few decades ago, the number of cars has greatly increased. However, few new roads have been made since then, so it is not easy to find alternative routes with less traffic congestion. The traffic is even heavier during rush hours. As you know, the number of cars will most likely continue to increase. Unlike the increase of the number of cars, it seems that the government has a difficulty in constructing new roads for various reasons. For this reason, the traffic congestion won't be greatly improved for the time being.

On the contrary, bus passengers have been able to travel more easily because a new system called bus-only lanes has been enforced for the last few years. For this reason, you can generally get to your destination faster by bus. This makes more and more people travel by bus rather than by car when they have to go someplace in Seoul. It is undeniable that this has brought about reducing the number of cars on the streets of Seoul.

To solve the traffic jam problem, the government has been building new subway lines. For this reason, the crowdedness of subway trains has been lessened. With new subway lines built, people using cars or buses have also been decreasing. However, when you travel in Seoul, you'd better use the subway or bus instead of cars unless you have enough time to get to your destination.

The traffic congestion has been improving, but it is still unsatisfactory. It seems to me that it won't be greatly improved unless they think out a solution. Then, what do you think is the best way to solve the traffic problem?

※ 다음 제목으로 영작하시오.

1. 영작 I

Going to Work by Subway

2. 영작 II

Modern People and Coffee

정답 및 해설

제1장 | 정문과 비문

Ⅱ. 확인학습

1. boy → boys
   동사의 목적어는 명사구가 되어야 한다. 지시사(this)의 복수형(these) 뒤는 셀 수 있는 명사가 복수형(boys)으로 와야 명사구가 될 수 있다.

2. laughing → being laughed
   '~을 비웃다'는 의미의 laugh at에서 전치사 at의 목적어인 명사구 the girl이 전치사 뒤에서 앞으로 이동해 있으므로 laugh at은 능동동명사(laughing at)가 아닌 수동동명사(being laughed at)가 된다.

3. house → his house, the house
   동사 paint는 '~을 ~하게 칠하다'는 의미를 뒤에 목적어인 명사구와 보어인 형용사구로 전한다. 셀 수 있는 명사의 단수형(house)은 앞에 한정사가 붙지 않으면 명사구가 아니므로 목적어가 될 수 없다.

4. foreign friend → her foreign friend, a foreign friend
   전치사(for)의 뒤는 전치사의 목적어인 명사구가 온다. 셀 수 있는 명사의 단수형(foreign friend)은 앞에 한정사가 붙지 않으면 명사이지만 명사구가 아니므로 전치사의 목적어가 될 수 없다.

5. wrote → was written
   동사 write의 목적어인 명사구 this paper가 동사 뒤의 동사의 목적어자리에서 앞의 주어자리로 이동해 있으므로 동사는 능동태(wrote)가 아닌 수동태(was written)가 된다.

6. slept her son → put her son to bed
   동사 sleep은 '잠자다'는 자동사로 명사구(her son)를 하위범주로 가지고 있지 않다. 따라서 그녀 아들을 재운다는 의미는 put her son to bed로 전한다.

7. drink → drinking
   동사 find는 '~가 ~하고 있는 중인 것을 발견하다'는 의미를 뒤에 목적어인 명사구(my girlfriend)와 보어인 현재분사(drinking)로 전한다.

8. would submit → (should) submit
   요구(requirement)를 나타내는 동격명사절 내에서 가정법현재(동사원형)를 쓴다. 영국영어에서는 should와 함께 동사원형을 쓰기도 한다.

9. have → has
   주어와 동사는 수가 일치한다. 주어가 복수인 foreigners가 아니라 단수인 the number이므로 동사는 단수형 has가 된다.

10. meet → have met
    would like 뒤에 단순부정사(to do)가 오면 '~하고 싶다'는 의미를 전한다. 그러나 '~했더라면 좋았을 텐데'라는 과거의 일에 대한 현재의 유감을 나타내는 의미는 완료부정사(to have done)로 전한다.

Ⅲ. 단문영작

1. a. As <u>the sun rises, the temperature increases</u>.
   b. It <u>gets hotter as the sun rises</u>.
   c. The rise <u>of the sun is making the day hotter</u>.

d. The sun has come out and the weather gets hotter.

'해'는 정관사를 붙여 the sun으로 옮긴다.

'~하자'는 '~하면서'의 의미로 두 행위가 동시에 일어난다는 것을 가리키는 접속사 as~로 옮기거나 셋째 예문처럼 명사구(the rise)로 옮기거나 넷째 예문처럼 현재완료시제(has come) 뒤에 접속사 and를 두어 옮길 수도 있다.

'날'은 '날씨'나 '온도'를 가리키는 것으로 보아 날씨를 가리키는 대명사 it이나 the day로 옮길 수도 있고 the temperature나 the weather로 옮긴다.

'더워지다'는 '더 더워지다'의 의미로 get hotter나 ~make~hotter로 옮긴다.

2. a. Traffic makes big cities noisy.
   b. Big cities are noisy because of passing cars.
   c. You can hear a lot of noise in big cities due to the traffic.
   d. Noise is heard everywhere in big cities because of the traffic.

'대도시'는 a big city, big cities로 옮긴다. city는 셀 수 있는 명사로 부정관사 a를 붙인 a big city는 '하나의 대도시' 또는 '어떤 대도시건 대도시'를 의미한다. 앞에 한정사를 붙이지 않고 복수어미만 붙인 big cities는 일반적인 의미의 대도시를 뜻한다.

'지나다니는 차량들'은 the traffic, passing cars로 옮긴다. passing cars는 일반적인 의미의 '지나다니는 차량'을 뜻하고 정관사를 붙여 the passing cars로 표현하면 '그 지나다니는 차량들'을 뜻한다.

'~로'는 '~때문에'의 의미로 due to, because of로 옮긴다.

3. a. The reading room is air-conditioned, so it is always cool.
   b. You always feel cool in the reading room since it is air-conditioned.
   c. The air conditioner always makes you feel cool in the reading room.
   d. Because of the air conditioner being installed, the reading room is always cool.

'열람실' reading room은 셀 수 있는 명사로 하나의 열람실은 a reading room으로 옮긴다. 예문에서 정관사를 붙여 the reading room으로 옮긴 것은 화자가 그의 청자도 알고 있다고 보는 '그 열람실'을 가리키기 위한 것이다.

'에어컨' air conditioner는 셀 수 있는 명사로 한 대의 에어컨은 an air conditioner이다. 예문에서 정관사를 붙여 the air conditioner로 옮긴 것은 화자가 그의 청자도 알고 있다고 보는 '그 에어컨'을 가리키기 위한 것이다.

'~이 있어'는 '~이 있기 때문에'의 의미로 첫째 예문처럼 ~, so~로 옮기거나 둘째 예문처럼 이유를 나타내는 'since-절'로 옮기거나 넷째 예문처럼 'because of-구'로 옮긴다.

'시원하다'는 be cool, feel cool로 옮긴다.

4. a. I'm going up a mountain with a few friends this weekend.
   b. A few friends and I are going up a mountain this weekend.
   c. Mountain hiking is planned between some friends of mine and me this weekend.
   d. This weekend will be spent on mountain hiking with a few friends of mine.

'이번 주말'은 this weekend로 옮긴다.

'친구 몇 명'은 a few friends, several friends, some of one's friends로 옮긴다.

'등산을 가다'는 go up a mountain, climb up a mountain으로 옮긴다. 높지 않은 산을 오를 때는 보통 go up a mountain으로 옮기고 매우 험한 산을 힘들여 오를 때는 climb up a mountain으로 옮긴다.

'~할 것이다'는 예정된 미래를 나타내는 'be동사의 현재형+동사의 -ing형'으로 옮기거나 셋째 예문처럼 be planned로 옮길 수도 있고 넷째 예문처럼 미래를 나타내는 'will+동사원형'으로 옮길 수도 있다.

넷째 예문은 'spend(동사) this weekend(목적어) on mountain hiking(전치사구)'에서 목적어를 주어 자리로 이동하여 파생된 문장이다.

5. a. The streetlights appear shinier on rainy nights.
   b. Rainy nights make the streetlights look brighter.
   c. You see the streetlights shine more brightly on rainy nights.
   d. When it rains at night, the streetlights look brighter than usual.

'밤' night는 하루 24시간 중 어두운 시기를 뜻할 때는 셀 수 없는 명사로 쓰이지만 밤의 수를 가리킬 때는 셀 수 있는 명사로 쓰인다. 첫째 둘째 셋째 예문에서는 셀 수 있는 명사로 쓰인데 비해 넷째 예문에서는 셀 수 없는 명사로 쓰인 것이다.

'비 내리는 밤'은 rainy nights로 옮긴다. '한 비 내리는 밤' 또는 '어떤 비 내리는 밤이건 밤'을 가리킬 때는 a rainy night로 옮긴다. 예문에서 rainy nights로 옮긴 것은 일반적인 의미의 비 내리는 밤을 가리키기 위한 것이다.

'가로등' streetlight는 셀 수 있는 명사로 예문에서 정관사 the와 복수어미 –s를 붙여 the steetlights로 옮긴 것은 '그 가로등들'을 가리키기 위한 것이다. 일반적인 의미의 가로등을 나타낼 때는 streetlights로 표현한다.

'더욱 빛을 발하다'는 appear shinier, look brighter, shine more brightly, look brighter than usual로 옮긴다.

6. a. A few young men are playing football on the playground.
   b. There are a few young men playing football on the playground.
   c. You can see some young men playing football on the playground.
   d. I find that some young men are playing football on the playground.

'운동장' playground는 셀 수 있는 명사로 예문에서 앞에 정관사 the를 붙인 것은 화자가 어떤 운동장을 가리키는지 그의 청자도 알고 있다고 보아 붙인 것이다. the playground는 '그 운동장'을 뜻한다.

'축구' football은 셀 수 없는 명사로 일반적인 의미의 축구를 가리킬 때는 앞에 한정사를 붙이지 않는다.

'하고 있다'는 하는 행위가 현재 진행 중에 있다는 의미이므로 현재진행시제 are playing으로 나타낸다. 둘째 예문과 셋째 예문에서는 현재진행의 의미가 현재분사 playing에 나타나 있다.

7. a. My foreign friend is to meet me at the airport tomorrow.
   b. I'm going to meet my foreign friend at the airport tomorrow.
   c. At the airport tomorrow, my foreign friend and I are going to meet.
   d. My plan tomorrow is to go to the airport to meet my foreign friend.

'공항' airport는 셀 수 있는 명사로 '한 공항'을 가리킬 때는 an airport로 나타내지만 예문에서 the airport로 옮긴 것은 화자가 그의 청자도 알고 있다고 보는 '그 공항'을 가리키기 위한 것이다.

'외국인 친구' foreign friend는 셀 수 있는 명사로 한국어 원문을 '나의 외국인 친구 한 명'으로 볼 때는 my foreign friend로 옮기고 '나의 외국인 친구들'을 가리키는 것으로 볼 때는 my foreign friends로 옮긴다.

'~하려고 하다'는 이미 예정되어 있는 미래를 가리키므로 둘째와 셋째 예문에서처럼 'be동사의 현재형+동사의 –ing형'으로 옮기거나 예정을 나타내는 형식인 'be+to–부정사'로 옮긴다.

8. a. It is summer but we cannot see dragonflies yet.
   b. Summer has come, but we cannot see dragonflies yet.

c. You cannot see any dragonflies yet though it is summer.

d. Dragonflies have not been seen yet though it is summer.

'여름' summer는 봄과 가을 사이의 계절을 가리킬 때는 셀 수 없는 명사이고 여름의 수를 가리킬 때는 셀 수 있는 명사이다. 예문에서는 여름의 수가 아니라 계절 자체에 초점을 맞추고 있어 셀 수 없는 명사로 쓰인 것이다.

'~이지만'은 ~, but~으로 옮기거나 though~로 옮긴다.

'잠자리' dragonfly는 셀 수 있는 명사로 한국어 원문의 의미는 특정한 잠자리나 잠자리들을 가리키는 것이 아니라 일반적인 의미의 잠자리를 가리키므로 한정사를 앞에 붙이지 않은 복수형 dragonflies로 옮긴다.

9. a. When you see spring flowers and autumn flowers, you will feel different.

b. Spring flowers may give us different feelings from autumn flowers.

c. You'll feel different between the blooming of spring flowers and the blooming of autumn flowers.

d. Viewers may have different feelings when they see spring flowers and autumn flowers.

'봄꽃' spring flower는 셀 수 있는 명사로 '봄꽃 한 송이'는 a spring flower이고 일반적인 의미의 봄꽃은 한정사를 앞에 붙이지 않은 복수형 spring flowers이다.

'보는 이'는 일반인을 가리키는 you, we로 옮길 수도 있고 viewers로 옮길 수도 있다.

'느낌이 다르다'는 feel different, give a person different feelings, have different feelings로 옮긴다.

10. a. Some people sing well and other people dance well.

b. Some people's specialty is singing whereas other people's specialty is dancing.

c. Singing is what some people are good at, while dancing is what other people are good at.

d. Different people show different specialties; some sing well, while others dance well.

'어떤 사람들'은 some people로 옮기고 '다른 사람들'은 other people로 옮긴다. '다른 사람들'을 the other people로 옮기지 않도록 주의해야 한다. the other people은 정해진 수의 사람들 중 얼마의 사람들을 some people로 받을 때 '그 나머지 다른 사람들'을 가리킬 때 쓴다.

'노래를 잘하다'는 sing well, one's specialty is singing, be good at singing으로 옮긴다.

한국어 원문은 어떤 사람들과 다른 사람들을 대조하고 있는 문장으로 대조를 나타내는 접속사 whereas나 while로 표현한다.

Ⅳ. 장문영작

1. 모델영작 Ⅰ

나의 일상생활

학생을 가르치는 것! 그것은 내가 거의 매일 하는 일이며 당신은 이것이 모든 선생에게 매우 흔한 일이라는 것을 알 것이다. 그 외에도 나는 두 가지를 더 한다. 공부하는 것과 운동하는 것. 나는 십년 이상 이 세 가지 일을 해 오고 있다. 나는 보통 아침 여섯 시에 일어난다. 세수를 한 후 아침밥을 먹고 학교 도서관으로 떠난다. 나는 대개 아침 7시쯤 거기 도착한다. 두 시간 동안 공부한 후 대학생을 가르치기 위해 그 학교 도서관을 떠난다. 1교시 수업은 아홉 시에 시작된다. 출석을 다 부르면 나의 강의를 시작한다. 나는 영어작문 영문법 영문독해를 가르친다. 나는 다른 과목들을 가르치는 것보다 영어작문을 가르치는 것을 더 좋아한다. 나의 강의는 대개 오후 네 시 전에 끝난다.

나는 그 강의들을 끝마치자마자 그 도서관으로 돌아온다. 이때부터 열한시까지 나의 모든 정력을 공부하고 다음 강의를 준비하는데 집중한다. 물론 나는 저녁식사를 하기 전 몇 시간의 운동 시간을 가진다. 나는 집에 돌아오면 세수를 한다. 그 자명종을 아침 여섯 시에 맞춘 후 나는 약 삼십 분 동안 텔레비전을 시청한다. 나는 밤 열두시에 잠자리에 든다.

나는 또한 근력을 강화하기위해 규칙적으로 학교 헬스장에 간다. 나는 거기서 약 삼십분 동안 운동한다. 나의 운동은 주로 다리와 팔과 가슴을 강화하는데 초점이 맞추어진다. 나는 다리를 강화하기위해 레그 프레스 기구와 레그 익스텐션 기구를 사용한다. 나는 팔을 위해 아령과 역기를 들어올린다. 나는 또한 나의 가슴을 위해 벤치프레스 기구와 버터플라이 기구를 사용한다. 학교 헬스장에서 하는 나의 운동은 보통 오후 여섯 시에 끝난다. 그 헬스장에서 나오자마자 나는 집으로 가서 조깅을 위해 옷을 갈아입는다. 나는 한 내를 따라 약 한 시간 동안 조깅한다. 나는 집으로 돌아오면 샤워를 하고 저녁을 먹는다. 저녁을 먹은 후 나는 그 학교 도서관으로 돌아와 밤 열한 시에 집으로 갈 때까지 공부한다.

나의 일상생활은 가르치고 공부하고 운동하는 것으로 이루어져 있다. 나는 대학생을 가르치므로 이 셋은 나와 같은 대학선생에게는 필수적이라고 생각한다.

2. 모델영작 Ⅱ

가족재회

가족구성원들을 모두 만나는 것! 그것은 우리가 한국의 추수감사절인 추석에 하는 일이다. 그들은 세 가지 목적 즉, 친척관계의 유대와 조상에 대한 제사 그리고 기분전환을 목적으로 서로 만난다. 함께 살지 않는 거의 모든 가족구성원들이 이날에 모인다.

나의 양친은 한국의 수도인 서울에서 2백 킬로미터 이상 되는 한 조그만 읍에 사신다. 이 때문에 나의 모든 형제자매가 나의 양친의 집으로 온다. 나의 어머니와 자매는 우리 조상을 위한 제사를 위해 전통적인 쌀떡인 송편과 다양한 전을 만든다. 때때로 나의 아버지와 형제들은 어머니와 자매가 그것들을 만드는 일을 돕는다. 이 떡과 전을 만들고 서로서로 잡담을 하는 동안 우리는 친척관계의 유대를 강화한다.

추석에는 우리는 여느 때보다 좀 일찍 아침식사를 하고 우리 조상들의 산소로 떠난다. 그 산소들은 우리 양친의 집에서 자동차로 삼사십 분의 거리 내에 있다. 우리는 거기에 도착하자마자 상석에 여러 가지 음식을 차려놓고 우리 조상들에게 큰절을 한다. 우리는 이 모든 절차를 끝내면 집으로 돌아온다.

우리는 돌아오면 점심을 먹는다. 점심을 먹은 후 우리는 소풍을 간다. 나의 어머니와 자매는 그 소풍에서 우리가 먹고 마실 것을 준비한다. 나의 남동생들과 나는 낚시도구를 준비한다. 우리는 우리의 소풍장소로 경치가 아름다운 곳을 선택하며 그곳은 또한 내 남동생들과 내가 낚시를 좋아하므로 호숫가에 있어야 한다. 일단 그 소풍장소에 도착하면 우리는 돗자리를 펴고 그 위에 먹을 것과 마실 것을 모두 내려놓는다. 나의 가족들 중 몇 명은 서로서로 잡담을 하며 휴식을 취하고 나머지 다른 사람들은 낚시에 참가한다. 쏘가리가 우리가 거기서 잡으려고 하는 물고기이다. 우리는 낚시를 하고 잡담을 하고 맛있는 음식을 먹고 약간의 맥주를 마시고 우리 주위에 있는 그 아름다운 호수와 산들을 구경하며 시간을 보낸다. 충분히 휴식을 취한 후 우리는 약 오후 여섯 시에 집으로 돌아온다. 나는 기분전환을 하는데 소풍이 매우 좋다고 생각한다.

추석에는 모든 한국인이 친척관계의 유대를 즐기고 똑같이 조상에 대한 제사를 지내고 같은 음식인 송편을 먹고 기분전환을 할 좋은 기회를 가진다. 한국인에게 추석보다 더 많은 즐거움을 주는 것이 있는가?

제2장 | 한정사

Ⅱ. 확인학습

1. a SM 5 → an SM 5
   부정관사(a)는 첫 음의 발음이 모음으로 시작되는 단어 앞에서는 an으로 바뀐다. SM의 S는 자음이지만 발음할 때 모음(발음기호 [es])이다.

2. these all → all these
   한정사인 지시사(these)는 양화사(all) 앞이 아닌 뒤에 온다.

3. blue eyes of his pen pal → his pen pal's blue eyes
   사람이나 동물의 소유격은 of-소유격이 아닌 어포스트로피 에스('s) 소유격을 쓴다.

4. a music → music
   music은 셀 수 없는 명사로 하나를 의미하는 부정관사 a가 앞에 붙지 않는다.
   a가 붙으면 명사구가 되지 못해 전치사 to의 목적어가 될 수 없다.

5. dollar → dollars
   dollar는 셀 수 있는 명사로 앞에 한정사가 붙지 않은 단수형은 명사이지만 명사구가 아니므로 동사(need)의 목적어가 될 수 없다.

6. much → many, a lot of, lots of
   셀 수 있는 명사(woman)의 복수형 앞에는 수를 나타내는 양화사가 온다. much는 양을 나타내는 양화사이므로 올 수 없다.

7. present → the present
   present는 셀 수 있는 명사로 앞에 한정사가 붙지 않은 단수형은 명사이지만 명사구가 아니어서 동사(is)의 보어가 될 수 없다. 예문에서는 상대방도 알고 있다고 보는 특정한 선물을 가리키므로 정관사(the)와 함께 쓴다.

8. boy → a boy
   boy는 셀 수 있는 명사의 단수형으로 앞의 양화사 two가 붙지 못하므로 명사이지만 명사구가 아니어서 동사(meet)의 목적어가 될 수 없다. 부정관사 a를 붙여 명사구로 만들어 준다.

9. few → little
   money는 셀 수 없는 명사로 양을 나타내는 양화사

(little)의 한정을 받을 수 있지만 수를 나타내는 양화사(few)의 한정은 받을 수 없다.

10. many informations → much information
information은 셀 수 없는 명사로 양을 나타내는 양화사(much)와 쓰인다. 수를 나타내는 양화사(many)와 쓰이지 않는다.

Ⅲ. 단문영작

1. a. I had a late lunch, so I don't feel like having dinner yet.
   b. The late lunch I had does not arouse my appetite for dinner yet.
   c. It is too early for me to have dinner right now, for I had dinner late.
   d. Because of the late lunch, I am not hungry enough to have dinner right now.

'점심' lunch와 '저녁' dinner는 하루 중의 한 가운데 먹는 식사나 저녁 무렵에 먹는 식사 그 자체를 가리킬 때는 셀 수 없는 명사로 쓰이지만 이러한 식사의 한 종류나 유형을 나타내거나 수를 나타낼 때는 셀 수 있는 명사로 쓰인다. 첫째 예문의 명사 lunch 앞에 한정사의 하나인 부정관사 a가 붙은 것은 형용사 late가 lunch에 붙으면서 점심의 한 종류나 유형을 나타내기 때문이다.

둘째 예문과 넷째 예문에서 lunch 앞에 한정사인 정관사 the를 붙인 것은 화자가 언급하고 있는 점심이 어떤 점심을 가리키는지 그의 청자도 알고 있다고 보아 붙인 것이다.

'저녁생각이 없다'는 don't feel like having dinner, don't arouse one's appetite for dinner, be too early to have dinner, be not hungry enough to have dinner로 옮긴다.

2. a. I got this T-shirt from my girlfriend.
   b. My girlfriend bought me this T-shirt.
   c. As a gift, I got this T-shirt from my girlfriend.
   d. This T-shirt is the one my girlfriend bought me.

'이 티셔츠'는 한정사인 지시사 this 뒤에 셀 수 있는 명사의 단수형 T-shirt를 두어 명사구 this T-shirt로 옮긴다.

'내 여자 친구가 사주다'는 '내 여자 친구로부터 받다'는 의미로 get~from my girlfriend로 옮기거나 '내 여자 친구가 나에게 사주다'는 의미로 my girlfriend buys me~로 옮긴다.

셋째 예문의 as a gift는 전치사구로 전치사 as 뒤에 전치사의 목적어인 명사구 a gift가 나와 있는 구조이다.

넷째 예문의 one은 관계절 앞에서 쓰이는 대명사로 셀 수 있는 명사의 단수형 T-shirt를 가리킨다.

3. a. He has his hair cut in his favorite beauty salon.
   b. His haircut is done in his favorite beauty salon.
   c. To have his hair cut, he visits his favorite beauty salon.
   d. A beauty salon is where he visits regularly to have his hair cut.

'단골 미용실'은 one's favorite beauty salon, a beauty salon where one visits regularly로 옮긴다.

'머리를 깎다'는 have one's hair cut, do one's haircut으로 옮긴다. have one's hair cut에서 명사구 one's hair는 동사 have의 목적어이고 cut은 과거분사로 동사의 목적보어이다.

한국어 원문은 현재의 규칙적 반복적인 행위를 나타내므로 동사를 단순현재시제(has, is done, visits)로 옮긴다. 시제에 관해서는 '제10장 시제'를 참조하라.

4. a. It was a late night, so there were few people around.
   b. I saw few people around because it was late at night.
   c. Few people were seen around, for it

was late at night.

d. There were few people around, since it was so late at night.

'늦은 밤'은 a late night로 옮기며 명사 night 앞에 형용사 late가 와서 밤의 한 종류나 유형을 나타내므로 한정사인 부정관사 a를 앞에 붙인다. 이와 달리 at night에서는 명사 night 앞에 한정사를 붙이지 않는데 이것은 밤의 한 종류나 유형을 나타내지도 않고 밤의 수에 초점을 맞추고 있지도 않기 때문이다. 앞에서도 언급했듯이 명사 night는 셀 수 있는 명사와 셀 수 없는 명사 어느 쪽으로도 쓰일 수 있다는데 유의하라.

'~이라'는 '~여서, ~이기 때문에'의 의미로 이유를 나타내므로 ~, so~나 because~, for~, since ~로 옮긴다. 이유를 나타내는 접속사 because는 이유를 주장할 때 쓰고 for는 이유를 가볍게 덧붙일 때 쓰며 since는 제시하는 이유가 이미 상대방에게 알려져 있는 것일 때 쓴다.

'주위에는'은 부사 around로 옮긴다.

'사람들이 별로 없다'는 there are few people, see few people, few people are seen으로 옮긴다.

5. a. This book of mine cost me a lot of money a few years ago.

b. I bought this book of mine at a high price a few years ago.

c. A lot of money had to be paid for this book of mine a few years ago.

d. In order to get this book of mine, I paid lots of money a few years ago.

'나의 이 책'은 this book of mine으로 옮긴다. 이와 달리 my this book이나 this my book으로 옮길 수 없다는 점에 유의하라. 명사(book) 앞에 소유격(my)과 지시사(this)가 나란히 나올 수 없다.

'몇 년 전'은 a few years ago, some years ago, a couple of years ago로 옮긴다.

'비싸게 주고 사다'는 cost me a lot of money, buy ~at a high price, a lot of money has to be paid for~, pay lots of money로 옮긴다.

첫째 예문은 '이 책' this book을 둘째 예문은 '나' I를 셋째 예문은 '많은 돈' a lot of money를 화제로 삼아 옮긴 것이다.

6. a. The occasional rain in summer makes the hot ground cool.

b. The hot ground in summer gets cool after the occasional rain.

c. It sometimes rains in summer, and this cools down the hot ground.

d. The summer heat is sometimes relieved because the occasional rain cools down the hot ground.

'여름에는'은 in summer, in the summer로 옮긴다. spring, summer, autumn, winter와 같은 계절이름을 일반적인 의미로 사용할 때는 앞에 한정사인 정관사(the)를 붙여도 되고 붙이지 않아도 된다. 그러나 예문 It rained a lot in *the* summer I met my wife에서처럼 특정한 여름 즉, 내가 나의 아내를 만난 여름을 가리킬 때는 반드시 정관사를 붙여야 한다.

'가끔 비가 오다'는 명사구 the occasional rain이나 하나의 절 it sometimes rains로 옮긴다. 일반적인 의미의 '이따금씩 내리는 비'는 occasional rain으로 옮기지만 예문에서 정관사(the)를 앞에 붙여 *the* occasional rain으로 표현한 것은 화자가 그의 청자도 알고 있다고 보는 '그 이따금씩 내리는 비'의 의미를 전하기 위한 것이다.

'식혀주다'는 make~cool, get cool, cool down~으로 옮긴다.

7. a. It is hot outside the window, so a hot wind is coming in.

b. A hot wind is coming in due to the hot weather outside the window.

c. The weather outside the window is hot, and a hot wind is coming in.

d. Because of the hot weather outside the window, a hot wind is coming in.

'바깥 날씨가 덥다'는 동사구 be hot outside~나 명사구 the hot weather outside ~나 하나의 절 the weather outside~is hot으로 옮긴다.

'창밖에서'는 전치사구 outside the window로 옮기며 명사구 the window가 전치사 outside의 목적어이다.

'더운 바람'은 a hot wind로 옮긴다. '바람' wind는 셀 수 없는 명사로 쓰이기도 하고 셀 수 있는 명사로 쓰이기도 한다. '더운 바람'은 바람의 한 종류나 유형을 나타내므로 부정관사(a)와 함께 쓴다.

'들어오다'는 come in으로 옮긴다. come은 자동사이고 in은 전치사가 아닌 '안으로'를 뜻하는 부사이다. '들어온다'는 화자가 말을 하고 있는 시점에서 들어오는 행위가 현재 일시적으로 진행 중인 '들어오고 있는 중이다'의 의미이므로 단순현재시제 comes in이 아닌 현재진행시제 is coming in으로 옮긴다.

8. a. The girl has a few pencils and an eraser in her pencil box.
   b. There are a few pencils and an eraser in the girl's pencil box.
   c. The girl's pencil box contains a few pencils and an eraser in it.
   d. You can see a few pencils and an eraser in the girl's pencil box.

'그 소녀'는 화자가 그의 청자도 알고 있다고 보는 특정한 소녀 한 사람을 의미하므로 정관사를 붙여 the girl로 옮긴다.

'연필 몇 자루'는 한정사인 수를 나타내는 양화사 a few를 셀 수 있는 명사 pencil의 복수형 앞에 붙여 a few pencils로 옮긴다.

'지우개' eraser는 셀 수 있는 명사로 한국어 원문에서 '지우개 한 개'를 가리키는 것으로 보아 부정관사 an을 앞에 붙여 an eraser로 옮긴다.

한국어 원문은 사람인 '그 소녀' the girl 사물인 '그 소녀의 필통' the girl's pencil box 일반인을 가리키는 you를 주어로 옮기거나 존재를 나타내는 'there-구문'으로 옮길 수 있다.

9. a. Lots of women are having their fingernails decorated.
   b. Fingernail decoration is becoming popular among women.
   c. We often see lots of women having their fingernails decorated.
   d. It is not difficult to see lots of women having their fingernails decorated.

'많은 여성들'은 한정사인 양화사 a lot of, lots of, many 등을 셀 수 있는 명사의 복수형 앞에 두어 a lot of women, lots of women, many women으로 옮긴다.

'손톱에 예쁜 그림을 그려 넣다'는 동사구 have one's fingernails decorated나 명사구 fingernail decoration으로 옮긴다. 전자는 사람을 시켜서 손톱을 장식한다는 의미로 동사(have) 뒤에 목적어(one's fingernails)와 목적보어(decorated)가 나오는 구조이다.

'~하고 있다'는 현재의 일시적인 행위를 나타내는 것으로 현재진행시제(are having, is becoming)로 옮기거나 셋째와 넷째 예문처럼 진행의 의미를 가진 현재분사(having)로 옮긴다.

넷째 예문의 it은 가주어이고 to-부정사 to see가 진주어이다.

10. a. Sick people often enjoy eating porridge in Korea.
    b. When people get sick in Korea, they often eat porridge.
    c. Porridge is a food sick people often enjoy eating in Korea.
    d. We often see people eat porridge in Korea when they get sick.

'죽' porridge는 셀 수 없는 명사로 일반적인 의미의 죽을 가리킬 때는 앞에 한정사를 붙이지 않은 채 그대로 쓴다.

'몸이 아픈 사람들'은 한국어 원문의 의미가 일반적인 의미의 몸이 아픈 사람들을 가리키는 것으로 보아 앞에 한정사를 붙이지 않은 sick people로 옮긴다. 둘째와 넷째 예문처럼 부사절 when people get sick으로 옮길 수도 있다.

'즐겨 찾다'는 '즐겨 먹다'는 의미로 often enjoy eating~, often eat~, often see ~eat~로 옮긴다.

셋째 예문의 a food와 sick people 사이에 목적격 관계대명사 which나 that이 생략되어 있다.

넷째 예문의 eat은 지각동사 see의 목적어 (people) 뒤에서 to-부정사 to eat이 원형부정사 (eat)로 바뀐 것이다.

Ⅳ. 장문영작

1. 모델영작 Ⅰ

나의 학창시절

학창시절! 그것은 내가 나의 인생에서 학교에 다녔던 시기로 내가 후회를 할 뿐만 아니라 또한 그리워하는 대상이다. 나는 나의 학창시절을 세 주요시기 즉, 많은 것들을 꿈꾸었던 첫 시기, 나의 꿈을 위해 준비했던 두 번째 시기 그리고 그 꿈을 실현한 세 번째 시기로 나눌 수 있다.

초등학교와 중학교에 다닐 때는 나는 많은 시간을 많은 것들을 꿈꾸는데 보냈다. 나는 때때로 나의 양친과 아내와 행복하게 사는 꿈을 꾸었다. 때로는 하늘의 별을 연구하는 유명한 과학자가 되기를 꿈꾸었다. 나는 또한 내 주위에 많은 사람들이 있는 유명한 사람이 되기를 꿈꿨다. 물론 나는 가능한 한 많은 외국인들을 만나고 싶었기 때문에 유창한 외국어 솜씨로 외무를 다루는 사람이 되기를 꿈꿨다.

나는 고등학교에 들어갔을 때 어떤 것도 꿈꿀 시간이 거의 없었다. 나는 내 꿈을 실현하기위해 대학에 들어가야 했으므로 공부에 전념해야 했을 따름이었다. 나는 운동할 시간을 가지기가 어려웠다. 이 때문에 나는 중학교시절에는 탁구를 쳤었지만 결코 탁구를 치지 않았다. 나는 이 시기 동안에 자유 시간을 가질 수 없었으며 다시 이 시기로 돌아가고 싶지 않다.

대학에서 나는 주로 영어와 일본어 같은 외국어를 공부하는데 나의 공부의 초점을 맞추었다. 외국어 지식을 기초로 나는 나중에 대학원에 들어갔다. 대학원에서 나는 나의 연구 분야에서 전문가가 되기 위해 언어학을 더 깊이 공부했다. 나는 석사학위와 박사학위를 취득하고 나의 유년시절의 꿈들 중 하나를 실현하면서 대학에서 학생들을 가르칠 수 있었다.

나는 약간의 만족감도 느끼지만 나의 학창시절에 관해 약간의 후회도 한다. 어쨌든 내가 그 시절에 관해 후회를 하느냐 만족을 하느냐는 중요하지 않다. 나는 나의 현재와 미래를 위해서만 그 시절을 회상할 따름이다.

2. 모델영작 Ⅱ

자식교육

자식교육! 그것은 대답하기 어려운 질문이며 모두가 그것을 다루기 위한 자기 자신의 철학을 가지고 있을지 모른다. 나는 자식교육은 자식의 행복과 남의 행복을 모두 실현하는데 당연히 기여해야 한다고 생각한다. 자식이 이 목표를 달성하도록 도와주기위해서 우리는 세 가지 목표 즉, 꿈 사회성 지식에 초점을 맞추어 우리자식을 길러야 한다.

무엇보다도 우리는 우리 자식들에게 그들이 장차 실현하기 위해 끊임없이 노력할 꿈을 간직할 기회를 주어야 한다. 이 목적을 위해 우리는 우리 자식들이 많은 물리적 사회적 환경에 접하게 해야 한다. 어떤 아이들은 물리적 환경에 흥미가 있는데 비해 다른 아이들은 사회적 환경에 흥미를 보여줄 지도 모른다. 그들의 특정한 경험이 그들의 미래를 위해 특정한 꿈을 가지게 할지도 모른다.

우리가 우리 자식들이 전인으로 성장하길 원한다면 우리는 그들에게 사회성이 무엇인지를 깨달을 기회를 주어야 한다. 그들이 평생 동안 사회성을 가지고 있는 것은 매우 중요하다. 때로는 사회성이 그들의 삶을 위한 자극이 될 수도 있다. 사회성을 습득하게 하기 위해 우리는 우리 자식들에게 우리 가정에서 할 역할을 줄 필요가 있다. 우리는 또한 그들에게 가능한 한 많은 친구들과 놀 기회를 제공함으로써 그들이 사회성을 습득하도록 도와 줄 수 있다.

마지막으로 우리는 우리 자식들이 가능한 한 많은 지식을 얻도록 도와주어야 한다. 그들은 우리가 과거에 그랬던 것 보다는 훨씬 더 많은 지식을 필요로 한다는 것은 부정할 수 없다. 그들은 오래된 정보뿐만 아니라 새로운 정보를 따라잡지 않고는 살 수 없을 지도 모른다. 이 때문에 우리는 우리 자식들이 새로운 지식을 받아들이는 것을 주저하지 않도록 가르쳐야 한다. 만약 그들이 그것을 받아들이기를 주저한다면 그들의 인생에서 실패자가 될 것이다.

우리가 우리 자식들을 기를 때 이 사실들을 고려해야 한다. 우리가 이 원칙들을 기초로 우리자식들을 교육한다면 우리가 우리 자식들을 전인으로 만드는 것이 가능하지 않은가?

제3장 | 구

Ⅱ. 확인학습

1. beautiful this → this beautiful
   한정사인 지시사(this)는 다른 형용사(beautiful, young)보다 앞에 온다.

2. your girlfriend come → your girlfriend's coming, your girlfriend coming
   예문의 object to의 to는 to-부정사의 to가 아닌 전치사이므로 뒤는 목적어인 명사구가 온다. 동사 come은 전치사의 목적어가 되기 위해 동명사(coming)가 되고 your girlfriend는 동명사의 주어가 되기 위해 소유격(your girlfriend's)이 된 것이다. 구어체에서는 전치사의 목적어자리에 동명사가 올 때 동명사의 주어는 목적격(your girlfriend)도 가능하다.

3. the all → all the
   한정사인 양화사(all)는 다른 한정사인 정관사(the)보다 앞에 온다.

4. to → ∅
   동사(teach)의 간접목적어(the students)가 직접목적어(English writing) 앞에 올때는 전치사(to) 없이 온다.

5. he → him
   동사(meet)의 목적어(all of them)와 동격관계인 명사구는 동사의 목적어처럼 목적격을 가진다.

6. the station → to the station

동사 walk는 '~을 (같이 걸어서) 바래다주다'는 의미를 목적어(the girl)와 전치사구(to the station)를 두어 전한다.

7. drives usually → usually drives
막연한 빈도를 나타내는 부사(usually, always, often 등)는 일반동사(drive) 앞에 온다.

8. receive → receiving
전치사의 목적어자리에 동사는 동명사로 온다. look forward to의 to는 to-부정사의 to가 아니라 전치사의 to이므로 동사 receive는 동명사가 된다.

9. strongly → strong
동사 look은 '~해 보이다'는 의미를 전할 때 뒤에 형용사구(strong)를 두어 전한다. 따라서 부사구 strongly는 이 자리에 올 수 없다.

10. angrily → angry
'화내다'는 의미는 '~하게 되다'는 동사 get 뒤에 형용사구(angry)를 두어 전한다. 부사구(angrily)는 올 수 없다.

Ⅲ. 단문영작

1. a. His place is near a subway station.
   b. He lives not far from a subway station.
   c. A subway station is not far from his place.
   d. His place and a subway station are close to each other.

'그는 ~에 산다'는 '그가 사는 곳'의 의미로 명사구 his place로 옮긴다.

'전철역' subway station은 셀 수 있는 명사로 한국어 원문이 '한 전철역'을 가리키는 것으로 볼 때는 명사구 a subway station으로 옮긴다. 그러나 화자가 그의 청자도 알고 있다고 보는 특정한 전철역인 '그 전철역'을 가리키는 것으로 볼 때는 명사구 the subway station으로 옮긴다.

'전철역에서 멀지 않은'은 '전철역 가까이에'의 의미로 전치사구 near a subway station으로 옮기거나 not far from a subway station으로 옮긴다. 또한 ~ and a subway station are close to each other로 옮길 수도 있다.

넷째 예문의 to each other는 전치사구로 명사구 each other가 전치사 to의 목적어이다.

2. a. We drank makkolli with mung-bean pancakes as a side dish.
   b. Mung-bean pancakes were what we ate as a side dish while we drank makkolli.
   c. Makkolli was what we drank with mung-bean pancakes as a side dish.
   d. It was mung-bean pancakes that we ate as a side dish while we drank makkolli.

'빈대떡' mung-bean pancake은 셀 수 있는 명사로 '빈대떡 하나'는 a mung-bean pancake이고 일반적인 의미의 빈대떡은 앞에 한정사를 붙이지 않은 복수형 mung-bean pancakes로 옮긴다.

'안주에'는 '안주로'의 의미로 전치사구 as a side dish로 옮긴다. 명사구 a side dish가 전치사 as의 목적어이다. '안주'를 의미하는 side dish는 셀 수 있는 명사로 '안주 하나'는 a side dish로 옮기고 일반적인 의미의 안주는 앞에 한정사를 붙이지 않은 복수형 side dishes로 옮긴다.

'막걸리' makkolli는 셀 수 없는 명사로 일반적인 의미의 막걸리를 가리킬 때는 앞에 한정사를 붙이지 않은 형태를 쓴다.

둘째와 셋째 예문의 what은 모두 자체에 선행사를 포함하고 있는 관계대명사로 what we ate는 the thing which we ate로 what we drank는 the thing which we drank로 바꿔 쓸 수 있다.

넷째 예문은 it와 that 사이의 명사구 mung- bean pancakes를 강조하는 it~that~강조구문이다.

3. a. The long summer vacation follows the final exams.
   b. The final exams are followed by a long summer vacation.

c. As soon as the final exams finish, the long summer vacation begins.

d. The students will have a long summer vacation after the final exams.

'기말고사'는 finals, final exams로 옮기며 예문에서 final exams 앞에 정관사(the)를 붙여 the final exams로 표현한 것은 일반적인 의미의 기말고사가 아니라 화자가 그의 청자도 알고 있다고 보는 특정한 기말고사인 '그 기말고사'의 의미를 전하기 위한 것이다.

'~가 끝나면 ~에 들어가다'는 '~가 ~을 뒤따르다'는 의미로 follow~, be followed by~로 옮기거나 as soon as ~finish, ~begins로 옮길 수도 있고 will have~ after~로 옮길 수도 있다.

'여름방학' summer vacation은 셀 수 있는 명사로 '한 여름방학'은 a summer vacation으로 '그 여름방학(하나)'은 the summer vacation으로 일반적인 의미의 여름방학은 한정사를 앞에 붙이지 않은 복수형 summer vacations로 옮긴다. 따라서 '긴 여름방학'은 '한 긴 여름방학'을 뜻하는 것으로 보면 a long summer vacation이고 '그 긴 여름방학'을 뜻하는 것으로 보면 the long summer vacation이다. 예문에서 정관사(the)를 앞에 붙인 것은 화자가 그의 청자도 알고 있다고 보는 긴 여름방학을 가리키기 위한 것이다.

4. a. Not eating in the library is proper manners.

b. It is not good manners to eat in the library.

c. You should not eat in the library, as it is bad manners.

d. All library users should not eat in the library, because it's not good manners.

'도서실' library는 셀 수 있는 명사로 보통 수의 개념으로 쓰인다. 따라서 '한 도서실'은 a library '그 도서실(하나)'은 the library 일반적인 의미의 도서실은 libraries '그 도서실들'은 the libraries로 옮긴다.

'음식을 먹다'는 eat으로 옮긴다.

첫째 예문은 동명사 eating을 주어로 작문한 것으로 not은 동명사를 부정하는 부사이다.

둘째 예문은 가주어 it과 이것이 가리키는 진주어인 to-부정사 to eat으로 옮긴 것이다.

셋째 예문의 it는 앞에 나온 절(You~a library)을 받는 대명사이다.

넷째 예문은 '모든 도서실 이용자'(all library users)를 주어로 옮긴 것이다.

5. a. It is necessary to look both ways before crossing the street at a crosswalk and then cross it.

b. Cross the street at a crosswalk after looking around, because this is important.

c. When you cross the street at a crosswalk, you should cross it after looking around.

d. You should look both ways before you cross the street at a crosswalk and then cross it.

'횡단보도' crosswalk은 셀 수 있는 명사로 보통수의 개념으로 쓰인다. '한 횡단보도'는 명사구 a crosswalk으로 일반적인 의미의 횡단보도는 명사구 crosswalks로 옮긴다. 예문에서는 '어떤 횡단보도건 하나의 횡단보도'를 가리키기 위해 a crosswalk으로 표현한 것이다.

'좌우를 살피다'는 look both ways, look around로 옮긴다.

'~해야 하다'는 be necessary, be important나 당연함이나 의무를 나타내는 조동사 should~로 옮긴다.

첫째 예문의 it은 뒤의 진주어인 to-부정사 to look을 가리키는 가주어이다.

둘째 예문의 앞 절은 동사의 명령법을 사용한 명령문으로 옮긴 것이다.

6. a. Mosquitos have a chance to come in when you leave your windows open on summer nights.

b. When you leave your windows open on summer nights, mosquitos are apt to come in.

c. Leaving windows open on summer nights may allow mosquitos to come in.

d. You should not leave your windows open on summer nights so as not to allow mosquitos to come in.

'여름밤' summer night는 night가 셀 수 없는 명사와 셀 수 있는 명사로 모두 쓰이듯이 어느 쪽으로도 쓰일 수 있다. 예문에서는 셀 수 있는 명사로서의 summer night를 일반적인 의미로 사용하기 위해 summer nights로 표현한 것이다.

'창문을 열어두다'는 leave one's windows open, leave windows open으로 옮긴다. 명사구 one's windows와 windows가 동사 leave의 목적어이고 형용사구 open은 목적보어이다.

'모기' mosquito는 셀 수 있는 명사로 '모기 한 마리'는 a mosquito이고 일반적인 의미의 모기는 mosquitos로 옮긴다.

'~하기가 쉽다'는 have a chance to do~, be apt to do~, may allow~to do~로 옮긴다.

7. a. The car moved so quickly that it disappeared in a moment.

b. My eyes couldn't keep sight of the car, for it moved so fast.

c. I lost sight of the car in a moment because it moved so fast.

d. The speed of the car was so fast that it disappeared in a moment.

'너무나 ~해서 ~하다'는 so~that~구문으로 옮긴다.

'~가 빠르다'는 ~move so quickly, move so fast, the speed is so fast로 옮긴다.

'순식간에'는 전치사구 in a moment로 옮긴다.

'시야에서 사라지다'는 disappear, cannot keep sight of~, lose sight of~로 옮긴다.

첫째 예문은 사물인 '그 자동차' the car를 둘째 예문은 '나의 눈' my eyes를 셋째 예문은 '나' I를 넷째 예문은 '그 자동차의 속도' the speed of the car를 화제로 삼아 옮긴 것이다.

8. a. More and more people are enjoying singing and dancing.

b. An increasing number of people are enjoying singing and dancing.

c. Singing and dancing are becoming more popular among people than before.

d. There are an increasing number of people enjoying singing and dancing.

'~하는 사람들의 수가 점점 늘다'는 more and more people~, an increasing number of people~, become more popular among people than before, be an increasing number of people doing~으로 옮긴다.

한국어 원문의 '~하고 있다'는 현재의 일반적인 사실을 나타내는 '~한다'와는 달리 현재의 일시적인 행위를 나타내므로 단순현재시제(enjoy, become)가 아닌 현재진행시제(are enjoying, are becoming)로 옮긴다.

둘째 예문의 a number of people은 복수로 취급하므로 동사는 복수(are)에 일치한다. 이와 달리 the number of people이 주어일 때는 동사는 단수에 일치한다.

셋째 예문의 among people은 전치사구로 명사구 people이 전치사 among의 목적어이다.

9. a. It seems that the Brazilian football players play football in samba rhythm.

b. The Brazilian football players seem to move in samba rhythm in the game.

c. I feel that the Brazilian football players play in samba rhythm in the game.

d. Samba rhythm seems to play a role in the Brazilian football players' movement in the game.

'브라질 축구선수' Brazilian football player는 셀 수 있는 명사로 '한 브라질 축구선수'는 a Brazilian football player이고 일반적인 의미의 브라질 축구선수는 한정사를 앞에 붙이지 않은 Brazilian football players로 옮긴다. 예문에서 정관사 the를 앞에 붙인 것은 '그 브라질 축구선수들'의 의미를 전하기 위한 것이다.

'삼바리듬' samba rhythm은 '리듬' rhythm이 셀 수 있는 명사와 셀 수 없는 명사로 모두 쓰이므로 한국어 원문은 samba rhythm이나 a samba rhythm 모두 가능하다.

'삼바리듬을 타다'는 '삼바리듬으로 축구하다'는 의미로 play~in samba rhythm으로 옮기거나 '삼바리듬으로 움직이다'는 의미로 move in samba rhythm으로 옮긴다. 또한 '삼바리듬이 역할을 하다'는 의미로 samba rhythm plays a role로 옮길 수도 있다.

10. a. As the sound of rain outside the window got stronger and stronger, I became sleepier and sleepier.

b. The stronger the sound of rain got outside the window, the sleepier I became.

c. I came to become sleepier and sleepier as the sound of rain outside the window got stronger and stronger.

d. The sound of rain outside the window got stronger and stronger and I became sleepier and sleepier.

'창밖의 빗소리'는 the sound of rain outside the window로 옮기며 전치사구 outside the window는 명사구 rain을 수식하고 또 다른 전치사구 of rain은 명사구 the sound를 수식한다.

'점점 더 세어지다'는 get stronger and stronger로 옮기고 '점점 더 졸리다'는 become sleepier and sleepier로 옮긴다. 두 형용사의 비교급(stronger)을 등위접속사 and로 연결하면 '점점 더 ~한'의 의미가 된다.

첫째 예문의 as는 '~하면서'의 의미로 두 행위가 동시에 일어난다는 것을 나타내는 접속사이다.

둘째 예문은 'the + 비교급' (the stronger)과 'the + 비교급' (the sleepier)을 사용하여 '~하면 할수록 더욱 ~하다'는 의미를 전하는 구문이다.

Ⅳ. 장문영작

1. 모델영작 Ⅰ

일과 놀이

일과 놀이! 일하지 않고 놀지 않는 사람은 아무도 없지만 우리의 일상생활에서 일과 놀이의 균형을 맞추기는 쉽지 않다. 나는 우리가 우리의 일에 전념하기 위해서는 적당히 놀아야 한다고 생각한다. 일과 놀이의 균형과 관련하여 나는 이들의 세 가지 조합을 생각한다. 너무 많이 일하고 너무 적게 노는 것, 너무 적게 일하고 너무 많이 노는 것 그리고 적당하게 일하고 적당하게 노는 것.

너무 많이 일하고 너무 놀지 않는다면 너는 결국 너를 위험에 빠지게 할 것이다. 너무 많은 일을 하면 너의 스트레스를 쌓이게 할 것이고 그것은 너의 건강을 해칠 것이다. 스트레스가 모든 종류의 병에 이를 수 있다는 것은 잘 알려진 사실이다. 이 점에서 너는 스트레스를 줄이기 위해 적당히 놀 필요가 있다. 거의 놀지 않으면 이 경우 너의 스트레스를 줄이는데 효과적인 역할을 할 수 없을 지도 모른다.

반대로 네가 너무 일을 하지 않고 지나치게 많이 놀면 너는 또한 너의 건강을 해칠지도 모른다. 너무 일을 하지 않으면 너에게서 자신감이 사라지게 되고 또한 너의 수입은 줄어들 것이다. 너의 수입이 적고 너무 많이 논다면 너는 행복하지 않을 것이다. 너의 불행은 스트레스를 쌓이게 할 것이고 차례로 너의 건강을 해칠지도 모른다. 이 경우 노는 것이 너의 건강을 향상시키는데 긍정적인 역할을 하는 것 같지 않다.

만약 네가 일과 놀이를 적당히 하면 너는 네가 하는 모든 일에 자신감을 가질 것이다. 물론 네가 하는 일이 무슨 일이건 그 일에 더 많은 행복을 느낄 것이다. 네가 행복을 더 많이 느끼면 느낄수록 너의 스트레스는 더 적어질 것이다. 너의 스트레스가 적으면 건강이 좋아질 수도 있다. 어쨌든 적당하게 일하고 노는 것이 쉬운 일은 아니다. 따라서 적당한 일과 놀이를 위해 너는 계획을 세울 필요가 있다. 일단 네가 그러한 계획을 세우면 일과 놀이의 균형을 맞추는 연습을 해야 한다. 이 연습과정이 없이는 너는 그것들의 균형을 맞추는데 성공하지 못할지도 모른다. 장기간에 걸친 노력이 없이는 너는 그것들의 균형을 맞추는데 성공할 수 없다.

모든 사람이 건강하고 행복하게 살기를 원한다. 그렇다면 우리의 일상생활에서 일과 놀이의 불균형을 피하는 것이 현명하지 않은가?

2. 모델영작 Ⅱ

이상적인 직업

이상적인 직업! 이상적인 직업이 무엇인지 정의를 내리기는 쉽지 않지만 모든 사람들이 자기 마음속에 이상적인 직업을 가지고 있을 지도 모른다. 나는 이상적인 직업은 다음의 것을 반영하고 있어야 한다고 생각한다. 일에 대한 적성, 경제적 안정 그리고 창의성.

이상적인 직업을 가지기를 원한다면 너는 첫 번째 조건으로 너의 일에 대한 적성을 만족시키는 직업을 선택해야 한다. 네가 선택하는 그 일이 너에게 맞지 않으면 너는 그 직업으로부터 얼마나 많은 돈을 벌든지 그 직업에 오랫동안 종사할 수 없다. 바꾸어 말하면 너는 그 직업을 통해 남에게 기여할 수 없다. 너는 그 직업으로부터 네가 원하는 것을 얻을 수 없다는 것은 말할 나위도 없다. 이런 이유로 너는 너에게 맞지 않는 어떤 일도 선택하지 않는 것이 좋다.

일단 너는 한 직업이 너의 적성에 들어맞는다는 결정을 내리면 너는 또한 그 직업과 너의 경제적 안정을 고려해야 한다. 너는 행복하게 살 충분한 돈을 벌 수 없다면 그 일을 하는 것이 어려울지도 모른다. 너는 그 직업에 오랫동안 전념할 수 없을 지도 모르므로 이런 종류의 직업을 통해 남에게 기여할 수 없을 지도 모른다. 이 상황에서는 너는 너에게 경제적 안정을 줄 또 다른 직업을 찾기가 쉽다. 이 점에서 경제적 안정 또한 직업을 선택하는데 있어 매우 중요한 고려점이다.

마지막으로 만약 한 직업이 너의 일에 대한 적성과 맞고 너에게 경제적 안정을 준다면 너는 창의성을 고려해야 한다. 여기서 창의성은 너의 일의 분야에서 네가 독창적인 생각을 하고 발전시킬 수 있는 너의 능력을 의미한다. 알다시피 너는 너의 직업에서 창의성을 가지고 있지 않다면 네가 아무리 열심히 일하더라도 그 직업에서 성공할 수 없을 지도 모른다. 바꾸어 말하면 창의성이 없으면 너의 직업에서 너의 성공과 너의 직장의 발전 모두 보장될 수 없을 지도 모른다.

이상적인 직업을 선택하는데 있어 이 세 가지 요소를 고려하는 것이 매우 중요하다. 이 모든 조건들을 만족시키는 직업을 찾을 수 없다면 가능한 한 많은 조건을 만족시키는 직업을 선택하는 것이 현명할 것이다.

제4장 | 절

Ⅱ. 확인학습

1. the way how → the way 또는 how
   관계부사 how는 일반적으로 선행사 the way를 생략하거나 선행사를 쓸 때는 관계부사(how)를 생략한다.

2. the restaurant → the restaurant in which, the restaurant where
   장소를 나타내는 명사구(the restaurant)와 이것을 수식하는 절(I~time)을 연결할 때는 관계부사 where가 필요하다. 관계부사 대신 전치사와 관계대명사(in which)로 표현할 수도 있다.

3. of → ∅
   일반적으로 that-절(that he~elected)은 전치사(of)의 목적어가 될 수 없다. 따라서 전치사 of를 삭제하여 that-절이 형용사 sure의 보어가 되게 한다.

4. will graduate → graduate
   때나 조건을 나타내는 부사절에서 미래의 의미를 현재시제로 전한다. 따라서 조건을 나타내는 부사절인 if-절에서 미래시제(will graduate) 대신 현재시제(graduate)가 쓰인다.

5. who → whom
   전치사(about)의 목적어자리에 주격관계대명사 who는 쓰이지 않는다. 목적격관계대명사가 필요하다.

6. was the girl → the girl was
   주절에 내포되어 있는 간접의문문은 평서문의 어순(의문사+주어+동사)으로 온다. 따라서 의문사(whether) 뒤에 주어(the girl)와 동사(was married)가 온다.

7. That → It
   의미로 보아 명사절인 why-절(why she~quickly)이 주어가 되어야 하므로 이 긴 주어를 가리키는 가주어 It이 필요하다.

8. that → which
   관계대명사 that은 관계대명사 앞에 쉼표(,)가 있는 계속적 용법으로 쓰이지 않는다.

9. A spinster → Spinster
   though-절에서 동사(is)의 보어인 명사구(a spinster)를 이 절의 앞으로 이동할 때는 관사(a) 없이 쓴다.

10. , she → (,) and
    일반적으로 둘 이상의 완전한 절은 접속사 없이 쉼표(,)로 연결될 수 없다. 따라서 접속사가 필요하다.

Ⅲ. 단문영작

1. a. It rained yesterday, so the air is clear today.
   b. The air is clear today, since it rained yesterday.
   c. We have the clear air due to the rain yesterday.
   d. Thanks to the rain yesterday, the air is

clear today.

'~해서'는 '~이기 때문에'의 의미로 이유를 나타내므로 ~, so~나 since~, due to~, thanks to~로 옮긴다.

'대기'는 the air로 옮긴다.

'맑다'는 be clear로 옮긴다.

어제 비가 내린 것은 과거의 사실이므로 단순과거시제(rained)로 옮기고 오늘 날씨가 맑은 것은 현재의 사실이므로 단순현재시제(is, have)로 옮긴다.

2. a. She is beautiful but not intelligent.
   b. I think she is beautiful but not intelligent.
   c. Beautiful though she is, she is not intelligent.
   d. Her beauty I recognize, but her intelligence I don't.

'~이지만 ~는 아니다'는 be~, but not~로 옮긴다. 첫째 예문은 등위접속사 but이 두 형용사구(beautiful, not intelligent)를 연결하고 있다.

한국어 원문은 화자의 판단을 나타내고 있으므로 둘째 예문처럼 I를 주어로 옮길 수 있다.

셋째 예문은 양보를 나타내는 종속절 though she is beautiful에서 보어인 형용사구 beautiful을 종속접속사 though 앞으로 이동한 문장이다. 이러한 형식은 문어체에서 쓰인다.

넷째 예문은 동사 recognize의 목적어인 명사구 her beauty와 don't recognize의 목적어인 명사구 her intelligence를 각각 주어 앞으로 이동시켜 화제로 삼은 문장이다.

3. a. It is easy to see people who go abroad or come in from foreign countries fill airports this time every year.
   b. People going abroad or coming in from foreign countries always fill airports this time every year.
   c. Airports are always crowded with people going abroad or coming in from foreign countries this time every year.
   d. We always see airports full of crowds who go abroad or come in from foreign countries this time every year.

'공항' airport는 셀 수 있는 명사로 '한 공항'은 an airport '그 공항'은 the airport '그 공항들'은 the airports 일반적인 의미의 공항은 airports로 옮긴다. 예문의 airports는 모두 일반적인 의미의 공항을 가리킨다.

'매년 이 때 쯤'은 this time every year로 옮긴다.

'~로 붐비다'는 ~ fill~, be crowded with~, see ~full of~로 옮긴다.

첫째 예문은 가주어 it과 이것이 가리키는 진주어인 to-부정사 to see로 둘째 예문은 '사람들' people을 주어로 셋째 예문은 사물인 '공항' airports를 주어로 넷째 예문은 '우리들' we를 주어로 옮긴 것이다.

둘째와 셋째 예문의 going과 coming은 모두 명사구 people을 수식하는 현재분사이다.

4. a. We have had a bad crop of fruit this year because we had unusual weather at the beginning of the year.
   b. At the beginning of the year, we had unusual weather, so we have had a bad crop of fruit this year.
   c. There is a bad crop of fruit this year due to unusual weather at the beginning of the year.
   d. Unusual weather at the beginning of the year has brought a bad crop of fruit this year.

'연초의'는 at the beginning of the year로 옮긴다.

'이상기후'는 unusual weather로 옮긴다.

'많은 과일이 흉작이다'는 have a bad crop of fruit, there is a bad crop of fruit, bring a bad crop of fruit로 옮긴다.

5. a. This is why he is studying English writing hard.
   b. He is studying English writing hard for this reason.
   c. His hard study of English writing is related to this.
   d. It is for this reason that he is studying English writing hard.

'이 때문에'는 전치사구 for this reason이나 this is why~, ~is related to this로 옮긴다.

'영어작문'은 English composition, English writing으로 옮긴다.

'공부를 하고 있다'는 현재의 일시적인 행위를 나타내므로 현재진행시제(is studying)로 옮긴다.

첫째 예문에서 의문사 why가 이끄는 명사절(why~hard)이 주절동사 is의 보어이다.

셋째 예문은 부사적인 기능을 하는 전치사구 for this reason을 강조하기 위해 it~that~강조구문으로 옮긴 것이다. 이 예문의 that은 관계대명사가 아니라 접속사이다. 부사를 강조하는 강조구문의 that은 접속사이다.

6. a. The look on your face seems to tell me that you have not had breakfast.
   b. You seem not to have had breakfast from the look on your face.
   c. I feel, from the look on your face, that you have not had breakfast.
   d. It seems that you have not had breakfast from the look on your face.

'너의 표정을 보니'는 the look on your face, from the look on your face로 옮긴다.

'아침식사' breakfast는 아침식사 그 자체를 이야기할 때는 셀 수 없는 명사로 쓰이고 아침식사의 한 종류나 유형을 나타내거나 수를 가리킬 때는 셀 수 있는 명사로 쓰인다.

'아침식사를 하다'는 have breakfast로 옮긴다.

'~인 것 같다'는 seem to do~, feel~, it seems that~으로 옮긴다.

넷째 예문의 it은 뒤의 진주어인 that-절을 가리키는 가주어이다.

다른 예문의 현재완료시제 have had는 둘째 예문에서는 완료부정사 to have had 로 표현되어 있다.

7. a. You may have difficulty telling which country he is from from his appearance.
   b. I cannot clearly tell which country he is from from his appearance.
   c. His appearance does not give me any hint as to which country he is from.
   d. It is difficult to tell which country he comes from from his appearance.

'외모' appearance는 보통 추가표현과 함께 단수명사로 쓰인다. 따라서 '그의 외모'는 his appearance로 옮긴다.

'어느 나라 사람인지 말하다'는 tell which country a person is from, tell which country a person comes from으로 옮긴다. 간접의문인 which country~is from 또는 which country~comes from이 동사 tell의 목적어이다.

'~하기가 어렵다'는 have difficulty -ing, cannot clearly tell~, do not give a person any hint, it is difficult to do~로 옮긴다.

셋째 예문의 as to~는 '~에 관하여'의 의미이다.

8. a. Our ancestors were not mean though they were poor.
   b. Poverty could not make our ancestors behave meanly.
   c. Poor though our ancestors were, they did not behave meanly.
   d. Though our ancestors suffered from poverty, they did not behave meanly.

'선조' ancestor는 셀 수 있는 명사로 '한 선조'는 an ancestor이고 일반적인 의미의 선조는 ancestors이다. 한국어 원문의 '우리 선조들'은 한정사인 소유격과 복수어미 -s를 붙여 명사구 our ancestors로 옮긴다.

'가난하다'는 동사구 be poor로 옮기거나 명사구 poverty로 옮긴다.

'비굴하게 행동하다'는 be mean, behave meanly로 옮긴다.

둘째 예문의 사역동사 make의 목적어(our ancestors) 뒤에 목적보어로 to-부정사(to behave) 대신 원형부정사(behave)가 온 것이다.

셋째 예문의 양보절(though-절)에서 동사(were) 뒤에 오는 보어인 형용사구(poor)를 강조하기 위해 접속사(though) 앞으로 이동한 것이다.

9. a. You object to his going mountain hiking with us, and I don't know why.
   b. I don't know why you object to his going mountain hiking with us.
   c. It is not known to me why you object to his going mountain hiking with us.
   d. Is there any reason for your objection to his going mountain hiking with us? I don't know why.

'등산'은 높고 험한 산을 힘들여 올라갈 때는 mountain climbing으로 옮기고 높지 않은 산을 올라갈 때는 mountain hiking으로 옮긴다.

'등산을 가다'는 go mountain hiking으로 옮긴다.

'~에 반대하다'는 object to~로 옮기며 여기서 to는 to-부정사의 to가 아니라 전치사의 to이므로 뒤는 전치사의 목적어인 명사구가 온다. 명사구 his going이 전치사의 목적어이다. going은 동명사이고 his는 동명사의 주어이다.

첫째 예문은 you를 화제로 둘째 예문은 I를 화제로 삼아 옮긴 것이고 셋째 예문은 진주어인 명사절 why-절을 가리키는 가주어 it을 두어 작문한 것이다.

넷째 예문은 의문문과 평서문을 사용하여 옮긴 것이다.

10. a. The political leader made it clear that it is important to be faithful to principles.
   b. It was made clear by the political leader that it is important to stick to principles.
   c. The importance of sticking to principles was pointed out by the political leader.
   d. The political leader's emphasis was put on the importance of sticking to principles.

'그 정치지도자'는 화자가 그의 청자도 알고 있다고 보는 특정한 정치가 한 사람을 가리키므로 the political leader로 옮긴다.

'원칙' principle은 셀 수 있는 명사로 '하나의 원칙'은 a principle로 옮기고 일반적인 의미의 원칙은 principles로 옮긴다.

'~을 지키다'는 '~에 충실하다'는 의미로 be faithful to~로 옮기거나 '~을 고수하다'는 의미로 stick to~로 옮긴다. 여기서 to는 모두 to-부정사의 to가 아니라 전치사의 to라는 점에 유의하라.

'~을 분명히 하다'는 make it clear that~, it is made clear that~, be pointed out, emphasis is put on~으로 옮긴다.

첫째 예문의 it은 뒤의 진목적어인 that-절을 가리키는 가목적어이고 형용사구 clear는 동사 make의 목적보어이다.

둘째 예문의 it은 뒤의 진주어인 that-절을 가리키는 가주어이다.

Ⅳ. 장문영작

1. 모델영작 Ⅰ

유학

유학! 그것은 한국의 많은 학생들에게 꿈이 되어왔으며 그것에는 밝은 면과 어두운 면이 있다. 그것은 국가 발전에 기여해 왔지만 또한 적지 않은 문제점을 낳았다. 나는 유학의 효과에 그것의 장점과 약점 그리고 사회적 문제점들을 포함시켰다.

유학은 개인에게 외국문화를 이해할

기회를 준다. 유학하지 않고 한 개인이 그러한 기회를 가지기는 어렵다. 그 외에도 유학을 한 사람은 자신의 나라에서 지도적 위치를 가지는 경향이 있다. 바꾸어 말하면 유학은 한 개인에게 외국을 이해하고 자신의 나라에서 안정된 지위를 가질 기회를 줄지도 모른다. 그 개인은 유학하는 동안 많은 외국인들과 친구가 될 수도 있다는 것은 말할 나위도 없다.

유학은 적지 않은 장점이 있지만 몇 가지 단점도 있다. 무엇보다도 한 개인이 오랫동안 유학하면 자신의 모국에서 일어나는 다양한 변화를 쫓아가지 못할지도 모른다. 이런 이유로 그는 얼마동안 자기 자신의 나라에서 낯설다고 생각할 수도 있다. 또 다른 약점은 그는 자신의 모국어의 어휘를 많이 잊어버려 유학을 끝낸 후 자신의 아는 사람들과 이야기할 때 어려움이 있을 지도 모른다는 것이다.

사회와 관련하여 유학은 몇 가지 문제점을 야기한다. 요즈음 너무 많은 사람들이 유학을 가서 너무 많은 돈이 국외로 유출된다. 그 외에도 적지 않은 가정이 한 두 가족구성원이 유학을 위해 집에 배우자를 남겨두고 다른 나라로 떠나기 때문에 붕괴된다. 요즈음 많은 사람들이 직업을 얻기 위해 돌아오지만 그들의 모국이 그들을 위한 충분한 일자리를 가지고 있지 않기 때문에 직업을 얻기가 쉽지 않다.

우리가 위에서 보았듯이 유학은 장점뿐만 아니라 단점이 있다. 이 점에서 유학을 결정하기 전에 장점과 단점을 충분히 비교하는 것이 바람직하지 않은가?

2. 모델영작 Ⅱ

한국에 있는 외국인 유학생

한국에 있는 외국인 유학생! 그들은 최근에 증가해 오고 있으며 우리는 어디를 가든 그들을 쉽게 볼 수 있다. 이것은 배경이 다른 사람들이 서로 어울리기 위한 첫 단계이다. 나는 많은 외국인 유학생들의 유입과 새로운 풍경 그리고 외국인 유학생과의 공존에 관해 이야기하려고 한다.

우리는 도처에서 외국인 유학생들을 많이 볼 수 있다. 우리는 교실에서 교정에서 거리에서 그리고 관광명소에서 그들을 종종 본다. 그들은 서울에 있는 대학에서 뿐만 아니라 지방대에서도 공부하고 있다. 따라서 우리는 언제든 전국에서 그들을 볼 수 있다. 어떤 학생들은 학교기숙사에서 살고 다른 학생들은 하숙집에 산다. 어떤 학생들은 친한 친구와 살고 다른 학생들은 혼자 산다.

그들 대부분이 대학생이므로 그들은 수업료를 낼 필요가 있다. 충분한 돈이 없기 때문에 그들은 자신이 공부하는 대학 가까이에서 시간제 일을 찾는다. 어떤 소녀들은 시간제로 식당주인이 요리하는 것을 돕는다. 다른 소녀들은 대학 가까이 있는 술집에서 일한다. 어떤 소녀들은 돈을 벌기위해 한국인에게 그들의 모국어를 가르친다. 이것은 우리가 한국의 어디에서나 쉽게 볼 수 있는 하나의 새로운 풍경이다.

우리는 많은 외국인 유학생들과 살며 우리가 어디를 가든 그들을 흔히 만난다. 그들은 우리사회의 거의 모든 분야에 참여하고 있다. 그들의 수는 끊임없이 증가할지 모르며 언젠가 우리는 그들이 지금보다 우리에게 더 친숙하다는 것을 알게 될 것이다. 어떤 한국학생들은 그들과 쉽게 친구가 될 수도 있고 반면에 다른 한국학생들은 처음에 그들과 다툴지도 모른다. 어쨌든 시간이 지남에 따라 전 세계인이 점점 더 서로 가까워질 것이라는 점은 분명하다.

우리 한국인들은 한국에서 점점 더 많은 외국인 유학생들을 만나게 될 것이다. 그렇다면 우리 인간은 어디에 살든 사회적인 동물이므로 그들과 친하게 지내는 것이 현명하지 않은가?

제5장 | **연결 관계**

Ⅱ. 확인학습

1. carefully his car → his car carefully 또는 drove carefully → carefully drove
   동사의 행위가 어떤 모양으로 이루어지는지를 나타내는 양태부사 carefully는 타동사(drive)의 목적어(his car) 뒤나 일반 동사(drive) 앞에 온다.

2. prudently → prudent
   동사 become의 뒤는 일반적으로 보어인 명사구나 형용사구가 온다. 부사구 more prudently는 앞의 형용사구 quieter와 등위접속사(and)로 연결될 수 없다.

3. by → and by
   동사 go를 수식하는 세 전치사구가 등위접속사 없이 쉼표로 연결되어 비문이다. 마지막 두 전치사구 사이에 등위접속사를 둔다.

4. hasty → hastily
   동사 run 뒤는 달리는 모양이 어떻게 이루어지는지를 나타내는 양태부사가 올 수 있는 자리이다. 따라서 형용사구 hasty가 올 수 없다. 또한 이 형용사구와 부사구(very fast)는 서로 대등한 요소가 아니므로 등위접속사(and)에 의해 연결될 수 없다.

5. can you → you can
   주절동사(know)에 내포되어 있는 간접의문은 평서문의 어순(의문사+주어+동사)으로 온다. 등위접속사(and)로 연결된 두 간접의문 중 앞 절과 달리 뒷 절은 의문문의 어순(의문사+조동사+주어+본동사)이어서 비문이다.

6. young → a young
   동사 meet 뒤는 목적어인 명사구가 온다. two strong boys는 명사구이지만 young girl은 명사구가 아니어서 이 둘이 등위접속사(and)로 연결될 수 없다.

7. on them → them on
   세 동사구(walked~shoes, cleaned~hand, put~them)를 등위접속사(and)로 대등하게 연결하려는 문장이다. 그러나 마지막 동사구는 타동사(put)의 목적어인 대명사(them)가 동사와 부사(on) 사이가 아닌 부사 뒤에 와서 동사구가 아니어서 비문이다.

8. who → ∅ 또는 who → that, which
   종속절은 조건을 나타내는 두 절(if–절)이 등위접속사(and)로 연결된 문장이다. 그러나 두 번째 조건절에서 관계대명사의 선행사(the grades)를 수식하는 형용사절을 이끄는 관계대명사가 잘못되어 비문이다. who는 선행사가 사물인 경우의 목적격관계대명사로 쓰이지 않는다.

9. whom → with whom 또는 talk → talk with
   등위접속사(and)로 연결된 두 형용사절(whom–절, who–절)이 공통의 선행사(the foreign girl)를 수식하는 문장이다. 그러나 앞 형용사절의 talk은 자동사이므로 앞의 선행사를 목적어로 취할 수 없다. 따라서 이 선행사를 전치사의 목적어가 되게 하기위해 전치사 with가 필요하다.

10. back → the back, her back
전치사 with의 목적어인 두 명사구(a water pot, a baby)와 목적보어인 두 전치사구(on~head, on~back)가 등위접속사(and)로 연결되어 있는 문장이다. 그러나 뒤의 전치사구가 전치사(on) 뒤에 셀 수 있는 명사(back)가 한정사가 붙지 않은 단수형으로 와서 명사구가 아니어서 비문이다.

Ⅲ. 단문영작

1. a. Into the sky flew various balloons at the same time.
   b. Various balloons flew into the sky at the same time.
   c. I saw various balloons fly into the sky at the same time.
   d. The sky was strewn with various balloons soaring at the same time.

'형형색색의 풍선'은 여러 가지 풍선을 가리키는 것으로 보아 명사구 various balloons로 옮긴다. 여기서 형용사(various)와 셀 수 있는 명사의 복수형(balloons) 앞에 한정사를 붙이지 않은 것은 특정한 여러 가지 풍선을 가리키는 것이 아니라 일반적인 의미의 여러 가지 풍선을 가리키기 위한 것이다. the various balloons로 표현하면 '그 여러 가지 풍선들'을 뜻한다.

'일제히'는 전치사구 at the same time으로 옮긴다. 명사구 the same time이 전치사 at의 목적어이다.

'하늘로 날아오르다'는 fly into the sky로 옮긴다. 전치사구 into the sky는 방향을 나타내는 부사구로서 기능을 한다. 첫째 예문처럼 방향부사구를 강조하기 위해 문장첫머리로 이동하면 주어(various balloons)와 동사(flew)가 도치(어순이 바뀌는 현상)될 수 있다.

셋째 예문은 지각동사(see) 뒤에서 to-부정사 to fly가 원형부정사 fly로 바뀐 것이다.

be strewn with~는 '~로 온통 뒤덮이다'는 의미이다.

2. a. They often met in a cozy café by a lake.
   b. A cozy café by a lake was where they often met.
   c. Their regular meeting place was a cozy café by a lake.
   d. Their meetings often took place in a cozy café by a lake.

'호숫가의'는 '호수' lake가 셀 수 있는 명사이므로 한국어 원문을 '한 호숫가의'를 의미하는 것으로 보면 전치사구 by a lake로 옮긴다. 그러나 원문을 화자가 그의 청자도 알고 있다고 보는 '그 호숫가의'의 의미로 해석하면 전치사구 by the lake로 옮긴다.

'아늑한 카페에서'는 '한 아늑한 카페에서'를 뜻하는 것으로 보면 전치사구 in a cozy café로 옮기고 '그 아늑한 카페에서'를 뜻하는 것으로 보면 전치사구 in the cozy café로 옮긴다.

'자주 만나다'는 동사구 often meet이나 명사구 one's regular meeting으로 옮길 수도 있고 하나의 절인 one's meetings often take place로 옮길 수도 있다.

3. a. Newly-manufactured cars drive faster and more safely.
   b. You can drive faster and more safely in newly-manufactured cars.
   c. Higher speeds and more safety are available in newly-manufactured cars.
   d. An advantage of newly-manufactured cars is that they drive faster and more safely.

'최근에 생산된 자동차' newly-manufactured car는 셀 수 있는 명사로 '최근에 생산된 자동차 한 대'는 a newly-manufactured car이고 일반적인 의미의 최근에 생산된 자동차는 한정사를 앞에 붙이지 않은 복수형 newly-manufactured cars로 옮긴다.

'더 빨리'는 -er 비교급을 사용하여 faster로 옮기고 '더 안전하게'는 more비교급을 사용하여 more safely로 옮긴다.

한국어 원문은 일반적인 사실을 말하고 있으므로 단순현재시제(drive, can drive, are available, is)로 옮긴다.

첫째 예문은 사물인 '최근에 생산된 자동차' newly-manufactured cars를 둘째 예문은 일반인을 가리키는 '너' you를 셋째 예문은 '더 빠른 속도와 더 좋은 안전성' higher speeds and better safety를 넷째 예문은 '최근에 생산된 자동차의 이점' an advantage of newly-manufactured cars를 각각 화제로 삼아 옮긴 것이다.

4. a. I suggest that you start to study English if you need it and want to speak it well.
   b. You should start to study English if you need it and want to speak it well.
   c. English is the thing you should start to study if you need it and want to speak it well.
   d. If you need English, and if you want to speak it well, start to study it.

'영어' English는 셀 수 없는 명사로 일반적인 의미를 전할 때는 앞에 한정사를 붙이지 않고 그대로 쓴다. 앞에 부정관사(an)를 붙이거나 뒤에 복수어미(-s)를 붙일 수 없다.

'영어를 잘하다'는 '영어로 말을 잘하다'는 의미로 볼 때는 speak English well로 옮기고 말하기와 쓰기 중 어느 쪽을 특별히 지칭하지 않고 일반적인 의미로 영어를 잘한다는 의미를 전할 때는 be good at English로 옮긴다.

첫째 예문은 화자인 '나' I를 주어로 제안을 하는 문장으로 종속절 내에 동사의 가정법(동사원형 start)을 쓰거나 should와 함께 동사원형(should start)을 쓴다.

둘째 예문은 '너' you를 화제로 삼아 당연함이나 의무를 나타내는 조동사 should를 사용하여 옮긴 것이다.

셋째 예문은 '영어' English를 화제로 삼아 옮긴 것이다.

넷째 예문은 동사의 명령법(start)을 사용한 명령문으로 옮긴 것이다.

5. a. In order to meet the girl, the boy arrived after crossing the river and walking over the mountain.
   b. The boy crossed the river and walked over the mountain to see the girl.
   c. The river and the mountain were crossed by the boy, so he could meet his beloved girl.
   d. After crossing the river and walking over the mountain, the boy arrived to meet the girl.

'강' river는 셀 수 있는 명사로 '강 하나'는 a river로 표현하고 일반적인 의미의 강은 rivers로 표현한다.

'강을 건너다'는 '한 강을 건너다'는 의미를 전할 때는 cross a river로 옮기고 화자가 그의 청자도 알고 있다고 보고 있는 특정한 강 하나를 건넌다는 의미로 볼 때는 cross the river로 옮긴다.

'산' mountain은 셀 수 있는 명사로 '산 하나'는 a mountain이고 일반적인 의미의 산은 mountains이다.

'산을 넘다'는 '한 산을 넘다'는 의미로 볼 때는 go over a mountain으로 옮기고 화자가 그의 청자도 알고 있다고 보는 특정한 산 하나를 넘는다는 의미로 볼 때는 go over the mountain으로 옮긴다.

셋째 예문은 동사 cross의 목적어인 명사구 the river와 the mountain을 화제로 삼기 위해 문장의 앞으로 이동하여 주어로 만들어 옮긴 문장이다.

6. a. As far as I know, you arrived from another country and came to study in Korea.
   b. All I know is that you are a foreigner who came to study in Korea.

c. I know that you are a foreigner and that you came to study in Korea.

d. You are a foreigner and came to study in Korea, and this is all I know.

'외국인' foreigner는 셀 수 있는 명사로 '한 외국인'은 a foreigner이고 일반적인 의미의 외국인은 foreigners이다.

'공부하러 오다'는 come to study로 옮긴다.

'나는 ~을 알고 있다'는 '내가 알고 있는 한'의 의미로 as far as I know로 옮기거나 '내가 알고 있는 것은'의 의미로 all I know로 옮길 수도 있고 I know that~으로 옮길 수도 있다.

둘째 예문의 all과 I 사이에 목적격 관계대명사 that이 생략되어 있다.

셋째 예문은 동사 know의 목적어인 두 개의 that-절이 등위접속사 and에 의해 대등하게 연결된 구조이다.

넷째 예문의 this는 앞 절 전체(You~in Korea)를 가리키는 대명사이다.

7. a. The woman that the man loved was much like his ideal woman.

b. The man's beloved woman resembled his ideal woman very much.

c. There was a woman that the man loved, and who had a very close resemblance to his ideal woman.

d. The man had a beloved woman who had a very close resemblance to his ideal woman.

'~의 이상형의 여자'는 one's ideal woman으로 옮긴다.

'~에 매우 가깝다'는 be much like~, resemble ~, have a very close resemblance to~로 옮긴다.

'사랑하는 여자'는 the woman that one loves, one's beloved woman, a beloved woman으로 옮긴다.

셋째 예문은 목적격관계대명사 that이 이끄는 형용사절(that~loved)과 주격관계대명사 who가 이끄는 형용사절(who~his ideal woman)이 등위접속사 and에 의해 연결되어 관계대명사의 선행사 a woman을 함께 수식하고 있는 구조이다.

8. a. They get together and talk merrily on March 5th, her birthday.

b. March 5th is her birthday, when they get together and talk merrily.

c. Her birthday is March 5th, when they get together and talk merrily.

d. She was born on March 5th, when they get together and talk merrily.

'3월 5일'은 March 5th로 옮긴다.

'모이다'는 get together로 옮긴다.

'즐겁게 이야기하다'는 talk merrily로 옮긴다.

첫째 예문은 '3월 5일' March 5th와 '그녀의 생일' her birthday를 동격관계로 옮긴 것이다.

둘째 예문은 her birthday 뒤에 때를 나타내는 관계부사 when을 콤마(,)와 함께 사용하는 계속적용법으로 옮긴 것이다. 따라서 이 예문은 '3월 5일은 그녀의 생일이며 이 때 그들은 함께 모여 즐겁게 이야기 한다'로 해석이 된다.

넷째 예문은 명사구 her birthday 대신 동사구 be born on~으로 옮긴 것이다.

9. a. After getting out of bed, the child rubs his eyes, yawns, and goes to wash his face.

b. When the child gets out of bed, he rubs his eyes, yawns, and goes to wash his face.

c. The following are what the child does: getting out of bed, rubbing his eyes, yawning, and going to wash his face.

d. The child gets out of bed, rubs his eyes, yawns, and goes to wash his face.

'잠자리에서 일어나다'는 get out of bed로 옮긴다.

'일어나'는 '일어난 후에'의 의미로 전치사구 after getting out of bed로 옮길 수도 있고 '일어날 때'의 의미로 부사절 when a person gets out of bed로 옮길 수도 있고 셋째 예문처럼 동명사구로 옮길 수도 있고 동사구 get out of bed로 옮길 수도 있다.

'눈을 비비다'는 rub one's eyes로 옮긴다.

'세수하다'는 wash one's face로 옮긴다.

셋째 예문은 콜론(:)을 사용하여 옮긴 것으로 콜론 앞의 진술에 대해 콜론 뒤에 구체적인 예를 네 개의 동명사구(getting ~, rubbing ~, yawning, going ~)로 제시한 문장이다.

10. a. Both the clouds moving fast and a blast of wind passing by make us look back on the past.
    b. Natural phenomena, such as the clouds moving fast and a blast of wind passing by, make us look back on old days.
    c. We come to look back on old days when we see the clouds moving fast and feel a blast of wind passing by.
    d. People look back on the past when they see the clouds moving fast, and when they feel a blast of wind passing by.

'구름' cloud는 주로 셀 수 있는 명사로 쓰이지만 셀 수 없는 명사로 쓰일 수도 있다. 따라서 셀 수 있는 명사로 쓰일 때는 '구름 하나'는 a cloud이고 일반적인 의미의 구름은 clouds이다. 예문에서 clouds 앞에 정관사 the를 붙인 것은 화자가 그의 청자도 알고 있다고 보는 여러 개의 구름을 뜻하는 '그 구름들'을 가리키기 위한 것이다.

'빠르게 움직이다'는 move fast로 옮긴다.

'한 줄기 바람'은 a blast of wind로 옮긴다.

'스쳐가다'는 '옆을 지나가다'는 의미로 보아 pass by로 옮긴다.

'지난 날'은 '과거'를 의미하는 것으로 보아 the past로 옮기거나 '옛날'을 가리키는 것으로 보아 old days로 옮긴다.

'~을 회상하다'는 look back on~으로 옮긴다.

예문의 모든 moving과 passing은 동명사가 아닌 현재분사이다.

Ⅳ. 장문영작

1. 모델영작 Ⅰ

내가 가장 좋아하는 스포츠

내가 가장 좋아하는 스포츠! 그것은 탁구이며 너는 탁구를 치는 것이 매우 재미있다는 것을 알게 될 것이다. 탁구는 탁구의 성격을 아는 많은 사람들의 사랑을 받아왔다. 나는 그들이 쉽게 할 수 있고 운동이 되고 친목을 다지기 위해 그것을 즐긴다고 생각한다.

알다시피 탁구는 많은 체력을 요하지 않기 때문에 남녀노소가 쉽게 칠 수 있다. 게다가 칠 때 많은 돈이 들지 않아서 너는 부유하건 가난하건 칠 수 있다. 많은 다른 스포츠와 달리 너는 더운 날씨와 추운 날씨 같은 어떤 종류의 날씨에도 그것을 즐길 수 있다. 너는 그것을 칠 때 많은 선수가 필요하지 않고 단지 두 사람만 있으면 된다. 이 점에서 너는 너와 경기를 할 다른 사람들을 찾는데 많은 정력을 쓸 필요가 없다.

어떤 사람은 탁구를 치는 것이 건강을 좋게 유지하는 좋은 방법인지 어떤지를 의심할 지도 모른다. 그와는 반대로 탁구를 칠 때 너는 너의 몸 전체를 끊임없이 때로는 느리게 때로는 빠르게 때로는 좌우로 때로는 전후로 움직여야 한다. 그 외에도 너는 또한 경기를 하는 동안 많은 것들을 제어해야 한다. 이를테면 너는 너의 공의 회전 공의 방향 그것이 탁구대에 떨어지는 지점을 제어해야 한다. 이 모든 것들이 너를 건강하게 하는데 도움이 된다.

탁구를 치는 것은 쉬우므로 많은 사람들이 그들의 차이 즉 나이와 성별의 차이에도 불구하고 즐겨 친다. 이것은 네가 다른 선수들과 많은 차이가 있지만 그들과 친구가 될 수 있게 한다. 다른 선수들과 탁구를 치는 것은 너에게 그들 역시 너처럼 좋은 사람들이라는 강한 믿음을 주는 것 같다. 이 점에서 탁구는 사람들을 강하게 결합시키는데 중요한 역할을 하는 것 같다.

위에서 본 것처럼 탁구를 치는 것이 그러한 좋은 효과가 있고 위에서 언급되지 않은 다른 여러 가지 좋은 효과가 있으므로 네가 탁구를 치는 것이 정말 그러한 좋은 효과를 가져 오는지 보기 위해 탁구를 쳐보는 것이 바람직하지 않은가?

2. 모델영작 Ⅱ

취미와 성격

취미와 성격! 그 둘은 서로 어떤 관계가 있으며 너는 취미를 가진 한 개인을 관찰하면 그것을 발견할 것이다. 내성적인 사람은 자기 자신의 생각과 사고 그리고 느낌을 고찰하게 하는 취미를 가지는 경향이 있는데 반해 외향적인 사람은 그가 가능한 한 많은 사람들과 교제하게 하는 취미를 가지는 경향이 있다. 나는 세 가지 종류의 성격 즉 내성적인 외향적인 그리고 공격적인 성격을 조사하겠다.

내성적인 사람은 우표수집, 꽃꽂이, 그림그리기, 수족관에 물고기 기르기, 악기연주, 바둑이나 장기 두기와 같은 취미를 가질지도 모른다. 이런 부류의 사람은 일단의 사람들과 가기 보다는 혼자 산에 오를지도 모른다. 그는 또한 많은 사람들과 잡담을 하는 것을 피할지도 모른다. 이 점에서 그는 그가 많은 사람들과 교제하게 하는 취미를 의식적으로 피할 지도 모른다.

그와 반대로 외향적인 사람은 탁구를 치고 축구를 하고 골프를 치고 많은 사람들과 춤을 추고 말을 타고 자전거를 타고 많은 사람들과 산에 오르고 친구들과 하이킹을 하는 것과 같은 취미를 가지기가 쉽다. 이 부류의 사람은 남을 도울 뿐만 아니라 남의 도움을 받는 일을 즐긴다. 그의 자신감은 때때로 그가 교제하는 다른 사람들과의 관계에서 나온다. 그는 남 앞에서 어떻게 처신해야 하는지를 알고 있다.

공격적인 사람은 사냥, 심해낚시, 내기당구, 내기경마, 내기카드치기와 같은 취미를 가질 지도 모른다. 이 부류의 사람은 자기 주위의 다른 사람들과 경쟁하는 것을 즐긴다. 이 때문에 그는 종종 그들과의 경쟁에서 질 때 남에게 공격적이 된다. 어쨌든 그는 경쟁에서 이기면 지나치게 자만하게 된다.

취미와 성격 사이에 상관관계가 있다. 모든 사람은 좋은 것이건 나쁜 것이건 몇 가지 취미를 가지고 있다. 그렇다면 나쁜 취미 대신 좋은 취미를 가지는 것이 좋지 않은가?

제6장 | 논리관계

Ⅱ. 확인학습

1. blaming → being blamed
동명사 blaming의 목적어(her)가 이 동명사 뒤가 아닌 앞의 주어자리(she)에 있으므로 동명사는 수동동명사(being blamed)가 된다.

2. love → be loved
to-부정사 to love의 행위를 받는 대상인 목적어(the girl)가 부정사 뒤가 아닌 앞에 있으므로 능동부정사(to love)가 아닌 수동부정사(to be loved)가 된다.

3. taking → being taken
take away의 목적어(your purse)가 이것의 목적어자리가 아닌 주어자리에 있다. 따라서 능동형현재분사 taking은 수동형현재분사 being taken이 된다.

4. finish → have finished
논리적으로 보아 그가 그의 일을 끝마치고 지금 남을 돕고 있다는 의미가 되어야 한다. 따라서 그의 일을 끝마친 것이 현재 보이는 것보다 먼저 일어난 일이므로 단순부정사(to finish) 대신 완료부정사(to have finished)가 필요하다.

5. pushing → being pushed
동사구 push the door open에서 동사 push의 목적어가 이 동사 뒤가 아닌 앞에 있으므로 이 동사는 능동태(was pushing)가 아닌 수동태(was being pushed)가 된다.

6. read → be reading
부사구 right now는 책을 읽고 있는 행위가 현재의 일시적인 행위라는 것을 가리킨다. 따라서 단순부정사 to read는 진행부정사(to be reading)가 된다.

7. given → been given
has given의 목적어인 a mobile phone이 이것의 목적어자리가 아닌 주어자리에 있으므로 동사는 능동태(has given)가 아닌 수동태(has been given)가 된다.

8. was → ∅
동사 order의 행위를 받는 대상인 목적어(the students)가 동사 뒤에 있으므로 동사는 수동형(was ordered)이 아닌 능동형(ordered)이 된다.

9. silently → silent
'침묵을 지키다'는 의미는 자동사(keep) 뒤에 형용사구(silent)로 표현한다. 따라서 동사가 동명사 keeping으로 바뀌어도 여전히 보어로 형용사구가 온다.

10. painting → painted
'나의 집을 푸르게 칠하다'는 의미는 paint my house blue로 전한다. 예문에서 동사 paint의 목적어인 my house가 이 동사 뒤에 있지 않고 앞으로 이동해 있다. 따라서 이 동사는 능동의 의미를 가진 현재분사(painting)가 아닌 수동의 의미를 가진 과거분사(painted)가 된다.

Ⅲ. 단문영작

1. a. We love others and are loved by them.
   b. Every person loves others and receives their love.
   c. All men love each other and are loved by each other.
   d. There's no person who does not love others and is not loved by them.

'사람은 누구나'는 '모든 사람'을 뜻하므로 we, every person, all men, no person who does not~으로 옮긴다. every 뒤는 셀 수 있는 명사의 단수형(person)을 쓰고 all 뒤는 셀 수 있는 명사의 복수형(men)을 쓴다는데 유의하라.

'사랑하고 사랑받다'는 love~and be loved by~, love~and receive one's love로 옮긴다.

상호대명사 each other는 '서로 서로 상대방'을 의미하며 one another와 거의 같은 의미로 쓰인다. 문장에서 동사(love)나 전치사(by)의 목적어로 쓰이지만 주절과 종속절의 주어로 쓰이지 못한다는데 유의하라. 다음은 비문이다: *Each other* believed that they would win the contest.

2. a. The mirror showed her her hair cut short.
   b. She looked at her short hair in the mirror.
   c. Her hair, cut short, was reflected by the mirror to her.
   d. What the mirror reflected to her was her hair cut short.

'거울로 ~을 보다'는 '거울이 ~을 보여주다'는 의미로 the mirror shows~로 옮기거나 look at~in the mirror, ~is reflected by the mirror, what the mirror reflects is~로 옮긴다.

'~의 머리를 짧게 자르다'는 cut one's hair short로 옮기며 명사구 one's hair는 동사 cut의 목적어이고 형용사구 short는 목적보어이다. 여기서 '그녀의 짧게 자른 머리'는 동사 cut의 목적어가 이 동사의 주어자리로 이동하여 her hair cut short가 되며 cut의 목적어가 주어자리로 이동하여 동사 cut은 수동의 의미를 가지는 과거분사로 바뀌고 원래의 목적보어인 형용사구는 동사의 목적어가 주어 자리로 이동한 후에도 여전히 그 자리에 남아있는 구조가 된다.

3. a. It is wise not to get involved in unnecessary disputes.
   b. An unnecessary dispute is the last thing a wise person should do.
   c. A wise person should avoid getting involved in unnecessary disputes.
   d. You should not get involved in unnecessary disputes if you are a wise person.

'논쟁' dispute는 셀 수 있는 명사와 셀 수 없는 명사 어느 쪽으로도 쓰일 수 있다. 논쟁 그 자체에 초점을 맞출 때는 셀 수 없는 명사로 쓰이지만 논쟁의 종류나 수에 관해 이야기할 때는 셀 수 있는 명사로 쓰인다. 따라서 '불필요한 논쟁'은 논쟁의 한 종류나 유형을 나타내므로 an unnecessary dispute로 옮기거나 일반적인 의미의 불필요한 논쟁을 가리키기 위한 unnecessary disputes로 옮긴다.

'~에 휘말리다'는 get involved in~으로 옮긴다.

'~이 현명한 일이다'는 it is wise to do~, a wise person should do~, you should~if you are a wise person으로 옮긴다.

첫째 예문은 가주어 it와 이것이 가리키는 진주어인 to-부정사 to get으로 옮긴 것이다.

둘째 예문의 the last thing a person should do는 '결코 ~해서는 안 되는 것'을 뜻한다.

셋째 예문의 avoid는 뒤에 오는 동사가 to-부정사(to get)가 아닌 동명사(getting)로 오기를 요구하는 동사이다.

4. a. The young mother regrets having married young.
   b. Her marriage at a young age, the young mother regrets.
   c. The young mother's early marriage is what she regrets.
   d. It is regrettable to the young mother that she married young.

'어려서 결혼하다'는 marry young으로 옮기며 marry는 자동사이고 young은 보어인 형용사구이다.

'~을 후회하다'는 regret~, ~is regrettable로 옮긴다.

첫째 예문의 동사 regret 뒤에 완료동명사(having married)를 두어 어려서 결혼한 것이 후회하는 행위보다 먼저 일어난 것이라는 것을 분명히 하고 있다. 이 예문은 동명사구를 that-절로 고쳐 쓸 수 있다: The young mother regrets that she married young.

둘째 예문은 동사 regret의 목적어인 명사구(her marriage~age)를 화제로 삼기 위해 문장의 첫머리로 이동한 문장이다.

넷째 예문은 가주어 it와 이것이 가리키는 진주어인 that-절(that~young)로 되어 있다.

5. a. The color of her fingernails has changed from blue to red, and it is beautiful.
   b. Her fingernail color has changed from blue to red, and it looks beautiful.
   c. She has changed the color of her fingernails from blue to red, and it is beautiful.
   d. I find the color of her fingernails has changed from blue to red, and it is beautiful.

'~에서 ~로 바뀌다'는 be changed from~to~, change~from~to~로 옮긴다.

'~의 손톱색깔'은 the color of one's fingernails, one's fingernail color로 옮긴다.

'예쁘다'는 be beautiful, look beautiful로 옮긴다.

각 예문에서 현재완료시제(has changed)는 그녀가 손톱색깔을 바꾸어서 그 결과 현재 그녀의 손톱색깔은 붉은 색이라는 의미이다.

예문의 it은 모두 '그녀의 손톱색깔'을 가리키는 the color of her fingernails와 her fingernail color를 가리키는 대명사이다.

6. a. His limp seems to be related to a car accident.
   b. I guess he has had a car accident, for he is limping.
   c. He is limping on one leg and seems to have had a car accident.
   d. It seems that he has had a car accident, for he is limping on one leg.

'한 쪽 다리를 절다'는 명사구 one's limp나 동사구 limp on one's leg로 옮긴다.

'절고 있다'는 일반적인 사실을 나타내는 '전다'와 달리 현재의 일시적으로 진행 중에 있는 행위를 나타내므로 단순현재시제 limps가 아닌 현재진행시제 is limping으로 옮긴다. 시제에 관해서는 '제10장 시제'를 참조하라.

'자동차사고' car accident는 셀 수 있는 명사로 '자동차사고 하나'는 a car accident이고 일반적인 의미의 자동차사고는 car accidents로 옮긴다.

'자동차사고를 당하다'는 have a car accident로 옮긴다.

'~인 것 같다'는 seem to do~, guess~, seem that~으로 옮긴다.

넷째 예문의 it은 진주어인 that-절(that~accident)을 가리키는 가주어이다.

7. a. The door that is continuously being opened and closed by the wind irritates me.
   b. I am irritated by the door that is repeating its opening and closing by the wind.
   c. It irritates me that the door is being opened and closed again and again by the wind.
   d. The wind is continuously opening and closing the door, and this irritates me.

'바람' wind는 바람 그 자체를 가리킬 때는 셀 수 없는 명사로 쓰이지만 바람의 한 종류나 유형을 가리키거나 수의 개념으로 쓸 때는 셀 수 있는 명사로 쓰인다. 예문에서 정관사를 붙여 the wind로 표현한 것은 화자가 그의 청자도 알고 있다고 보는 바람인 '그 바람'을 가리키기 위한 것이다.

'계속해서'는 부사 continuously나 동사 repeat~ 또는 부사 again and again으로 옮긴다.

'열리고 닫히다'는 동사구 be opened and closed나 명사구 one's opening and closing 또는 동사구 open and close~로 옮긴다.

'~를 짜증나게 하다'는 irritate~, be irritated by~로 옮긴다.

첫째와 둘째 예문의 that은 the door를 가리키는 주격관계대명사이고 셋째 예문의 that은 가주어 it

이 가리키는 진주어인 that-절을 이끄는 종속접속사이다.

8. a. The orphan who is being helped by others hopes to help them in the future.
   b. It is the orphan's hope to help others in the future, since he is being helped by them.
   c. People are helping the orphan, but he hopes to help them in the future.
   d. The orphan's hope is that he will help others in the future, since he is receiving their help.

'남'은 others로 표현하고 '남의 도움을 받다'는 be helped by others로 옮긴다.

'도움을 받고 있는'은 한국어 원문의 의미로 볼 때 일반적으로 도움을 받는다는 것이 아니라 현재 일시적으로 도움을 받고 있다는 의미이므로 단순현재시제(is helped)가 아닌 현재진행시제(is being helped, are helping, is receiving their help)로 옮긴다.

'앞으로'는 '장차, 미래에는'의 의미로 in the future로 옮긴다.

'~하기를 희망하다'는 hope to do~로 옮긴다.

첫째 예문은 '그 고아' the orphan을 화제로 삼은 문장이고 둘째 예문은 가주어 it와 이것이 가리키는 진주어인 to-부정사 to help를 사용한 문장이며 셋째 예문은 '사람들' people을 화제로 넷째 예문은 '그 고아의 바람' the orphan's hope를 화제로 삼은 문장이다.

9. a. There's no hesitation to the man about giving help to others and receiving their help.
   b. The man doesn't hesitate not only to help others but also to receive their help.
   c. Both helping others and receiving their help are what the man doesn't hesitate about.
   d. Giving help to others and receiving their help are what the man doesn't avoid.

'남을 돕다'는 give help to others, help others로 옮긴다.

'남의 도움을 받다'는 receive others' help로 옮기거나 앞에서 이미 others가 나와 있는 경우 이것을 대명사 they로 바꾸어 이것의 소유격 their를 써서 receive their help로 옮긴다.

'주저하지 않다'는 there's no hesitation, don't hesitate, don't avoid로 옮긴다.

첫째 예문은 존재를 나타내는 there-구문으로 옮긴 것으로 동명사 giving과 receiving이 전치사 about의 목적어이다.

둘째 예문은 두 개의 to-부정사 to help와 to receive를 상관접속사 not only~but also~가 대등하게 연결하고 있는 문장이다.

셋째 예문은 두 동명사 helping과 receiving을 상관접속사 both~and~로 연결한 문장이다.

넷째 예문은 두 동명사 giving과 receiving을 등위접속사 and로 대등하게 연결한 문장이다.

10. a. The ice cream is melting down so fast that the child has difficulty licking it in time.
    b. The child cannot lick the ice cream in time, because it is melting down so fast.
    c. The melting speed of the ice cream is so fast that the child cannot lick it in time.
    d. Since the ice cream is melting down so fast, it is not easy for the child to lick it in time.

'아이스크림' ice cream은 물질 그 자체를 가리킬 때는 셀 수 없는 명사이지만 '한 통의 아이스크림'이나 '아이스크림 콘 하나'를 가리킬 때는 셀 수 있는 명사이다. 따라서 셀 수 없는 명사로 쓰일 때는 앞에 한정사를 붙이지 않고 ice cream으로 표현하면 일반적인 의미의 '아이스크림'이 된다. 그러나 셀 수 있는 명사로 쓰일 때는 앞에 한정사를 붙이지 않고 ice creams로 표현해야 일반적인 의미의 '아이스크림'이 된다. 예문에서는 화자가 그의 청자도 알고 있다고 보는 특정한 아이스크림인 '그 아이스크림'을 가리키기 위해 the ice cream으로 표현한 것이다.

'녹아내리다'는 melt down으로 옮기며 melt는 자동사이고 down은 '아래로'를 뜻하는 부사이다.

'~을 제때에 빨아먹지 못하다'는 have difficulty licking~in time, cannot lick~in time, it is not easy to lick~in time으로 옮긴다.

Ⅳ. 장문영작

1. 모델영작 Ⅰ

해외여행

해외여행! 그것은 우리를 흥분시키는 표현이며 너는 약간의 조언을 따른다면 그것을 더 많이 즐기게 될 것이다. 너는 왜 해외여행을 하는지를 자신에게 질문해보는 것이 중요하다. 나는 네가 여행 전후에 몇 가지 점 즉, 그 여행의 목적과 장소 그리고 효과를 고려하는 것이 중요하다고 생각한다.

무엇보다도 너는 너의 여행목적을 결정해야 한다. 너는 해외의 유적지에 관심이 있는가? 너는 현대의 도시를 둘러보고 그 도시의 시민들과 어울리기를 원하는가? 너는 농촌을 방문하고 그 곳의 많은 사람들과 이야기하기를 좋아하는가? 너는 세계적으로 유명한 여름 휴양지를 방문하는데 관심이 있는가? 사람마다 다른 여행목적을 가지고 있다. 너는 여행하기 전에 너의 여행목적을 분명히 하는 것이 매우 중요하다.

일단 너는 너의 여행목적을 결정하면 몇몇 가능한 목적지를 찾아낼 수 있다. 다음으로 너는 너의 최종적인 결정을 위해 이 장소들을 조사해야 한다. 너의 결정이 더 많이 정확한 정보를 기초로 하면 할수록 너는 더 많이 성공할 것 같다. 네가 둘러보고 싶은 많은 유적지가 있다면 너는 어느 장소를 우선적으로 방문해야 할지를 결정해야 한다. 네가 방문하고 싶은 모든 장소들을 방문하는 것은 거의 불가능하다.

여행목적과 장소를 결정한 후 너는 또한 그 여행의 효과에 관해 깊이 생각해야 한다. 모든 사람이 자기의 여행의 효과에 관심이 있고 다양한 긍정적 효과를 가지기를 원할지 모른다. 여행하기 전에 너는 이 효과들을 생각할 수 있다. 여행 후에는 너는 이 효과들을 평가하고 다음 여행을 위해 좋은 계획을 세울 수 있다. 네가 그것들을 더 적절하게 평가하면 할수록 다음번에 그 여행을 더 많이 즐길 수 있다.

해외로 가는 모든 여행자는 그 여행을 하는 자신의 목적이 있다. 이 점에서 그는 그 여행 장소를 결정하고 그 여행 전후에 그 여행의 가능한 효과들을 평가해야 한다.

2. 모델영작 Ⅱ

아름다운 산을 지나는 기차여행

아름다운 산을 지나는 기차여행! 그것은 생각만 해도 모두를 흥분하게 할 것이다. 그것은 나에게 나 자신으로의 긴 여행을 할 특별한 기회를 제공했다. 나는 나의 과거 현재 미래로의 여행을 소개하겠다.

나의 양친은 한국의 수도인 서울에서 먼 한 조그만 읍에 살며 때때로 나는 봄에 기차로 그들을 방문하러 간다. 운 좋게도 나의 기차는 여기저기 여러 가지 봄꽃으로 뒤덮인 아름다운 높은 산들을 통과한다. 기차에서 그것들을 볼 때마다 나는 나의 과거 즉, 유년시절로의 긴 여행을 하기 시작한다. 나는 먼저 나의 유년시절의 나의 가족들에게 돌아간다. 그들은 모두 좋은 사람들이었으며 나를 깊이 사랑했다. 그들의 너그러움 덕분에 나는 더 큰 꿈을 가질 수 있었다.

과거로의 여행을 끝마치자마자 나는 현재로 돌아와서 나의 현재로의 여행을 하기 시작한다. 무엇보다도 나는 나의 과거의 여러 소원과 현재의 나를 자세히 비교한다. 어떤 소원들은 실현되었는데 반해 다른 소원들은 여전히 장차 실현해야 한다. 이것은 한편으로 나를 기쁘게 하며 또한 다른 한편으로 실현되지 않은 몇몇 소원들에 관해 주의하게 한다. 그 기차 밖의 아름다운 경치는 나의 현재의 상황 속으로 내가 더 깊이 들어가는 것을 허락하지 않는다.

그 아름다운 경치를 둘러본 후 나는 나의 미래로의 여행으로 미끄러져 들어간다. 과거의 소원들에 관해 돌아보았으므로 나는 현재의 나와 미래에 실현할 나의 소원들을 비교하기 시작한다. 나의 과거의 소원들을 실현했듯이 나는 나의 미래의 소원들을 실현해야 한다. 내가 미래에 실현할 몇 가지 소원이 있다는 것이 나에게 약간의 희망을 줄 뿐만 아니라 또한 약간의 부담을 준다. 어쨌든 나는 나의 과거의 소원들이 실현되었듯이 나의 미래의 소원들이 이루어질 것이라 확신한다.

우리는 잠시 동안 우리의 모든 일상적인 걱정거리들을 잊을 수 있고 또한 우리의 과거 현재 미래로의 여행을 할 수 있으므로 봄에 아름다운 산을 지나는 기차여행을 해 보는 것은 어떤가?

제7장 | 부정사

Ⅱ. 확인학습

1. That → It

   의미로 보아 to-부정사 to treat이 주어가 되어야 하므로 이것을 가리키는 가주어 it이 필요하다.

2. to not → not to

   to-부정사(to start)를 부정하는 부정어(not)는 부정사 앞에 온다.

3. to travel → travel

   사역동사(let, make, have 등) 뒤에서는 to-부정사(to travel)가 아닌 원형부정사(travel)를 쓴다.

4. to speak → speaking

   to-부정사(to speak)는 전치사(on)의 목적어가 될 수 없다. 따라서 전치사의 목적어자리에 오는 동사는 동명사로 온다.

5. for → of

   보통 to-부정사의 주어는 전치사 for와 함께 온다. 그러나 가주어 it 뒤에 be동사의 보어로 인간행위를 판단하는 형용사(silly, foolish, cruel 등)가 오고 진주어로 to-부정사가 올 때는 부정사의 주어(you) 앞에는 전치사 of가 온다.

6. be → have been

would love to 뒤에 완료시제를 쓰면 과거의 일에 대한 유감을 나타낸다. 예문은 과거에 기다리고 있는 중이 아니어서 그것이 현재 유감이라는 의미이므로 to 뒤에 완료진행시제(have been -ing)를 쓴다.

7. been knowing → known

동사 know는 '~을 알고 있다'는 상태를 나타내는 동사이다. 동작동사와 달리 상태동사는 진행형으로 쓰이지 않고 완료진행형(have been knowing)으로도 쓰이지 않는다.

8. graduating → to graduate

동사 manage는 뒤에 오는 동사가 동명사(graduating)가 아닌 to-부정사(to manage)로 오기를 요구한다.

9. beaten → been beaten

'~을 구타하다'는 의미의 동사 beat 뒤에 있어야할 목적어(him)가 주어자리에 있으므로 능동형완료부정사(to have beaten)가 아닌 수동형완료부정사(to have been beaten)가 된다.

10. this → it

예문의 의미로 보아 to-부정사(to allow)가 동사의 진목적어이고 명사구 a problem이 목적보어가 되어야 한다. 따라서 가목적어(it)가 필요하다.

Ⅲ. 단문영작

1. a. Not having an umbrella, she got rained on.
   b. Because she didn't carry an umbrella, she got rained on.
   c. She was exposed to rain because she didn't have an umbrella.
   d. It was impossible for her to escape from getting rained on, for she didn't have an umbrella.

'우산' umbrella는 셀 수 있는 명사로 보통 수의 개념으로 쓰인다. 따라서 '우산 하나'는 an umbrella 일반적인 의미의 우산은 umbrellas로 옮긴다.

'우산이 없다'는 don't have an umbrella로 옮기거나 '우산을 휴대하고 있지 않다'는 의미로 don't carry an umbrella로 옮긴다.

'비를 맞다'는 get rained on, be exposed to rain으로 옮긴다.

'~하지 않을 수 없다'는 it is impossible to escape from doing~으로 옮긴다.

첫째 예문의 Not having an umbrella는 분사구문으로 Because she didn't have an umbrella에서 나온 것으로 볼 수 있다.

넷째 예문의 it은 진주어인 to-부정사 to escape를 가리키는 가주어이고 her는 부정사의 주어이고 for는 부정사의 주어 앞에 놓이는 전치사이다.

2. a. Children should be looked after by adults.
   b. Adults naturally need to look after children.
   c. Looking after children is so natural for adults.
   d. It is natural for children to be looked after by adults.

'어린이' child는 셀 수 있는 명사로 '한 어린이'는 a child이고 일반적인 의미의 '어린이'는 children으로 옮긴다. 한국어 원문의 '어린이'는 '어떤 어린이건 어린이'를 뜻하는 것으로 볼 수 있으므로 a child로 옮길 수도 있고 일반적인 의미의 어린이를 뜻하는 것으로 볼 수도 있으므로 children으로 옮길 수도 있다. 마찬가지로 '어른'도 an adult로 옮길 수도 있고 adults로 옮길 수도 있다.

'당연히'는 당연함이나 의무라는 것을 나타내는 조동사 should로 옮기거나 부사 naturally 동사구 be natural로 옮긴다.

'~의 보호를 받다'는 be looked after by~, ~ look after~로 옮긴다. look after의 after는 전치사로 뒤는 전치사의 목적어인 명사구(children)가 와야 한다는데 유의하라.

넷째 예문의 it은 뒤의 진주어인 to-부정사 to be를 가리키는 가주어이다.

3. a. The students asked the teacher for a ten-minute break.
   b. A ten-minute break was asked the teacher by the students.
   c. What the students asked the teacher was a ten-minute break.
   d. The teacher was asked for a ten-minute break by the students.

'~에게 ~을 청하다'는 ask~for~, ~be asked, what~ask~, ~be asked for~로 옮긴다.

'휴식시간' break는 셀 수 있는 명사로 '휴식시간 하나'는 a break이므로 '십 분간의 휴식시간'은 a ten-minute break가 된다. 한정사인 부정관사 a를 빼고 ten-minute break로 옮기면 셀 수 있는 명사 break를 마치 셀 수 없는 명사인 것처럼 사용하여 비문법적이 된다.

첫째 예문은 '그 학생들' the students를 둘째 예문은 '십 분간의 휴식시간' a ten-minute break를 셋째 예문은 '그 학생들이 그 선생에게 요구한 것' what the students asked the students를 넷째 예문은 '그 선생' the teacher를 화제로 삼아 옮긴 것이다.

4. a. You should watch your language not to hurt others.
   b. Watching your language is important not to hurt others.
   c. It is necessary to watch your language not to hurt others.
   d. In order not to hurt others, you should watch your language.

'남의 마음을 아프게 하다'는 hurt others로 옮긴다.

'~하지 않도록'은 to-부정사 앞에 부정어 not을 두어 not to do~로 옮기거나 in order not to do~로 옮긴다.

'말을 조심하다'는 watch one's language로 옮긴다.

'~해야 한다'는 당연함이나 필요성을 나타내므로 should do~, be important to do~, be necessary to do~로 옮긴다.

둘째 예문은 동명사(watching)를 주어로 옮긴 것이고 셋째 예문은 가주어 it와 진주어인 to-부정사 to watch를 사용하여 옮긴 것이다.

5. a. It was foolish of her not to follow her boyfriend's advice.
   b. Her boyfriend gave her advice, but foolishly, she did not accept it.
   c. Her boyfriend's advice was not accepted by her, which showed her foolishness.
   d. She did not follow her boyfriend's advice, and this was a foolish thing.

'어리석게도'는 be foolish, foolishly, show one's foolishness, be a foolish thing으로 옮긴다.

'남자친구' boyfriend는 셀 수 있는 명사로 '한 사람의 남자친구'는 a boyfriend이고 일반적인 의미의 남자친구는 boyfriends이다. 한국어 원문에서는 '그녀의 남자친구'를 의미하므로 her boyfriend로 옮긴다.

'~의 조언을 따르다'는 follow one's advice, accept one's advice, one's advice is accepted로 옮긴다.

첫째 예문의 it은 가주어이고 to-부정사 to follow가 진주어이며 her는 부정사의 주어이고 of는 부정사의 주어 앞에 놓이는 전치사이다.

넷째 예문의 this는 앞의 절(she~advice)의 내용을 가리키는 대명사이다.

6. a. You need to exercise regularly to live a healthy life.
   b. Our healthy life seems to be based on regular exercise.
   c. I think regular exercise is important to

our healthy life.

d. Regular exercise is important to our healthy life, I think.

'운동' exercise는 보통 셀 수 없는 명사로 쓰이지만 건강을 유지하거나 특정 신체활동을 하기 위해 행하는 일련의 움직임이나 활동을 복수명사 exercises로 표현한다. (예) These stomach exercises will tighten abdominal muscles.

'규칙적인 운동'은 regular exercise로 옮긴다.

'건강하게 살다'는 동사구 live a healthy life나 명사구 our healthy life로 옮긴다.

'~에 중요하다'는 need to do, be based on~, be important to~로 옮긴다.

넷째 예문은 주절동사 think 뒤의 종속절인 regular~our healthy life를 강조하기 위해 주절(I think) 앞으로 이동한 문장이다. 따라서 이 문장은 주절의 주장을 약화시키면서 종속절의 주장을 주된 주장으로 만들어 주는 문장이다.

첫째 예문은 일반주어인 '사람' you 둘째 예문은 '우리의 건강한 생활' our healthy life 셋째 예문은 화자인 '나' I 넷째 예문은 '규칙적인 운동' regular exercise를 화제로 삼아 영작한 것이다.

7. a. Every climber seems to be coming down the mountain.

b. All the climbers seem to be coming down the mountain.

c. It seems that the climbers are all coming down the mountain.

d. I think that all of the climbers are coming down the mountain.

'등산객' climber는 셀 수 있는 명사로 '그 등산객들은 모두'는 '모든 등산객들'의 의미로 every climber, all the climbers, the climbers~all~, all of the climbers로 옮긴다. all of the climbers와 달리 all of climbers로 쓸 수 없다는데 유의하라. climbers 앞에 한정사(the, your, these, those)를 붙여 all of the climbers, all of your climbers, all of these climbers처럼 써야 한다.

'산에서 내려오다'는 come down the mountain으로 옮기며 mountain 앞에 정관사(the)를 붙인 것은 화자가 그의 청자도 알고 있다고 보는 '그 산'의 의미를 전한다. come은 자동사이고 down the mountain은 전치사구로 명사구 the mountain이 전치사 down의 목적어이다.

'오고 있는 중인 것 같다'는 동사 seem 뒤에 오는 to-부정사를 진행부정사(to be coming)로 옮겨 표현하거나 seem 뒤에 나오는 that-절에서 동사를 현재진행형(are coming)으로 옮겨 표현한다.

셋째 예문의 it은 뒤에 나오는 that-절(the climbers~the mountain)을 가리키는 가주어이다.

8. a. It seems that the young woman has been followed for more than an hour.

b. The young woman seems to have been followed for more than an hour.

c. I think that the young woman has been followed for more than an hour.

d. My guess is that the young woman has been followed for more than an hour.

'한 시간 이상'은 for more than an hour로 옮긴다.

'미행을 당하다'는 be followed로 옮기며 '미행을 당한 것처럼 보인다'는 보이는 것은 현재이고 당한 것은 이보다 앞선 시점에 일어난 일이므로 현재완료시제(has been followed)로 옮기거나 완료부정사(to have been followed)로 옮긴다.

첫째 예문의 it은 진주어인 that-절(the young woman~an hour)을 가리키는 가주어이다.

둘째 예문은 첫째 예문에서 종속절의 주어인 the young woman을 가주어 it자리로 이동하여 that-절이 to-부정사로 바뀐 문장으로 본다.

9. a. Foreigners will need lots of hours to learn Korean.

b. It will take lots of hours for a foreigner to learn Korean.

c. Lots of hours will be taken for a foreigner to learn Korean.

d. Korean requires lots of hours to learn it as a foreign language.

'외국인' foreigner는 셀 수 있는 명사로 '한 외국인'은 a foreigner이고 일반적인 의미의 '외국인'은 foreigners이다.

'한국어'는 보통 Korean으로 옮기고 좀 더 격식을 따지는 문체에서는 the Korean language로 옮긴다.

'한국어를 배우다'는 learn Korean, learn the Korean language로 옮긴다.

'많은 시간이 걸리다'는 need lots of hours, take lots of hours, ~require lots of hours로 옮긴다.

둘째와 셋째 예문의 to-부정사 to learn의 주어는 a foreigner이고 for는 부정사의 주어 앞에 놓이는 전치사이다. for a foreigner는 전치사구로 명사구 a foreigner가 전치사 for의 목적어이다.

10. a. It is the boy's plan to go out to play as soon as possible after finishing his homework.

b. The boy is planning to go out to play as soon as possible after finishing his homework.

c. The boy's plan is to go out to play after doing his homework as soon as possible.

d. Going out to play after doing his homework as soon as possible is what the boy is planning to do.

'가능한 한 빨리'는 as soon as possible로 옮긴다.

'숙제' homework은 셀 수 없는 명사로 a homework이나 homeworks처럼 쓸 수 없다. 한국어 원문의 '숙제'는 일반적인 의미의 '숙제'를 가리킬 수도 있고 '그의 숙제'를 가리킬 수도 있다. 따라서 homework이나 his homework으로 옮긴다.

'숙제를 마치다'는 finish one's homework, finish homework으로 옮긴다.

'놀러나가다'는 go out to play로 옮긴다.

'~할 계획이다'는 it is one's plan to do~, is planning to do~, one's plan is to do~로 옮긴다.

첫째 예문은 가주어 it와 진주어인 to-부정사 to go를 사용하여 옮긴 것이다.

둘째 예문은 사람인 '그 소년' the boy를 셋째 예문은 사물인 '그 소년의 계획' the boy's plan을 넷째 예문은 '놀러나가는 것' going out을 주어로 작문한 것이다.

Ⅳ. 장문영작

1. 모델영작 Ⅰ

자원봉사활동

자원봉사활동! 자원봉사를 하는 것은 칭찬할 만한 일이며 너는 많은 사람들이 그것을 하고 있는 것을 발견할 것이다. 자원봉사는 다양한 직업을 가진 사람들이 해 왔으며 많은 종류의 자원봉사가 있고 그 여러 가지 효과는 행복하게 사는 법에 관해 많은 것을 암시한다. 나는 자원봉사와 그것이 가진 여러 가지 의미 그리고 그것의 미래에 관해 쓰겠다.

직업이 다르면 사람들은 다른 방식으로 자원봉사를 한다. 이를테면 많은 대학생들은 시골로 가서 농번기에 농부를 위해 자원봉사를 한다. 어떤 의과대학생들 또한 외딴 농촌이나 어촌을 방문하여 그 마을 사람들을 진찰하고 그들에게 자원봉사로 의료봉사를 제공한다. 자원봉사단체에 있는 어떤 여성들은 요양원에 있는 불쌍한 노인들을 방문하고 그들에게 먹을 것을 주고 목욕을 시키며 음악과 춤으로 그들을 즐겁게 한다.

자원봉사자의 증가는 점점 더 많은 사람들이 남의 복지에 관해 걱정하고 있다는 것을 암시한다. 그들은 남의 행복이 자신들의 행복과 깊이 관련되어 있다는 것을 깨닫는다. 바꾸어 말하면 그들은 그들이 어떤 식으로 이웃사람들의 행복에 책임이 있다는 것을 인지한다. 이 때문에 그들은 그들 역시 남의 도움이 필요할지라도 자원해서 그들의 이웃사람들을 돕는다. 어떤 점에서 그들의 자원봉사는 그들의 긴급한 도움이 필요한 남에 대한 동정심에서 시작된다.

시간이 지남에 따라 점점 더 많은 사람들이 여러 가지 이유로 어려움에 처할 것이다. 그들은 원하건 그렇지 않건 남의 도움이 필요할 것이다. 정부는 해결하려고 노력하지만 모든 시민들의 문제점들을 해결할 수는 없을 것이다. 이 때문에 어떤 사람들은 그들 역시 해결할 문제가 있지만 남이 어려움에서 벗어나도록 도와야 할 것이다. 어쨌든 너는 남을 돕는 데서 높은 자부심을 얻을 것이기 때문에 자원봉사를 하기를 주저하지 않아야 한다.

모두가 긴급한 도움이 필요한 이웃사람들이 주위에 있다. 너는 너의 이웃사람들을 도와 줄 뿐만 아니라 또한 그들의 도움을 받을 수도 있다. 그렇다면 네가 자원 봉사활동을 먼저 시작하는 것은 어떤가?

2. 모델영작 Ⅱ

남을 기쁘게 하기

남을 기쁘게 하는 것! 그것은 하기 쉬운 일은 아니지만 어떤 사람들은 남을 즐겁게 하고 반면에 다른 사람들은 남을 불쾌하게 한다. 어떤 사람들은 남을 기쁘게 하는 것이 자신을 기쁘게 한다는 것을 알기 때문에 남을 기쁘게 하는 일을 즐기는데 반해 다른 사람들은 이 행복에 무지하다. 나는 남을 기쁘게 하는 이유와 방법과 효과에 관해 생각해 보았다.

일반적으로 남을 기쁘게 하는 사람은 그렇게 하는데 어떤 만족감을 느낀다. 남을 기쁘게 하려고 하는 사람은 먼저 자신을 제어할 수 있는 능력을 가져야 한다. 만약 그가 성급한 경향이 있다면 남을 기쁘게 하는데 성공하지 못할 지도 모른다. 이 점에서 그는 남을 기쁘게 하는 것이 자신에게 자제력을 준다는 것과 그가 남을 더 많이 기쁘게 하면 할수록 그가 기쁘게 될 것이라는 것을 깨달아야 한다. 이 점에서 남을 기꺼이 기쁘게 하고자 하는 사람은 남의 기쁨이 자기 자신의 기쁨을 증가시킨다는 것을 알고 있다.

네가 남을 기쁘게 할 작정이라면 그렇게 할 방법은 많다. 한 가지 방법은 그들이 너와 이야기하는 동안 그들의 이야기에 귀를 기울이는 것이다. 그들은 네가 매우 사려 깊은 사람이라 생각할 것이다. 또 다른 방법은 너의 상대의 마음을 간파하고 그가 그를 위해 네가 해 주기를 원하는 것을 하는 것이다. 그는 이것 때문에 너에 대해 신뢰감을 가질 것이다. 세 번째 방법은 너의 상대와 저녁식사를 하고 그 저녁식사를 그에게 대접하는 것이다. 이것이 너에 대한 그의 신뢰를 증가시킬 것이다. 일반적으로 그는 너에게서 기쁨을 얻었으므로 다음에 너를 기쁘게 하려고 애쓸 것이다.

남을 기쁘게 하는 것에는 보답이 주어진다. 그것은 때가 되면 좋은 결과를 가져오기로 되어 있다. 만약 네가 남을 기쁘게 했다면 그들은 네가 그들을 기쁘게 했듯이 언젠가 너를 기쁘게 하려고 애쓸 것이다. 그들은 또한 시간이 있을 때마다 오랫동안 너와 만나 이야기하고 싶어 할 것이다. 이것은 틀림없이 너를 기쁘게 할 것이다. 그 외에도 네가 남을 기쁘게 하면 남이 그들 주위의 사람들을 기쁘게 할 것이다. 이것은 너의 기쁨을 배가시킬 것이다.

남을 기쁘게 하는 것이 쉽지는 않지만 그것은 너와 네 이웃사람들에게 많은 좋은 결과를 가져온다. 그것이 그렇게 좋은 것이므로 남이 너를 기쁘게 하려고 시도하기 전에 네가 먼저 남을 기쁘게 하려고 시도해 보는 것은 어떤지?

제8장 | 동명사

Ⅱ. 확인학습

1. world-famous → a world-famous
   동사 become은 동명사가 되어도 여전히 뒤는 보어가 온다. CEO는 셀 수 있는 명사의 단수형으로 한정사가 앞에 붙지 않으면 명사구가 되지 못해 보어가 될 수 없다.

2. good → a good
   meal은 셀 수 있는 명사로 한정사가 붙지 않은 단수형은 명사구가 아니어서 동명사 having의 목적어가 될 수 없다.

3. being not → not being
   동명사(being)를 부정하는 부정어(not)는 동명사 바로 앞에 온다.

4. are → is
   전체문장의 주어는 동명사(meeting)로 단수이므로 동사는 단수주어에 일치한다. a lot of people은 동명사의 목적어이다.

5. blaming → being blamed
   동사 blame의 목적어가 바로 뒤에 없고 앞에 있는 the politician이 되어야 하므로 능동동명사(blaming)는 수동동명사(being blamed)가 된다.

6. to leave → leaving
   동사 consider는 뒤에 오는 동사가 동명사(leaving)로 오기를 요구하는 동사이다. to-부정사(to leave)는 이 동사의 목적어자리에 올 수 없다.

7. energetically → energetic
   동사 make가 '~을 ~되게 하다'는 의미를 전할 때 뒤에 목적어인 명사구와 보어인 형용사구를 두어 전한다. 따라서 이 동사가 동명사(making)가 되어도 여전히 목적어(himself) 뒤에 목적보어(energetic)가 필요하다.

8. make → making
   주어인 명사구 his decision과 동격관계인 명사구가 되려면 동사 make는 동명사(making)가 되어야 한다.

9. Tom → Tom's
   논리적으로 보아 동사 help 뒤에 -ing가 붙은 helping은 현재분사가 아닌 동명사가 되어야 한다. 따라서 앞의 Tom은 동명사의 주어가 되어야 하므로 소유격(Tom's)이 된다.

10. this → it
    논리적으로 보아 동사 think의 목적어는 동명사 listening이고 형용사구 meaningful은 목적보어이다. 따라서 동명사인 진목적어를 가리키는 가목적어 it이 필요하다.

Ⅲ. 단문영작

1. a. We all wish to live a happy life.

b. All human beings want to live happily.

c. It is all human beings' wish to live a happy life.

d. Living a happy life is what all human beings wish.

'행복하게 살다'는 live a happy life로 옮긴다.

'인간' human, human being은 셀 수 있는 명사로 '한 인간'은 a human, a human being이고 일반적인 의미의 '인간'은 humans, human beings이다. 따라서 한국어 원문의 '모든 인간'은 all humans, all human beings로 옮긴다.

'바람이다'는 wish to do~, want to do~, be one's wish, be what one wishes로 옮긴다.

첫째 예문은 '우리' we 둘째 예문은 '모든 인간' all human beings 셋째 예문은 가주어 it와 진주어인 to-부정사 to live를 넷째 예문은 '행복하게 사는 것' living a happy life를 화제로 삼아 옮긴 것이다.

2. a. Learning a foreign language requires patience.

b. You have to be patient when you learn a foreign language.

c. Patience is very important when you learn a foreign language.

d. It is very important for you to have patience when you learn a foreign language.

'외국어' foreign language는 셀 수 있는 명사로 '한 외국어'나 '어떤 외국어이건 외국어'는 a foreign language이고 일반적인 의미의 '외국어'는 foreign languages이다. 따라서 한국어 원문의 '외국어'는 a foreign language나 foreign languages로 옮길 수 있다.

'인내심' patience는 셀 수 없는 명사로 일반적인 의미의 인내심을 뜻할 때는 앞에 한정사를 붙이지 않은 patience로 옮긴다.

'인내심이 중요하다'는 require patience, have to be patient, patience is important, it is important to have patience로 옮긴다.

첫째 예문은 '외국어를 배우는 것' learning a foreign language 둘째 예문은 일반인을 가리키는 '사람' you 셋째 예문은 '인내심' patience를 화제로 삼아 작문한 것이고 넷째 예문은 가주어 it과 진주어인 to-부정사 to have를 사용한 구문이다.

3. a. He likes music but doesn't enjoy listening to it.

b. Music he likes, but he doesn't enjoy listening to it.

c. Though he likes music, he doesn't enjoy listening to it.

d. As for music, he likes it but doesn't enjoy listening to it.

'음악' music은 셀 수 없는 명사로 일반적인 의미의 음악은 한정사를 앞에 붙이지 않은 music으로 옮긴다.

'~을 듣는 것을 즐기다'는 enjoy listening to~로 옮기며 enjoy는 뒤에 오는 동사가 to-부정사가 아닌 동명사로 오기를 요구한다.

둘째 예문의 앞부분은 동사 like의 목적어인 명사구 music을 화제로 삼기 위해 주어(he) 앞으로 이동한 것이다. music은 여전히 동사 like의 목적어이다.

넷째 예문의 as for는 '~에 관해 말하면'의 의미이다.

4. a. Haste makes waste.

b. To complete your work properly, you should not do it impatiently.

c. Impatience at all things may not lead to a proper completion of them.

d. If you are impatient at all things, you may not complete them properly.

'매사에'는 전치사구 at all things로 옮긴다. 명사구 all things가 전치사 at의 목적어이다.

'성급하다'는 do~impatiently, impatience, be impatient로 옮긴다.

'~을 제대로 완성하다'는 complete~properly,

lead to a proper completion of～로 옮긴다. lead to～는 '～에 이르다'는 의미로 lead는 자동사이고 to는 전치사로 뒤에 목적어인 명사구가 온다.

첫째 예문은 영어 속담으로 한국어 원문의 의미를 담고 있다.

5. a. You can bring your friends with you.
   b. I don't object to your bringing your friends with you.
   c. Your friends can come with you and I don't object to this.
   d. Your bringing your friends with you is not a problem to me.

'친구들'은 '너의 친구들'을 의미하므로 your friends로 옮긴다.

'～을 데리고 오다'는 bring～with a person, ～come with a person으로 옮긴다.

'～에 반대하다'는 object to～, ～be a problem으로 옮긴다. object to～의 to는 전치사이므로 뒤에 전치사의 목적어인 명사구(동명사 your bringing, 대명사 this)가 온다. your는 동명사 bringing의 주어이다.

첫째 예문은 '너' you를 둘째 예문은 화자인 '나' I를 셋째 예문은 '너의 친구들' your friends를 넷째 예문은 '네가 친구들을 데리고 오는 것' your bringing your friends with you를 화제로 삼아 옮긴 것이다.

6. a. The boy's mother punished him for not doing his homework.
   b. Not doing homework resulted in the boy being punished by his mother.
   c. The boy was punished by his mother for not doing his homework.
   d. A punishment was given to the boy by his mother because he did not do his homework.

'숙제' homework은 셀 수 없는 명사로 일반적인 의미의 숙제는 한정사를 붙이지 않은 homework으로 옮긴다. 한국어 원문에서는 일반적인 의미의 숙제를 가리키는 것으로 볼 수도 있고 '그의 숙제'를 가리키는 것으로 볼 수도 있으므로 homework이나 his homework 모두 쓸 수 있다.

'숙제를 하다'는 do homework, do one's homework으로 옮긴다.

'～를 하지 않아'는 '～를 하지 않았다는 이유로'의 의미로 이유를 나타내는 전치사 for를 사용한 전치사구 for not doing～으로 옮길 수 있고 동명사구 not doing～이나 이유를 나타내는 절 because～don't do～로 옮긴다.

'～을 ～하다는 이유로 벌주다'는 punish～for～로 옮긴다.

둘째 예문의 result in～은 '결국 ～이 되다'는 의미로 in이 전치사이므로 동사 be가 전치사의 목적어가 되기 위해 동명사 being이 된 것이다. the boy는 동명사의 주어이다.

7. a. Reading steadily will make you become erudite someday.
   b. If you read persistently, you will become erudite someday.
   c. Read books steadily and you will become erudite someday.
   d. Your steady reading will lead you to become erudite someday.

'꾸준하게'는 steadily, persistently로 옮긴다.

'책을 읽으면'은 첫째 예문처럼 '책을 읽는 것'으로 보아 reading으로 표현할 수도 있고 둘째 예문처럼 조건절(if～read～)로 표현할 수도 있고 셋째 예문처럼 명령문(read～)으로 옮길 수도 있으며 넷째 예문처럼 '～가 독서하는 것' one's reading으로 옮길 수도 있다.

'언젠가'는 someday로 옮긴다.

'박식하게 되다'는 become erudite로 옮긴다.

첫째 예문의 사역동사 make 뒤에서 to-부정사 to become이 원형부정사 become이 되어 있다.

넷째 예문의 lead～to do～는 '～을 ～하도록 이끌다'는 의미를 전한다.

8. a. Both beating others and being beaten by them should be avoided.
   b. You should avoid not only beating others but also being beaten by them.
   c. An avoidable thing may be beating others or being beaten by them.
   d. It is natural that we should avoid both beating others and being beaten by them.

'구타를 하다'는 beat~로 옮기고 '구타를 당하다'는 be beaten으로 옮긴다.

'~을 피해야 할 것이다'는 당연함을 나타내므로 ~should be avoided, should avoid~, an avoidable thing may be~, it is natural that~should avoid~로 옮긴다.

첫째 예문은 주어인 두 동명사구(beating~, being beaten~)를 상관접속사 both ~and~로 대등하게 연결한 것이다.

둘째 예문은 동사 avoid의 목적어인 두 동명사구(beating~, being beaten~)를 상관접속사 not only~but also~로 대등하게 연결한 것이다.

셋째 예문은 be의 보어인 두 동명사구(beating~, being beaten~)를 등위접속사 or로 대등하게 연결한 것이다.

넷째 예문은 가주어 it와 진주어인 that-절(that we~by them)로 옮긴 것이다.

9. a. His hobby is playing ping-pong and it is helpful to his mental and physical health.
   b. Playing ping-pong is his hobby and it is helpful to his mental and physical health.
   c. Ping-pong is what he plays as a hobby and it is helpful to his mental and physical health.
   d. His mental and physical health benefits from his playing ping-pong as a hobby.

'취미' hobby는 셀 수 있는 명사로 '취미 하나'는 a hobby이고 일반적인 의미의 '취미'는 hobbies로 옮긴다. 여기서는 '그의 취미(하나)'를 가리키므로 his hobby로 옮긴다.

'탁구' ping-pong은 셀 수 없는 명사로 일반적인 의미는 한정사를 붙이지 않은 ping-pong으로 전한다. 따라서 '탁구를 치다'는 play ping-pong으로 옮긴다.

'정신과 육체의 건강'은 mental and physical health로 옮긴다.

'도움이 되다'는 be helpful, benefit from~으로 옮긴다.

첫째 예문은 '그의 취미' his hobby를 둘째 예문은 '탁구치기' playing ping-pong을 셋째 예문은 '탁구' ping-pong을 넷째 예문은 '그의 정신과 육체의 건강' his mental and physical health를 화제로 삼아 옮긴 것이다.

10. a. To win the game, you must not be afraid of, or look down on, your opponent.
    b. It is important not to be afraid of, or look down on, your opponent to win the game.
    c. You should not be afraid of, or look down on, your opponent to win the game.
    d. If you have to win the game, you should not be afraid of, or look down on, your opponent.

'경기' game은 셀 수 있는 명사로 '경기 하나'는 a game이고 일반적인 의미의 '경기'는 games로 옮긴다. 여기서는 화자가 그의 청자도 알고 있다고 보는 특정한 경기 하나인 '그 경기'를 가리키기 위해 the game으로 옮긴다.

'경기에서 이기다'는 '어떤 경기이건 한 경기'를 가리킬 때는 win a game으로 옮기고 '그 경기'를 가리킬 때는 win the game으로 옮긴다.

'(경기)상대' opponent는 셀 수 있는 명사로 '한 경기 상대'를 가리킬 때는 an opponent로 옮기고 일반적인 의미의 경기상대를 가리킬 때는 opponents로 옮긴다. 여기서는 '너의 경기상대(한 사람)'를 의미하는 것으로 보아 your opponent로 옮긴 것이다.

'~을 두려워하다'는 be afraid of~로 옮기고 '~을 얕잡아보다'는 look down on~으로 옮긴다.

각 예문에서 명사구 your opponent는 be afraid of와 look down on의 각 전치사 of와 on의 공통의 목적어이다.

Ⅳ. 장문영작

1. 모델영작 Ⅰ

가장 친한 친구

가장 친한 친구! 모든 사람이 가장 친한 친구가 있을 지도 모르며 자신의 가장 친한 친구를 종종 만나거나 만나지 못할 지도 모른다. 나는 대학원에 다니는 동안 나의 가장 친한 친구를 만났다. 나는 우리의 만남과 우정의 진척과 서로 연락이 끊어진 것에 관해 이야기하겠다.

나는 대학원 석사과정에 들어가서 나처럼 한 지방에서 올라온 한 친구를 만났다. 그는 아름다운 시골경치로 잘 알려진 한 도시인 춘천에서 왔다. 그는 나보다 한 살 많았다. 우리는 종종 우리가 수강하고 있었던 과목에 관해 우리의 생각을 교환했다. 그와 나는 언어학의 같은 분야에 관심이 있었다. 그는 내가 만난 가장 사려 깊은 사람들 중 한 사람이었다. 그는 연구에 매우 열성적이었으며 우리는 종종 학교도서관에서 만나 함께 공부했다.

학교도서관에서 우리의 일상의 연구를 끝마친 후 우리는 때때로 술집에 들러 생맥주를 한 잔 하면서 긴 이야기를 했다. 우리는 우리의 관심사에 관해 이야기했다. 처음에 우리는 우리의 개인적인 문제로 우리의 대화를 시작했다. 다음으로 우리의 대화는 우리나라의 교육제도에 이르렀다. 그는 그의 이상적인 교육제도를 제안하기조차 했으며 나는 그것에 관해 그의 말에 동의했다. 우리의 대화는 결국 우리의 종교에 관한 견해에 이르렀다. 우리는 우리의 견해를 주고받았으며 대개 서로 의견을 같이했다. 우리는 곧 친한 친구가 되었다.

마침내 우리는 석사학위를 받았으며 나는 대학에서 영어를 가르치기 시작했다. 어쨌든 그는 한국을 떠나 캐나다로 갔으며 그의 연구를 위해 거기 머물렀다. 그 때 나는 그와 연락이 끊어지게 되었지만 나는 여전히 그를 친한 친구로 기억했다. 나중에 나는 그가 캐나다에서 석사학위를 받고 귀국했다는 이야기를 들었다. 어쨌든 나는 알아내려고 노력했지만 그가 어디에 살며 무엇을 하고 있는지 알아내기가 어려웠다.

어떤 사람들은 우리가 정말 만나고 싶어 하지만 만날 수 없다. 얄궂게도 어떤 사람들은 우리가 정말 만나는 것을 피하고 싶지만 피할 수 없다. 이것이 인생인가?

2. 모델영작 Ⅱ

외국인 만나기

외국인을 만나는 것! 그것은 한 개인에게 많은 것을 의미할 수 있으며 너는 네가 직접 그들을 만나면 이것을 알게 될 것이다. 그것은 남에게 나의 마음을 터놓고 이야기하고 그들과 친구가 될 기회를 나에게 주었다. 나는 외국인으로부터 깊은 인상을 받았으며 그들과 친구가 되고 그들의 모든 문화를 이해했다.

나는 육학년 때 처음으로 한 외국인을 만났다고 생각한다. 졸업하기 이 주 전 나는 처음으로 집 가까이 있는 한 사설학원에서 처음 영어를 공부하기 시작했다. 나는 영어에 많은 호기심을 가지고 있어서 때때로 간단한 영어문장을 외면서 영어를 매우 열심히 공부했다. 어느 날 그 사설학원에서 집으로 돌아오다가 처음으로 한 외국인과 마주쳤다. 나는 인사를 했으며 그는 나의 말에 대답했다. 그는 나에게 간단한 질문을 했으며 나는 그의 말에 대답했다. 우리가 주고받은 이 몇 마디가 나에게 내가 장차 영어를 매우 잘 할 수 있을 것이라는 강한 믿음을 주었다.

나는 처음 영어를 배우기 시작한 이래 많은 외국인과 친구가 되어왔다. 고등하교에 다닐 때 나는 처음으로 외국의 편지친구와 영어로 편지를 주고받기 시작했다. 나는 다른 신체적 특징을 가진 사람들과 의사전달을 하는데 호기심이 많았기 때문에 그들과 친구가 되길 열망했다. 무엇보다도 푸른 눈과 금발을 가진 사람들과 친구가 되는 데 흥미가 있었다. 나중에 나는 눈과 머리 색깔에 관계없이 많은 외국인들과 친구가 되었다.

외국인을 더 빈번히 만나면 만날수록 나는 그들의 문화에 관심을 가지게 되었다. 처음에 그들은 그들의 문화가 우리의 문화와 달랐기 때문에 그들의 문화를 이해하기는 쉽지 않았다. 어쨌든 나는 시간이 지나면서 그들의 문화를 이해하기 시작했다. 그들과 이야기하는 동안 나는 그들을 나와 같은 인간으로서 인식하게 되었다. 이 점에서 그들의 문화는 나에게 중요한 뭔가를 의미했다. 무엇보다도 문화적 차이는 우리가 서로를 존중하게 했다.

세계화 시대에 외국인을 만나지 않고 살기는 어렵다. 네가 언젠가 그들을 틀림없이 만나므로, 미리 그들을 만나려고 노력하고 그들과 친구가 되는 것이 어떤가?

제9장 | 분사

Ⅱ. 확인학습

1. solved not → not solved

   과거분사(solved)를 부정하는 부정어(not)는 분사 바로 앞에 온다.

2. sentence → sentences

   현재분사(studying)의 목적어는 명사구가 되어야 한다. 명사 sentence는 셀 수 있는 명사의 단수형으로 앞에 한정사가 붙지 않아 명사구가 아니다.

3. strongly → strong

   동사 look은 '~해 보이다'는 의미를 뒤에 보어인 형용사구를 두어 전한다. 따라서 이 동사가 현재분사(looking)로 바뀌어도 여전히 보어인 형용사구(strong)가 필요하다.

4. caring → being cared

   care for에서 전치사 for의 목적어인 some students가 이 전치사 뒤가 아닌 앞으로 이동해 있으므로 동사 care는 현재분사의 수동형 being cared가 된다.

5. carried → carrying

동사 carry 뒤에 목적어(backpacks)가 나와 있으므로 이 동사는 수동의 의미를 가진 과거분사(carried)가 아닌 능동의 의미를 가진 현재분사(carrying)가 된다.

6. is → ∅ 또는 is → who is

전체문장의 동사는 used가 되어야 하므로 앞의 동사 is를 없애면 smiling은 woman을 수식하는 현재분사가 되어 문법적이다. 또 다른 방법은 동사 is 앞에 주격관계대명사를 넣어 주는 방법이 있다.

7. few → little

동사 give의 간접목적어가 a lucky man이고 직접목적어는 not a few money이다. 여기서 간접목적어를 동사 give의 주어자리로 이동하여 이 동사가 과거분사가 된 것이다. 그러나 직접목적어의 내부구조가 잘못되었다. 양화사 a few는 양을 나타내는 명사(money)와 쓰이지 않는다.

8. the President → President

유일무이한 지위를 나타내는 말(President of Korea)이 보어로 쓰일 때 그 명사 앞에 관사를 쓰지 않는다. 'elect(동사) the man(목적어) President of Korea(보어)'에서 보어 앞에 관사를 쓰지 않으므로 이 동사가 과거분사(elected)가 되어도 마찬가지다.

9. worked → working

동사 work는 '일하다'는 자동사이므로 수동태(been worked)가 될 수 없다. 과거 이전부터 과거의 기준시점(felt)까지 3시간 이상 일을 해 오고 있었던 것이므로 완료진행분사(having been working)로 나타낸다.

10. person → a person

현재분사(serving)의 주어는 명사구가 되어야 한다. 일반적으로 셀 수 있는 명사의 단수형(person)은 앞에 한정사가 붙지 않으면 분사의 주어가 되지 못한다.

Ⅲ. 단문영작

1. a. Smelling good, the food stimulates everybody's appetite.
   b. The food smells good and stimulates everybody's appetite.
   c. The good smell of the food sharpens everybody's appetite.
   d. Everybody's appetite is sharpened by the good smell of the food.

'냄새가 좋다'는 동사구 smell good으로 옮기거나 명사구 the good smell로 옮긴다.

'음식' food는 셀 수 없는 명사로 일반적인 의미의 음식은 food로 나타낸다. 한국어 원문에서는 '그 음식'을 의미하므로 the food로 옮긴다. 그러나 food가 개개의 '식품'의 의미로 쓰일 때는 셀 수 있는 명사로 '식품 하나'는 a food이고 일반적인 의미의 식품은 foods로 쓰인다.

'입맛을 돋우다'는 stimulate one's appetite, sharpen one's appetite, one's appetite is sharpened로 옮긴다.

첫째 예문의 smelling good은 분사구문으로 Because it smells good에서 접속사 Because가 생략되고 주어 it은 주절 주어 the food와 같으므로 역시 생략되고 동사 smell을 현재분사 smelling으로 바꾼 것으로 볼 수 있다.

2. a. The people give lots of confidence to the famous scientist.
   b. As a famous scientist, he enjoys lots of confidence of the people.
   c. He is a famous scientist winning lots of confidence of the people.
   d. Lots of confidence of the people is given to him, the famous scientist.

'국민들'은 the people로 옮긴다.

'~의 많은 신망을 받다'는 ~give lots of confidence to~, enjoy lots of confidence of~, win lots of confidence of~, lots of confidence is given to~로 옮긴다.

'과학자' scientist는 셀 수 있는 명사로 '한 과학자'는 a scientist이고 일반적인 의미의 과학자는 scientists이다. 따라서 한국어 원문의 '위대한 과학자'는 '한 위대한 과학자'를 뜻하므로 a famous scientist로 옮긴다. famous scientist로 옮기면 비문이 된다는데 유의하라.

둘째 예문의 as a famous scientist는 전치사구로 명사구 a famous scientist가 전치사 as의 목적어이다.

셋째 예문의 winning은 명사구 lots of confidence를 목적어로 취하면서 앞의 명사 scientist를 수식하는 현재분사이다.

3. a. I like the house painted blue, not yellow.
   b. The house painted blue, not yellow is to my liking.
   c. It is the house painted blue, not yellow, that I like.
   d. What pleases me is the house painted blue, not yellow.

'노란색이 아닌'은 not yellow로 옮긴다.

'푸른색으로 칠해진 그 집'은 '그 집을 푸른색으로 칠하다'는 표현 paint(타동사) the house(목적어) blue(목적보어)에서 타동사 paint의 목적어인 the house가 목적어자리에서 주어자리로 이동한 것이므로 동사가 능동태(paint)에서 수동의 의미를 가진 과거분사(painted)로 바뀌게 되어 the house painted blue가 된다.

'~가 마음에 들다'는 like~, be to one's liking, please~로 옮긴다.

셋째 예문은 it~that~강조구문으로 it와 that 사이의 the house painted blue, not yellow를 강조하며 명사구 the house가 동사 like의 목적어이므로 that은 목적격관계대명사이다.

4. a. The run for about an hour made the young man a bit tired.
   b. The young man had been running for about an hour, so he felt a bit tired.
   c. Because he had been running for about an hour, the young man felt a bit tired.
   d. Having been running for about an hour, the young man was a bit tired.

'한 시간 쯤'은 for about an hour로 옮기며 about은 '약, 대략'을 뜻하는 부사이다.

'뛰고 있었기 때문에'는 the run이나 had been running, so~로 옮길 수도 있고 because~had been running으로 옮기거나 이유를 나타내는 분사구문 having been running으로 옮길 수도 있다. 여기서 완료진행분사 having been running은 because he had been running으로 바꿔 쓸 수 있다.

'좀 피곤한'은 a bit tired로 옮기며 a bit은 '좀, 약간'을 의미하는 부사이다.

첫째 예문은 동사 make가 목적어(the young man)와 목적보어인 형용사구(a bit tired)를 가진 구조이다.

5. a. I saw a woman both carrying a big watermelon and sweating.
   b. Sweating, a woman was carrying a big watermelon, and I saw this.
   c. What I saw was a woman carrying a big watermelon and sweating.
   d. A woman was seen both carrying a big watermelon and sweating by me.

'땀을 흘리며'는 현재분사 sweating으로 옮긴다.

'수박' watermelon은 물질로서의 수박 그 자체를 가리킬 때는 셀 수 없는 명사로 일반적인 의미의 수박은 watermelon이다. 그러나 개체로서의 수박을 가리킬 때는 셀 수 있는 명사로 '수박 하나'는 a watermelon이고 일반적인 의미의 수박은 watermelons이다. 한국어 원문의 '커다란 수박'은 '커다란 수박 하나'를 뜻하므로 a big watermelon으로 옮긴다.

'~을 들고 가다'는 carry~로 옮긴다.

'~가 ~하고 있는 것을 보다'는 '~가 ~하고 있는 중인 것을 보다'는 의미로 동사 see 뒤에 목적어와 목적보어인 현재분사(-ing)를 두어 옮긴다.

6. a. A latecomer tomorrow won't be able to join in the travel.
   b. Whoever is late tomorrow won't be able to join in the travel.
   c. Anyone being late tomorrow won't be able to join in the travel.
   d. If anyone is late tomorrow, he won't be able to join in the travel.

'지각하는 사람' latecomer는 셀 수 있는 명사로 '한 사람의 지각하는 사람'은 a latecomer이고 일반적인 의미의 지각하는 사람은 latecomers이다. 한국어 원문은 '어떤 사람이건 지각하는 사람'을 가리키는 것으로 보아 a latecomer로 옮긴다.

'그 여행에 참가하다'는 join in the travel로 옮긴다.

'~일 것이다'는 미래에 대한 예언이나 예측을 나타내므로 단순미래시제 'will + 동사원형'으로 나타낸다.

둘째 예문의 whoever는 anyone who의 의미로 whoever가 이끄는 절(whoever~tomorrow)이 전체 문장의 주어인 명사절이다.

셋째 예문의 현재분사 being은 전체 문장의 시제(won't be)와 같은 미래를 나타낸다. '내일 지각하는 사람은 내일 그 여행에 참가할 수 없을 것이다'라는 의미이다.

7. a. He himself is a considerate father teaching his children a foreign language.
   b. Being a considerate father, he himself teaches his children a foreign language.
   c. The children learn a foreign language firsthand from their considerate father.
   d. The children's father is so considerate that he teaches them a foreign language himself.

'자식들'은 '그의 자식들'의 의미로 보아 his children으로 옮기거나 '그 자식들'의 의미로 보아 the children으로 옮긴다.

'직접'은 '그가 직접'의 의미로 주어 he 뒤에 주어를 가리키는 재귀대명사 himself를 두어 전하거나 부사 firsthand로 전한다.

'자상한 아버지'는 a considerate father, one's considerate father, one's father is so considerate~으로 옮긴다.

첫째 예문의 teaching은 간접목적어(his children)와 직접목적어(a foreign language)를 취하면서 앞의 명사 father를 수식하는 현재분사이다.

둘째 예문의 being은 이유를 나타내는 분사구문을 만들고 있는 현재분사이다.

8. a. With lots of spectators around, the man and woman were singing and dancing.
   b. Surrounded by lots of spectators, the man and woman were singing and dancing.
   c. The man and woman were singing and dancing while lots of spectators were looking around them.
   d. Lots of spectators were looking around, and the man and woman were singing and dancing.

'관중' spectator는 셀 수 있는 명사로 '한 관중'은 a spectator이고 일반적인 의미의 관중은 spectators이다. 따라서 '많은 관중들'은 한정사인 양화사 lots of와 복수명사를 써서 명사구 lots of spectators로 옮긴다.

'~로 둘러싸여'는 '~을 주위에 둔 채로'의 의미로 전치사구 with~around로 옮기거나 surrounded by~나 while~were around~ 또는 ~were around, and~로 옮긴다. 여기서 surrounded는 타동사 surround의 과거분사로 '둘러싸인'의 의미이고 around는 부사로 '주위에'를 뜻한다.

'노래하고 춤을 추고 있었다'는 과거의 일시적인 행위를 나타내므로 과거진행시제 were singing and dancing으로 옮긴다.

9. a. The owner of the house found the door pushed open by somebody.
   b. Somebody had pushed the door open, which the owner of the house found.
   c. The door was found pushed open by somebody by the owner of the house.
   d. It was found by the owner of the house that the door was pushed open by somebody.

'집주인'은 '그 집의 그 주인'의 의미로 보아 the owner of the house로 옮긴다.

'집의 문'은 화자가 그의 청자도 알고 있다고 보는 그 집의 '그 문'을 뜻하는 것으로 보아 the door로 옮긴다.

'문이 밀어 열려 있는'은 '그 문을 밀어 열다'는 의미의 push the door open에서 동사 push의 목적어가 동사의 주어자리로 이동하면서 동사가 능동태 push에서 수동의 의미를 가진 과거분사 pushed로 바뀌고 원래의 목적보어인 형용사구 open은 그 자리에 남아 있는 구조인 the door pushed open으로 옮긴다.

첫째 예문은 동사 find의 목적어가 명사구 the door이고 과거분사 pushed가 목적보어이다.

둘째 예문은 목적격관계대명사 which를 계속적 용법(콤마와 함께 사용)으로 써서 앞 절(Somebody ~open)의 내용을 가리킨다.

셋째 예문은 첫째 예문에서 동사 find의 목적어인 the door를 화제로 삼아 주어로 만들면서 나온 수동문이다.

넷째 예문은 가주어 it와 진주어인 that-절로 옮긴 것이다.

10. a. Because the stranger didn't know where to go, he asked the way of everybody he met.
   b. Not sure of where to go, the stranger asked the way of everybody he met.
   c. Not knowing where to go, the stranger asked the way of everybody he met.
   d. The stranger didn't know where to go, and asked the way of everybody he met.

'어디로 가야할 지 모르다'는 not know where to go, be not sure of where to go로 옮긴다.

'이방인' stranger는 셀 수 있는 명사로 '한 이방인'은 a stranger이고 일반적인 의미의 이방인은 strangers이다. 한국어 원문에서는 화자가 그의 청자도 알고 있다고 보는 특정한 이방인인 '그 이방인'을 가리키므로 the stranger로 옮긴다.

'마주치는 사람들'은 everybody a person meets로 옮긴다.

'~에게 길을 묻다'는 ask the way of ~로 옮긴다.

셋째 예문의 Not knowing where to go는 분사구문으로 Because he did not know where to go로 바꿔 쓸 수 있다.

Ⅳ. 장문영작

1. 모델영작 Ⅰ

역할 모델

역할 모델! 모든 사람이 이것을 가지고 있을지 모르며 너는 사람들에게 그들의 역할모델에 관해 물으면 이것을 발견하게 될 것이다. 우리의 역할모델은 또 다른 사람으로 바뀔지도 모르지만 일반적으로 우리가 그 역할모델과 흡사하게 될 때까지 지속된다. 나는 역할모델의 종류와 나의 역할모델 그리고 나의 인생에서 그의 역할에 관해 생각해 보았다.

사람마다 장래에 대한 꿈이 다르다. 이런 이유로 그들은 다른 역할모델을 가지고 있다. 가수가 되기를 원하는 사람은 유명한 가수를 역할모델로 가지고 있을지 모른다. 애국자를 존경하는 사람은 이 순신 장군과 같은 유명한 애국자를 역할모델로 가지고 있을지 모른다.

그 외에도 유명한 천문학자가 되기를 꿈꾸는 사람은 스티븐 윌리엄 호킹과 같은 유명한 천문학자를 역할모델로 가지고 있을지도 모른다. 이 점에서 역할모델은 한 개인의 이상을 나타낸다.

많은 사람들이 역할모델을 가지고 있듯이 나 역시 나의 역할모델이 있다. 그는 나처럼 한 조그만 농촌에서 태어났다. 그는 많은 어려움을 극복했다. 가난했지만 그는 가난을 극복하고 유명정치가가 되었다. 유명인이 되자 그는 자신이 어렸을 때 겪었던 가난으로부터 사람들을 구하기 위해 매우 열심히 노력했다. 나는 그가 자신과 자신의 가족을 위해 일하는 대신 남을 위해 일했기 때문에 나의 역할모델로 그를 존경해왔다. 그는 그의 모든 노력을 다른 사람들을 부유하게 만드는데 기울였다.

만약 한 개인이 역할모델을 가지고 있다면 그 역할모델은 장래에 그의 삶에 어떤 역할을 할까? 내가 알고 있는 한 나의 역할모델은 내가 어렸을 때 그를 나의 역할모델로 인정한 이래 나에게 깊은 영향을 미쳐왔다. 나는 나의 유년시절이래 나의 꿈을 바꾼 적이 없으며 그래서 나의 역할모델은 바뀌지 않았다. 만약 내가 나의 꿈을 바꾸지 않는다면 나의 역할모델은 미래에도 바뀌지 않을 것이다. 바꾸어 말하면 처음에는 나의 역할모델과 나는 별개의 개인으로 존재했지만 그는 나의 일부가 되었다.

처음에 너는 너의 역할모델을 선택하고 그가 나중에 너의 일부가 되므로 네가 너의 미래를 위해 역할모델이 필요하다면 너의 역할모델로 멋진 사람을 선택하는 것이 어떤가?

2. 모델영작 Ⅱ

목표를 달성하는 방법

목표를 달성하는 것! 그것은 어려운 일이며 너는 그것을 달성하기위해 준비할 필요가 있다는 것을 발견하게 될 것이다. 너의 목표를 달성하기 위해 너는 목표를 설정하고 구체적인 계획을 세우고 그것을 달성하기 위해 결연한 노력을 해야 한다. 나는 목표를 달성하기위한 세 가지 중요한 점 즉, 목표와 계획과 노력을 소개하겠다.

네가 목표를 달성하기를 원한다면 그 목표는 달성 가능한 것이어야 한다. 달성 가능한 목표는 몇몇 가능한 것들 중에서 선택해야 한다는 것은 말할 나위도 없다. 이 점에서 너의 목표는 달성하기에 너무 쉽거나 너무 어렵지 않아야 한다. 만약 그것이 너무 쉽다면 너는 그것을 달성하고 싶지 않을 것이다. 그와 반대로 만약 그것이 너무 어렵다면 너는 그것을 달성하지 못할 가능성이 높으며 그래서 좌절하게 될 것이다. 이 때문에 목표는 적당하게 어려워야 하지만 너무 쉽지는 않아야 한다. 적당한 목표를 세우는 것이 너의 목표를 달성하기 위한 첫 단계이다.

만약 적당한 목표를 세웠다면 너는 그 다음 단계로 그것을 달성하기 위한 계획을 세워야 한다. 무엇보다도 너의 계획은 일반적이기 보다는 구체적이어야 한다. 만약 네가 그 목표를 달성할 많은 시간이 필요하다면 그 시간을 몇몇 시기로 나누어야 한다. 각 시기는 더 큰 계획을 위한 구체적인 계획으로 이루어져야 한다. 너의 목표를 달성하는

데는 좋은 계획이 필수적이므로 너는 계획을 세우는데 아무리 신중해도 지나치지 않다. 작은 계획은 그 큰 계획과 상호 연결되어 있지만 그 큰 계획에 지나치게 의존적이지 않아야 하는 것 같다.

일단 좋은 계획을 세웠으면 너는 그것을 실행할 의지를 가지고 있어야 한다. 좋은 계획을 세우지만 그것을 실행할 강한 의지를 가지고 있지 않다면 너는 너의 목표를 달성하지 못할 것이다. 그 의지를 유지할 때 너는 그 계획들을 실행하는 것이 아무리 어려울지라도 실행하려고 노력할 것이다. 바꾸어 말하면 너의 목표를 달성하기 위한 너의 강한 의지와 끊임없는 노력 외에는 너의 목표를 달성할 수 있게 해주는 것은 아무 것도 없다.

한 목표를 이루기 위해서는 그 목표가 달성 가능한 것이어야 하며 좋은 계획이 또한 필요하다. 그 좋은 계획은 네가 그 목표를 달성하기 위한 너의 끊임없는 노력을 요구한다. 이와 같이 너의 목표를 달성하는 것이 좋은 방법이 아닌가?

제10장 | 시제

Ⅱ. 확인학습

1. are eating → eat

긴 시간에 걸쳐 이루어지는 행위는 단순시제로 나타낸다. 나비는 일반적으로 무엇을 먹느냐는 질문이므로 단순현재시제를 쓴다.

2. cooks → is cooking

일시적인 행위는 진행시제로 나타낸다. 바로지금(right now) 일어나는 행위는 현재라는 기준시점에서 일시적으로 일어나는 행위이다. 따라서 현재진행시제를 쓴다.

3. broke → have broken

끝난 행위나 사건이 어떤 식으로 현재와 연관되어 있다고 말할 때 현재완료시제를 쓴다. 팔이 부러진 것이 현재 수영하러 갈 수 없는 것과 연관성이 있다.

4. 'm believing → believe

상태 동사(believe, know, like 등)는 진행시제로 쓰이지 않는다. 따라서 진행시제 대신 단순시제(believe)를 쓴다.

5. have been → were

명백한 과거를 나타내는 시간표현(three years ago)은 단순과거시제와 쓰인다.

6. was → had been

과거이전과 과거의 연관성은 과거완료시제로 나타낸다. 작년인 과거를 기준으로 그 이전인 3년 전부터 그 때까지 결혼생활을 해 온 것이므로 과거완료시제가 된다.

7. is moving → moves

불변의 진리는 주절동사(told)의 시제의 영향을 받지 않는다. 지구가 태양주위를 도는 것은 불변의 진리이므로 주절동사가 과거시제이지만 단순현재시제로 쓰인다.

8. be → have been

미래의 기준시점까지의 행위의 완료나 경험은 미래완료시제로 나타낸다. 내년 이맘때까지는 5년 동안 강의를 해오는 셈이 된다는 의미이다.

9. has → had

주절이 과거시제(told)이므로 종속절은 주절과 시제가 일치하므로 현재완료는 과거완료가 된다.

10. paid → (should) pay

가정법은 시제의 일치에 예외가 된다. 주절이 과거시제(required)이지만 종속절은 여전히 가정법인 동사원형(pay)을 쓴다.

Ⅲ. 단문영작

1. a. I don't know what sparrows feed on.
   b. My curiosity is what sparrows feed on.
   c. Never do I know what sparrows feed on.
   d. It is not clear to me what sparrows feed on.

'참새' sparrow는 셀 수 있는 명사로 '참새 한 마리'는 a sparrow이고 일반적인 의미의 참새는 sparrows이다. 한국어 원문에서는 일반적인 의미의 참새를 가리킨다.

'~을 먹고 살다'는 feed on~으로 옮기며 on은 전치사이므로 뒤에 목적어인 명사구가 반드시 필요하다. 예문에서 의문대명사 what이 전치사 on의 목적어이다.

'~지 모르겠다'는 don't know~, one's curiosity is~, it is not clear to me what~으로 옮긴다.

첫째 예문은 의문대명사 what이 이끄는 간접의문이 동사 know의 목적어이다.

둘째 예문은 의문대명사 what이 이끄는 간접의문이 동사 is의 보어이다.

셋째 예문은 보통 주어 I와 동사 know 사이에 오는 부정의 부사 never를 강조하기위해 문장 첫머리로 이동하여 이 부사가 전체 문장을 부정하게 되어 정상적인 '주어+동사'(I know)의 어순이 비정상적인 '조동사+주어'(do I)의 어순으로 의무적으로 바뀐 것이다. 이 현상을 '주어-조동사 도치'(Subject Auxiliary Inversion)라고 한다.

넷째 예문의 it은 뒤의 진주어인 명사절인 what-절(=간접의문)을 가리키는 가주어이다.

2. a. His foreign language skills are good though he has not been overseas.
   b. He has not been overseas, but he speaks a foreign language well.
   c. Never has he been overseas, but he is good at a foreign language.
   d. Though he has not been overseas, he speaks a foreign language well.

'해외에'는 overseas로 옮긴다.

'해외에 가본 적이 없다'는 과거부터 현재까지를 가리키며 과거와 현재가 연관성을 가지고 있으므로 현재완료시제(have been overseas)로 옮긴다.

'외국어를 잘한다'는 현재의 사실을 가리키므로 단순현재시제를 써서 one's foreign language skills are good, speaks a foreign language well, is good at a foreign language로 옮긴다.

셋째 예문의 Never has he been overseas는 He has never been overseas에서 부정의 부사 never를 강조하기 위해 문장 첫머리로 이동하면서 정상적인 '주어+조동사'(he has)의 어순이 비정상적인 '조동사+주어'(has he)의 어순으로 바뀐 것이다.

3. a. The man and woman's dating has lasted for a long time, but it is not likely that they will marry soon.
   b. I think that the man and woman won't marry soon though they have been dating for a long time.
   c. The man and woman have been going out with each other for a long time, but they are not likely to marry soon.
   d. It seems that the man and woman won't marry soon though they have been going out with each other for a long time.

'사귄지 오래되다'는 과거부터 현재까지 오랫동안 사귀어 왔다는 의미로 과거와 현재가 연관성을 가지고 있으므로 현재완료시제나 현재완료진행시제를 써서 one's dating has lasted for a long time, have been dating for a long time, have been going out with each other for a long time으로 옮긴다.

'~일 것 같지는 않다'는 it is not likely that~, I think that~won't~, be not likely to do~, it seems that~으로 옮긴다.

첫째 예문의 it은 진주어인 that-절(that they~soon)을 가리키는 가주어이다.

셋째 예문의 they are not likely to marry soon은 it is not likely that they will marry soon에서 종속절의 주어인 they가 가주어 it자리로 이동하여 파생된 문장으로 본다.

넷째 예문의 it은 진주어인 that-절(that the man~soon)을 가리키는 가주어이다.

4. a. The teacher told us that water boils at one-hundred degrees Celsius.
   b. The fact was told us by the teacher that water boils at one-hundred degrees Celsius.
   c. We were told by the teacher that water boils at one-hundred degrees Celsius.
   d. It was told us by the teacher that water boils at one-hundred degrees Celsius.

'선생님' teacher는 셀 수 있는 명사로 '한 선생님'은 a teacher이고 일반적인 의미의 선생님은 teachers이다. 한국어 원문에서는 '우리 선생님' 혹은 '그 선생님'을 가리키므로 our teacher나 the teacher로 옮긴다.

'물' water는 셀 수 없는 명사로 일반적인 의미의 물은 한정사를 붙이지 않은 water로 표현하며 한국어 원문에서는 일반적인 의미의 물을 가리킨다. 따라서 특정한 물인 '그 물'을 뜻하는 the water로 옮기지 않도록 유의하라.

'섭씨 백도에서'는 at one-hundred degrees Celsius로 옮기며 degree 뒤의 복수어미 -s를 빼면 비문법적이 된다.

'물은 섭씨 백도에서 끓는다'는 과학적 사실 또는 불변의 진리이므로 단순현재시제(boils)로 옮기고 '말씀하셨다'는 과거의 사실을 가리키므로 단순과거시제(told, was told, were told)로 옮긴다.

둘째 예문은 [The fact] [that water boils at one-hundred degrees Celsius] was told us by the teacher에서 명사구 the fact와 that-절(that~Celsius)은 같은 내용을 가리키는데 이 둘이 전체 문장의 주어로 쓰여 주어가 너무 길어 that-절을 앞의 the fact와 분리시켜 문장의 오른쪽으로 이동하여 나온 문장으로 본다.

넷째 예문의 it은 가주어이고 뒤의 that-절이 진주어이다.

5. a. The girl goes for a walk with her pet dog whenever she is free.
   b. When the girl has free time, she always goes out to walk her pet dog.
   c. Going for a walk with her pet dog is what the girl always does in her free time.
   d. The girl's free time is spent on going out for a walk with her pet dog.

'시간이 있다'는 동사구 be free, have free time으로 옮기거나 전치사구 in one's free time으로 옮길 수도 있고 명사구 one's free time으로 옮길 수도 있다.

'~할 때마다'는 whenever~, when~, always로 옮긴다.

'애완견' pet dog은 셀 수 있는 명사로 '애완견 한 마리'는 a pet dog이고 일반적인 의미의 애완견은 pet dogs로 옮긴다. 그러나 한국어 원문에서는 '그녀의 애완견'이나 '한 애완견'의 의미로 보아 her pet dog이나 a pet dog으로 옮기는 것이 무난하다.

'산책' walk은 셀 수 있는 명사로 '산책 하나'는 a walk으로 옮기고 일반적인 의미의 산책은 walks로 옮긴다.

'산책을 하다'는 go for a walk, go out for a walk으로 옮긴다. 애완견을 데리고 산책하는 것은 '애완견을 걸리다'는 의미로 보아 둘째 예문처럼 go out to walk one's pet dog으로 옮길 수도 있다.

한국어 원문은 현재의 규칙적 반복적 행위를 나타내므로 단순현재시제(goes, is, has, does, is spent)로 옮긴다.

6. a. This time next year will mark a time period by which he will have been lecturing at the university for five years.
   b. He will have been lecturing at the university for five years this time next year.
   c. His lectures at the university will have been given for five years this time next year.
   d. If he continues to lecture, he will have been lecturing at the university for five years this time next year.

'내년 이맘때'는 this time next year로 옮긴다.

'대학 강의를 하다'는 lecture at the university로 옮긴다.

한국어 원문은 미래의 기준시점까지의 행위의 완료나 경험을 나타내므로 미래완료시제(will have been given)나 미래완료진행시제(will have been lecturing)로 옮긴다.

첫째 예문은 시간을 나타내는 '이맘때' this time을 화제로 둘째 예문은 사람인 '그' he를 화제로 셋째 예문은 '그의 대학 강의' his lectures at the university를 화제로 옮긴 것이고 넷째 예문은 조건절(if-절)을 사용하여 옮긴 것이다.

7. a. It is Sunday, but lots of people are studying in the reading room.
   b. There are lots of people studying in the reading room though it is Sunday.
   c. Lots of people are studying in the reading room though it is Sunday.
   d. The reading room is filled with lots of people who are studying though it is Sunday.

'일요일' Sunday는 일요일 그 자체를 가리킬 때는 셀 수 없는 명사로 일반적인 의미는 한정사를 앞에 붙이지 않은 Sunday로 표현한다. 그러나 '한 일요일'을 가리키거나 일요일의 수를 가리킬 때는 셀 수 있는 명사로 '한 일요일'은 a Sunday이고 일반적인 의미의 일요일은 Sundays이고 '두 일요일'은 two Sundays가 된다.

'일요일임에도 불구하고'는 it is Sunday, but~이나 though it is Sunday로 옮긴다.

'많은 사람들'은 lots of people, a lot of people, many people로 옮긴다. lots of, a lot of, many는 복수명사와 쓰인 한정사의 하나인 양화사이다.

'열람실' reading room은 셀 수 있는 명사로 '열람실 하나'는 a reading room이고 일반적인 의미의 열람실은 reading rooms이다. 예문에서 the reading room으로 표현한 것은 화자가 그의 청자도 어느 열람실을 가리키는지 알고 있다고 보아 붙인 것이다.

'공부하고 있다'는 공부하는 행위가 현재 일시적으로 진행 중에 있다는 것을 나타내므로 단순현재시제(study)가 아닌 현재진행시제(are studying)로 옮긴다.

8. a. I had been watching TV for an hour when my friend visited me yesterday.
   b. It was when I had been watching TV for an hour that my friend visited me yesterday.
   c. My friend visited me yesterday and I had been watching TV for an hour at that time.
   d. My friend's visit to me yesterday occurred when I had been watching TV for an hour.

'친구' friend는 셀 수 있는 명사로 '친구 한 명'은 a friend이고 일반적인 의미의 친구는 friends로 옮긴다. 여기서는 '나의 친구(한 사람)'를 가리키는 것으로 보아 my friend로 옮긴다.

'한 시간 동안'은 전치사구 for an hour로 옮긴다.

친구가 어제 나를 방문한 것은 단순한 과거의 사실이므로 단순과거시제(visited)로 옮기고 한 시간 동안 TV를 보고 있었던 것은 그 이전부터 그 때까지 진행 중에 있었던 행위로 과거완료진행시제(had been watching)로 옮긴다.

첫째 예문은 '나' I를 셋째 예문은 '나의 친구' my friend를 넷째 예문은 '나의 친구의 방문' my friend's visit을 화제로 삼아 작문한 것이다.

둘째 예문은 때를 나타내는 부사절인 when-절(when~an hour)을 강조하는 it~that~강조구문이다. when-절이 강조를 받는 초점위치인 it와 that 사이에 있다.

9. a. The scholar is making a speech on Korean politics at two in the afternoon tomorrow.
   b. At 2 p.m. tomorrow, the scholar makes a speech on Korean politics.
   c. The scholar's speech on Korean politics is to be made at two in the afternoon tomorrow.
   d. A speech on Korean politics by the scholar is scheduled for two o'clock in the afternoon tomorrow.

'학자' scholar는 셀 수 있는 명사로 '학자 한 사람'은 a scholar이고 일반적인 의미의 학자는 scholars이다. 한국어 원문은 특정한 학자 한 사람인 '그 학자'이므로 the scholar로 옮긴다.

'한국의 정치에 관한'은 on Korean politics로 옮기며 전치사 on은 '~에 관한'의 의미로 전치사 about과 유사한 의미를 가지고 있다. 그러나 on은 좀 더 학문적인 내용의 것에 대해 쓰이는데 비해 about은 일반적으로 쓰인다.

'연설' speech는 셀 수 있는 명사로 '연설 하나'는 a speech이고 일반적인 의미의 연설은 speeches로 옮긴다. 한국어 원문은 '한 연설'을 가리키므로 a speech로 옮긴다.

'연설을 하다'는 make a speech, deliver a speech, give a speech로 옮긴다.

'~할 예정이다'는 첫째 예문처럼 이미 예정된 미래를 나타내는 'be동사의 현재형+동사의 -ing형'(is making)으로 나타낼 수도 있고 둘째 예문처럼 시간표나 계획표에 의해 이미 정해져 있는 미래를 나타내는 단순현재시제(makes)로 나타낼 수도 있고 셋째 예문처럼 'be동사+to-부정사'를 사용하여 예정을 나타낼 수도 있고 넷째 예문처럼 be scheduled for를 써서 미래를 나타낼 수도 있다.

10. a. His age is thirty now; however, he began to study English hard only when he was twenty-five years old.
    b. Though he is thirty years old, he had not studied English hard before he was twenty-five years old.
    c. Never had he studied English hard before he was twenty-five years old though he is thirty years old.
    d. He is thirty years old now, but he had not studied English hard until he was twenty-five years old.

'서른 살이다'는 one's age is thirty, be thirty years old로 옮긴다.

'~되기 전에는 ~한 적이 없다'는 begin~only when one is~, do not~before one is~, never does one do~before one is~, do not~until one is~로 옮긴다.

첫째 예문은 두 절을 세미콜론(;)으로 연결하여 앞 절은 현재의 사실(is)을 뒷 절은 과거의 사실(began, was)을 나타내고 있다.

둘째 예문은 양보절(though-절)은 현재시제(is)이고 주절은 과거완료시제(had studied)를 써서 때를 나타내는 before-절과의 관련성을 나타내고 있다.

셋째 예문의 주절은 He had never studied English hard에서 부정의 부사 never 를 강조하기 위해 주어(he) 앞으로 이동하면서 he had가 had he로 '주어-조동사 도치'(Subject-Auxiliary Inversion (=SAI))가 일어난 것이다.

Ⅳ. 장문영작

1. 모델영작 Ⅰ

정치문제

정치문제! 정치문제는 많은 사람들의 흥미를 끌지만 그것은 쉽게 해결이 되지 않는다. 그 이유는 그것이 실용적으로라기보다는 정치적으로 해결되어야 하기 때문이며 그래서 우리는 흔히 그것에 관해 투표를 해야 한다. 나는 정치적 논점의 특징을 그것이 가진 매력, 그것의 정치적 이해관계, 그리고 투표를 함으로써 그것을 결론지을 필요성으로 기술하겠다.

정치문제는 전국의 모든 사람들에게 영향을 미치기로 되어있기 때문에 그들의 흥미를 끈다. 이 때문에 그들은 시간이 있을 때마다 그것에 관해 서로서로 이야기한다. 그것이 그들에게 더 많이 문제가 되면 될수록 그들은 그것에 관해 더 빈번히 이야기한다. 특히 그것은 추석과 설과 같은 명절에 모이는 친척간에 주된 화제가 된다. 각자가 자기의 이해관계에 따라 다른 견해를 가질지도 모른다. 어쨌든 어떤 사람들은 그들 자신의 이해관계와는 동떨어진 객관적인 견해를 보여줄 지도 모른다.

정치가는 일반적으로 그들의 정치적 이익을 대변한다. 이 점에서 그들은 정치문제에 관해 그들의 특정 관점을 고집하는 경향이 있다. 이 경우 그들의 관점은 대개 그들의 당의 견해와 동일하다. 이런 이유로 한 개인의 견해는 당의 이해관계를 위한 당 전체의 견해에 감춰지기 쉽다.

정치문제는 각 정당의 이해관계와 관련되어 있으므로 투표에 의존하지 않고는 좀처럼 해결되지 않는다. 따라서 그 정치문제가 투표를 위해 상정될 때 각 정당은 자신의 당의 견해를 통과시키려고 노력하는 것은 당연하다. 어쨌든 각 정당은 그 문제를 다룰 때 당연히 여론을 고려해야 한다. 만약 그 여론을 거스른다면 그 정당은 그 다음 선거에서 대중의 지지를 받을 수 없다.

정치문제는 국민과 정당의 이해관계와 관련되어 있어서 쉽게 해결되지 않는다. 이 때문에 이해관계를 떠나 객관적으로 그 문제를 해결하려고 노력하는 것이 바람직하지 않은가?

2. 모델영작 Ⅱ

정치문제에 관한 친구와의 말다툼

정치문제에 관한 친구와의 말다툼! 그것은 빈번히 일어나며 너는 그것이 네가 정치문제에 관해 이야기할 때 언제든 일어날 수 있다는 것을 발견할 것이다. 인간은 다양한 의견을 가지고 있으며 정치문제는 너무나 복잡하고 이것이 친구사이에서조차 말다툼을 일으킨다. 나는 인간과 정치문제와 해결책에 관해 생각해 보았다.

인간이 다르면 같은 정치문제를 두고 의견이 다를 수 있다는 것은 당연한 일일 따름이다. 같은 인간이라도 또 다른 때에 다른 견해를 보일 수도 있다. 이러한 인간의 본성이 정치문제와 같은 특정 문제에 관해 한 개인이 자신의 의견을 나타낼 때 자신의 친구들과 말다툼을 할 수 있다. 알다시피 정치문제는 사람들 사이에 매우 민감한 문제이다.

인간이 다양한 의견을 가지고 있듯이 정치적 문제도 다양한 이해관계와 관련되어 있다. 정당이 다르면 다른 당이나 집단의 이해관계를 나타낼 지도 모른다. 정치문제는 이러한 이해관계와 깊은 관련이 있으므로 한 개인이나 특정 정당은 특정 견해를 대변하기 쉽다. 이 때문에 너는 때때로 그 특정 견해가 결코 객관적이지 않다는 것을 발견하며 이것이 너를 실망하게 하거나 정치에 무관심하게 한다. 어쨌든 정당이 원래 특정 집단의 이해관계를 나타낸다는 것을 고려한다면 너는 당연히 화를 내서는 안 된다.

정치문제에 관해 이야기할 때 너는 너의 친구와 말다툼하기 쉽다. 어쨌든 말다툼을 피할 몇 가지 방법이 있다. 무엇보다도 정치문제는 다양한 이해관계와 관련되어 있기 때문에 민감한 문제라는 것을 이해해야 한다. 따라서 너는 너의 친구의 의견을 조심스럽고 끈기있게 들어야 한다. 네가 그의 의견을 듣는 동안 성급해서는 안 된다. 너는 너의 의견을 제시하는 동안 주관적이 아니라 객관적이 되려고 노력하라. 그의 의견에 반대하지 말고 사실을 제시함으로써 그를 올바른 방향으로 나아가게 하라.

모든 인간은 다른 의견을 가질 수 있으며 정치문제는 모든 인간의 이해관계와 관련되어 있으므로 네가 친구와 정치문제에 관해 이야기하는 동안 이 사실들을 고려하는 것이 현명하지 않은가?

제11장 | 태

Ⅱ. 확인학습

1. respect → be respected

   to-부정사 to respect의 목적어인 the scientist가 부정사 뒤에서 앞으로 이동해 있다. 따라서 부정사는 수동형(to be respected)이 된다.

2. teaching → being taught

   현재분사(teaching)의 간접목적어인 a young boy가 분사 뒤에서 앞으로 이동해 있다. 따라서 분사는 수동형(being taught)이 된다.

3. telling → being told

   동명사 telling의 간접목적어인 her가 동명사 앞으로 이동해 있다. 따라서 동명사는 수동형(being told)이 된다.

4. give → be given

   동사 give의 목적어인 a new car가 동사 뒤에서 앞으로 이동해 있다. 따라서 동사는 수동형이 된다.

5. Two~Teresa → Teresa has two pet dogs

   동사 have는 '~을 가지고 있다'는 상태 동사이다. 따라서 수동형으로 쓰이지 않는다.

6. teaching → being taught

   현재분사 teaching의 직접목적어인 English writing이 분사 뒤에서 앞으로 이동해 있다. 따라서 분사는 수동형(being taught)이 된다.

7. followed → being followed

   일시적인 행위는 단순시제가 아닌 진행시제로 나타낸다. right now는 동사의 행위가 일시적이라는 것을 가리키는 표현이다. 따라서 현재진행시제가 필요하다.

8. been → ∅

   동사 finish의 목적어(her chores)가 동사 뒤에 있다. 따라서 동사는 수동형이 아닌 능동형이 된다.

9. give → be given

   to-부정사 to give의 직접목적어인 food가 부정사 뒤에서 앞으로 이동해 있다. 따라서 부정사는 수동 부정사(to be given)가 된다.

10. broken → been broken

완료부정사 to have broken의 목적어인 his leg가 이 부정사 앞으로 이동해 있다. 따라서 부정사는 완료수동부정사가 된다.

Ⅲ. 단문영작

1. a. The building is to be completed by the end of this year.

   b. We are going to complete the building by the end of this year.

   c. The end of this year will show us the completion of the building.

   d. The completion of the building is scheduled for the end of this year.

'건물' building은 셀 수 있는 명사로 '건물 하나'는 a building이고 일반적인 의미의 건물은 buildings이다. 여기서는 화자가 그의 청자도 알고 있다고 보는 특정한 건물 하나인 '그 건물'을 가리키므로 the building으로 옮긴다.

'올해 말까지'는 by the end of this year로 옮기며 by the end와 of this year 모두 전치사구이다. 뒤의 전치사구 of this year가 앞의 명사 end를 수식한다.

'~을 완공하다'는 complete~, ~be completed, show~the completion of~, the completion of~is scheduled로 옮긴다.

첫째 예문은 to complete the building에서 to-부정사 to complete의 목적어인 명사구 the building이 목적어자리에서 주어자리로 이동하여 수동부정사(to be completed)가 된 것이다.

넷째 예문은 동사 schedule의 목적어인 the completion of the building이 목적어자리에서 주어자리로 이동하여 동사가 수동태 is scheduled가 된 것이다.

2. a. The piano player in the next room is my daughter.

   b. My daughter is playing the piano in the next room.

   c. The child playing the piano in the next room is my daughter.

   d. You know a child is playing the piano in the next room. She is my daughter.

'옆방에서'는 in the next room으로 옮긴다.

'피아노를 치다'는 play the piano로 옮기며 piano 앞에 정관사 the를 관용적으로 붙여 쓴다. 명사구 the piano player로 옮길 수도 있다.

'치고 있다'는 현재 치는 행위가 일시적으로 진행 중에 있다는 것을 나타내므로 둘째와 넷째 예문처럼 현재진행시제(is playing)로 옮기거나 셋째 예문처럼 진행의 의미를 담고 있는 현재분사로 옮길 수도 있고 첫째 예문처럼 명사 player에 진행의 의미를 담을 수도 있다. 셋째 예문의 현재분사 playing은 진행의 의미를 담고 있는 관계절 who is playing으로 바꿔 쓸 수 있다.

한국어 원문은 각각의 예문이 보여주듯이 '그 피아노 연주자' the piano player '나의 딸' my daughter '그 아이' the child 그리고 청자인 '너' you를 화제로 삼아 작문할 수 있다.

3. a. The same teacher has taught them English for two years.

   b. It is two years since they began to learn English from the same teacher.

   c. They have learned English for two years from the same teacher.

   d. Two years have passed since they began to learn English from the same teacher.

'2년 동안 배워왔다'는 2년 전인 과거에 배우기 시작해서 현재까지 배워왔다는 의미로 과거와 현재가 연관성을 가지고 있다. 따라서 현재완료시제로 has taught~for two years, have learned~for two years, two years have passed since~began to learn~으로 옮기거나 둘째 예문처럼 it is two years since~began to learn~으로 옮긴다.

'같은 선생'은 the same teacher로 옮기며 형용사 same 앞은 관용적으로 정관사 the가 붙는다.

4. a. The tourists are watching dancers.
   b. Dancers' dancing is what the tourists are watching.
   c. Dancers are dancing and the tourists are watching this.
   d. What the tourists are doing is watching dancers' dancing.

'관광객' tourist는 셀 수 있는 명사로 '한 관광객'은 a tourist이고 일반적인 의미의 관광객은 tourists이다. 한국어 원문은 춤을 구경하고 있는 특정한 관광객 여러 명을 가리키는 것으로 보아 the tourists로 옮긴다.

'무희' dancer는 셀 수 있는 명사로 '한 무희'는 a dancer이고 일반적인 의미의 무희는 dancers이다. 한국어 원문의 '무희들'을 일반적인 의미의 무희로 볼 때는 dancers로 옮기고 특정한 다수의 무희를 의미하는 '그 무희들'의 의미로 볼 때는 the dancers로 옮긴다. 여기서는 일반적인 의미로 보아 모두 dancers로 옮긴 것이다.

'구경하고 있는 중이다'는 구경하는 행위가 현재 일시적으로 진행 중에 있다는 의미로 현재진행시제(are watching)로 옮긴다.

둘째와 넷째 예문의 what은 모두 자체에 선행사를 포함하고 있는 관계대명사로 the thing which로 바꿀 수 있다.

셋째 예문의 this는 앞 절(Dancers~dancing)을 가리키는 대명사이다.

5. a. Some parts of the child's arms swelled after he was bitten by mosquitos on a picnic.
   b. The child went on a picnic, his arms were bitten by mosquitos and some parts of them swelled.
   c. Because of mosquito bites at a picnic, some parts of the child's arms swelled.
   d. On a picnic, the child was bitten by mosquitos and some parts of his arms swelled.

'소풍' picnic은 셀 수 있는 명사로 '한 소풍'은 a picnic이고 일반적인 의미의 소풍은 picnics이다. 한국어 원문은 '한 소풍'을 가리키는 것으로 보아 a picnic으로 옮긴다.

'소풍가다'는 go on a picnic으로 옮기고 '소풍가서'는 on a picnic으로 옮긴다.

'모기' mosquito는 셀 수 있는 명사로 '모기 한 마리'는 a mosquito이고 일반적인 의미의 모기는 mosquitos이다. 예문에서는 특정한 모기나 모기의 수에 초점을 맞추지 않고 일반적인 의미의 모기에 초점을 맞추기 위해 mosquitos로 옮긴 것이다.

'모기에 물리다'는 be bitten by mosquitos로 옮기거나 명사구 mosquito bites로 옮긴다.

'팔이 여러 군데 붓다'는 some parts of one's arms swell로 옮긴다.

첫째 둘째 넷째 예문에서 각각 동사 bite의 목적어인 him, his arms, the child가 목적어 자리에서 이 동사의 주어자리로 이동하여 수동태(was bitten, were bitten, was bitten)가 된 것이다.

6. a. It is natural for a person to help others or to be helped by others.
   b. There's nobody who does not help others or who is not helped by others.
   c. Everybody sometimes helps others and is sometimes helped by others.
   d. Helping others or receiving their help is only natural for human beings.

'사람은 누구나'는 a person, nobody who does not~, everybody, human beings로 옮긴다.

'남'은 others로 옮기며 '남을 돕다'는 help others로 옮기고 '남의 도움을 받다'는 be helped by others로 옮긴다.

첫째 예문은 가주어 it와 이것이 가리키는 진주어인 to-부정사 to help를 이용하여 옮긴 것이다. a person은 to-부정사 to help의 주어이고 for는 to-

부정사의 주어 앞에 오는 전치사이다.

셋째 예문의 everybody는 단수로 보아 동사는 단수(helps)에 일치한다.

넷째 예문의 주어는 두 동명사구(helping others, receiving their help)가 등위접속사 or로 연결되어 있다. 주어로 단수명사가 등위접속사 or로 연결되어 있을 때는 동사는 단수(is)에 일치한다. 동명사 helping과 receiving은 단수명사로 본다.

7. a. She hates receiving a gift that she doesn't like from her boyfriend.
   b. Her boyfriend's giving her a gift that she doesn't like is what she hates.
   c. Receiving a gift that she doesn't like from her boyfriend is what she hates.
   d. A gift that she doesn't like from her boyfriend makes her unwilling to receive it.

'남자친구' boyfriend는 셀 수 있는 명사로 '한 남자친구'는 a boyfriend이고 일반적인 의미의 남자친구는 boyfriends이다. 한국어 원문은 '그녀의 남자친구'를 가리키므로 her boyfriend로 옮긴다.

'선물' gift는 셀 수 있는 명사로 '선물 하나'는 a gift이고 일반적인 의미의 선물은 gifts이다. 따라서 '자신이 좋아하지 않는 선물'은 '어떤 선물이건 자신이 좋아하지 않는 하나의 선물'을 가리키는 것으로 볼 때는 a gift that she doesn't like로 옮기고 일반적인 의미의 '자신이 좋아하지 않는 선물'을 가리키는 것으로 볼 때는 gifts that she doesn't like로 옮기고 '자신이 좋아하지 않는 그 선물들'의 의미로 볼 때는 the gifts that she doesn't like로 옮긴다.

넷째 예문의 동사 make는 her를 목적어로 unwilling을 목적보어로 가지고 있다. unwilling은 '마음 내키지 않는'의 의미이다.

8. a. My friend's package for his parents in his hometown was being sent by him, which I saw.
   b. A package for my friend's parents in his hometown was being sent by him, which I saw.
   c. I found my friend sending a package to his parents in his hometown.
   d. My friend was found by me while he was sending a package to his parents in his hometown.

'고향'은 one's hometown으로 옮긴다.

'소포' package는 셀 수 있는 명사로 '소포 하나'는 a package이고 일반적인 의미의 소포는 packages이다. 여기서는 '하나의 소포'를 가리키는 것으로 보아 a package나 one's package로 옮긴다.

'~가 ~하고 있는 중인 것을 발견하다'는 동사 find 뒤에 목적어와 목적보어인 현재분사(-ing형)로 옮긴다.

첫째 예문은 동사 send의 과거진행형(was sending)의 목적어인 my friend's package for his parents in his hometown이 동사의 주어자리로 이동하여 과거진행수동태(was being sent)가 된 것이다. 그리고 콤마와 함께 쓰인 which는 앞 절 전체(My friend's package~by him)를 가리키는 계속적 용법의 관계대명사이다.

둘째 예문의 was being sent 역시 과거진행수동태이고 which는 앞 절 전체(A package~by him)를 가리키는 계속적 용법의 관계대명사이다.

셋째 예문은 동사 found가 목적어인 my friend와 목적보어인 현재분사 sending을 가진 구조이다. 명사구 a package는 현재분사의 목적어이고 to his parents와 in his hometown은 모두 전치사구이다.

넷째 예문은 while-절을 사용하여 옮긴 것이다.

9. a. I saw a girl being beaten by a few girls.
   b. A few girls were seen beating a girl by me.
   c. What I saw was a girl being beaten by a few girls.
   d. A girl was seen being beaten by a few girls by me.

'몇 명의 다른 소녀들'은 a few girls로 옮긴다.

'구타를 당하다'는 be beaten으로 옮긴다.

'~가 ~하고 있는 중인 것을 보다'는 동사 see 뒤에 목적어와 목적보어인 현재분사(-ing형)를 두어 옮긴다.

첫째 예문은 동사 saw의 목적어가 a girl이고 being beaten은 현재분사 beating의 수동형으로 목적보어이다.

둘째 예문은 'saw(동사) a few girls(목적어) beating(목적보어) a girl(분사 beating의 목적어)'에서 동사 saw의 목적어인 a few girls를 화제로 삼기 위해 주어자리로 이동하여 파생된 수동문이다.

10. a. I saw her reading her son the storybook.
    b. She was seen reading her son the storybook by me.
    c. Her son was being read the storybook by her and I saw this.
    d. The storybook was being read to her son by her and I saw this.

'이야기책' storybook은 셀 수 있는 명사로 '이야기책 한 권'은 a storybook이고 일반적인 의미의 이야기책은 storybooks이다. 여기서는 '그 이야기책' 이므로 the storybook으로 옮긴다.

'~에게 ~을 읽어주다'는 동사 read 뒤에 간접목적어와 직접목적어인 명사구를 두어 옮긴다. 따라서 '아들에게 이야기책을 읽어주다'는 read one's son a storybook으로 옮긴다.

첫째 예문의 her는 동사 saw의 목적어이고 현재분사 reading은 목적보어이며 her son은 현재분사 reading의 간접목적어이고 the storybook은 직접목적어이다.

둘째 예문은 첫째 예문에서 동사 saw의 목적어인 her를 화제로 삼아 주어로 만들면서 파생된 수동문이다.

셋째 예문은 '그녀의 아들' her son을 넷째 예문은 '그 이야기책' the storybook을 화제로 삼아 옮긴 것이다.

Ⅳ. 장문영작

1. 모델영작 Ⅰ

돈의 힘

돈의 힘! 돈의 중요성을 알지 못하는 사람은 아무도 없다. 돈은 우리가 일생동안 행복하게 살 수 있게 한다. 나는 돈의 힘으로 다음의 것 즉, 생활의 안정과 생명의 보호 그리고 꿈의 실현을 포함했다.

네가 돈으로 많은 것을 할 수 있다는 것은 사실이다. 만약 충분한 돈이 있다면 너의 일상생활은 안정이 될 것이다. 그와는 반대로 충분한 돈이 없다면 너의 일상생활은 불안정해질 것이다. 바꾸어 말하면 너의 일상생활의 안정은 너의 일상생활을 위한 충분한 돈이 없다면 위험에 빠지게 될 것이다. 돈은 네가 일상의 어려움으로부터 너를 자유롭게 하는데 역할을 할지도 모른다. 충분한 돈이 없는 경우 너는 그것을 해결하는데 많은 시간을 써야 한다. 이 때문에 너는 유쾌하게 지내기에 충분한 시간을 가지지 못할지도 모른다.

아무도 자기가 언제 병이 들지 모른다. 알다시피 많은 사람들이 암과 당뇨병과 고혈압과 같은 병에 걸린다. 이 병들은 언제든지 너의 생명을 위험하게 할 수도 있다. 이 병들 중 하나로 고생하고 있다면 너는 그것을 치료할 많은 돈이 필요할 것이다. 이 경우 충분한 의료비가 없다면 너는 그 병으로 죽을 것이다. 네가 결혼해 아내와 자식이 있다면 너의 돈은 너의 가족을 잠재적 질병으로부터 구하는데 중요한 역할을 할 것이다.

모든 사람은 일생에서 이루고자하는 꿈이 있다. 알다시피 충분한 돈이 없다면 너는 너의 꿈을 실현할 수 없다. 일반적으로 너는 그것을 실현하기 위해 많은 돈이 필요하다. 이를테면 해외에 유학가기를 원하는 사람은 충분한 수업료가 없다면 해외로 갈 수 없다. 정치지도자가 되기를 원하는 사람 역시 그의 꿈을 실현하기 위해서는 많은 돈이 필요하다.

돈의 힘은 너무나 강해서 너는 그것을 무시할 수 없다. 어쨌든 너는 그것을 숭배하지 않도록 조심해야 한다. 그렇다면 우리는 어느 정도까지 돈의 힘을 중히 여겨야 하는가?

2. 모델영작 Ⅱ

개인과 국가경제

개인과 국가경제! 누구도 한 개인과 국가경제와의 관계를 부인하지 않는다. 한 개인이 국가경제 전체에 영향을 미치기는 쉽지 않지만 그와는 반대로 국가경제가 그 개인에게 영향을 주기는 쉽다. 나는 경제와 관련해 한 개인과 한 나라와 세계에 관해 생각해 보았다.

한 개인이 국가경제의 기초이기 때문에 국가경제에 없어서는 안 된다. 그 개인은 국가경제 전체에 영향을 미치는 데는 어려움이 있다. 어쨌든 한 나라의 모든 개인은 다수이기 때문에 국가경제 전체에 큰 영향을 준다. 알다시피 국가경제는 전체로서의 개인에 대해서 뿐만 아니라 각 개인에 대해서도 큰 영향을 미친다. 이 점에서 한 개인은 국가경제 상황의 변화에 민감하게 되어있다.

한 나라가 다른 나라들의 경제상황의 변화에 영향을 받는 것은 사실이다. 만약 그 나라가 그들의 경제에 크게 의존한다면 그들의 경제에 크게 영향을 받을 것이다. 만약 그들의 경제에 덜 의존한다면 그들의 경제에 영향을 덜 받을 것이다. 이 점에서 다른 나라의 경제상황은 한 나라의 경제상황에 영향을 미칠 수 있는 요소이다. 이 때문에 한 나라의 경제는 그 나라 국민을 외부의 요인으로부터 보호하기 위해 다른 경제에 덜 의존해야 한다.

각국의 경제가 다른 나라들의 경제에 민감하듯이 세계경제는 각국의 경제에 영향을 받는다. 이 때문에 세계경제는 경제 초강대국이나 많은 나라들이 경제적으로 불안해지면 불안해진다. 바꾸어 말하면 세계경제는 각국의 경제가 각 개인의 가정경제에 영향을 받듯이 각국의 경제에 영향을 받는다.

한 개인과 국가와 세계가 경제적으로 밀접하게 관련되어 있으므로 그들은 당연히 경제적으로 서로서로 영향을 미친다. 그렇다면 우리는 경제안정을 저해하는 외부요인을 줄일 수 있는 방법을 찾는 것이 현명하지 않은가?

제12장 | 법

Ⅱ. 확인학습

1. Speak never → Never speak
   부사 never는 명령법(speak) 앞에 온다.

2. had had → had
   현재 새 자동차가 한 대 있다면 하고 바라는 것이므

로 현재의 사실에 반하는 행위이다. 현재 사실에 반대되는 것은 가정법 과거로 나타낸다.

3. find → finds

예문은 현재의 사실을 기술하고 있다. 따라서 직설법 현재로 나타낸다. 주어가 3인칭 단수(she)일 때 동사의 직설법 현재형은 -s가 붙는 형태이다.

4. won't → wouldn't

현재 그 학생의 돈이 수업료로 모자라 아르바이트를 한다는 의미를 전하려고 한다. 따라서 현재의 사실에 반하는 상황을 가정해 보려면 가정법과거로 나타낸다. 미래조동사 will은 가정법 과거문장에서 would가 된다.

5. did not marry → had not married

과거의 사실에 반하는 상황을 가정해 보는 경우 가정법과거완료로 나타낸다. 가정법과거완료의 조건절에는 had와 과거분사를 쓴다.

6. went → had gone

과거의 사실에 반하는 상황을 가정해볼 때는 가정법 과거완료를 쓴다. wish를 사용한 가정법과거완료는 wish 뒤에 had와 과거분사로 나타낸다.

7. distributed → (should) distribute

주장(insist)을 나타내는 절에서 가정법현재(동사원형)가 쓰인다. 따라서 동사의 직설법과거(distributed)를 가정법현재(distribute)로 바꾼다. 영국영어에서는 should를 앞에 두기도 한다.

8. will → would

과거의 사실을 기술할 때는 직설법과거(told, would call, could get)로 나타낸다. 직설법미래 will call은 직설법과거 would call이 된다.

9. Not → Don't

대명사주어(anybody)를 가진 부정명령문은 don't로 시작한다.

10. you can → ∅

등위접속사(and)로 연결된 두 절 중 앞 절은 명령법(read)이고 뒷 절은 직설법(can write)으로 되어 있어 법이 일관성이 없다. 따라서 뒷 절을 앞 절과 같은 명령법(write)으로 통일하면 관점이 일관성을 가진 좋은 문장이 된다.

Ⅲ. 단문영작

1. a. I wish she and I lived in the same house.

   b. It is regrettable that she and I do not live in the same house.

   c. She and I do not live in the same house and this is regrettable.

   d. A regrettable thing is that she and I do not live in the same house.

'한 집에'는 in the same house로 옮긴다.

'~하다면 좋을 텐데'는 현재의 사실에 반하는 가정을 나타내므로 첫째 예문처럼 wish를 사용한 가정법과거(lived)로 옮긴다. 그렇지 않으면 둘째 예문처럼 직설법을 사용하여 it is regrettable that~으로 옮긴다. 여기서 it은 진주어인 that-절을 가리키는 가주어이다. 셋째 예문은 같은 의미를 be regrettable로 표현하고 넷째 예문은 A regrettable thing is that~으로 표현하고 있다.

셋째 예문의 this는 앞 절(She~house)을 가리키는 대명사이다.

2. a. The game rules were kept by all the players, since they were a requirement for them.

   b. Every player obeyed the requirement that he keep the game rules.

   c. There was no player who violated the requirement that every player keep the game rules.

   d. It was required that every player keep the game rules, and he obeyed them.

'모든 선수'는 all the players, every player로 옮긴다.

'경기규칙' game rule은 셀 수 있는 명사로 '경기규칙 하나'는 a game rule이고 일반적인 의미의 경기규칙은 game rules이다. 한국어 원문의 '경기규칙'은 '그 여러 가지 경기규칙'을 가리키는 것으로 보아 the game rules로 옮긴다.

'~해야 한다는 요구'는 둘째 셋째 넷째 예문에서처럼 요구를 나타내는 명사구(the requirement)나 동사(require) 뒤에 가정법현재(keep)를 사용하여 표현한다. 그러나 첫째 예문처럼 직설법과거(were)로 표현할 수도 있다.

넷째 예문의 it은 진주어인 that-절(that every player~rules)을 가리키는 가주어이다.

3. a. I have agreed to meet her and eat *patbingsu* with her when we are free.
   b. To eat *patbingsu* together, she and I have promised to meet when we are free.
   c. An appointment has been made to meet and have *patbingsu* when she and I are free.
   d. She and I have promised to meet and have *patbingsu* when we are free.

'한가하다'는 be free로 옮긴다.

'팥빙수를 먹다'는 eat *patbingsu*로 옮긴다.

'~하기로 약속하다'는 agree to do~, promise to do~, an appointment is made to do~로 옮긴다.

첫째와 넷째 예문은 두 개의 to-부정사 to meet과 to eat 그리고 to meet과 to have가 등위접속사 and에 의해 연결되어 있다. to eat과 to have의 to는 모두 앞의 to와 동일하여 생략이 가능하다.

셋째 예문의 주절은 (She and I) have made an appointment에서 동사의 목적어인 an appointment를 화제로 삼기 위해 주어자리로 이동하여 나온 수동문이다.

한국어 원문은 현재 막 일어난 행위로 보아 직설법현재로 표현한 것이다. 그러나 과거의 사실을 가리키는 것으로 볼 때는 직설법과거가 된다는데 유의하라.

4. a. It is bad to talk or have a lark with people next to you while you perform ancestral rites.
   b. Don't talk or have a lark with people next to you while you perform ancestral rites.
   c. You should not talk or have a lark with people next to you while you perform ancestral rites.
   d. I advise you not to talk or have a lark with people next to you while you perform ancestral rites.

'제사' ancestral rite는 셀 수 있는 명사로 '제사 하나'는 an ancestral rite이고 일반적인 의미의 제사는 ancestral rites로 옮긴다.

'제사지내다'는 perform ancestral rites로 옮긴다.

'옆 사람'은 '옆에 있는 사람들'을 가리키는 것으로 보아 people next to you로 옮긴다.

'~와 장난을 치다'는 '~에게 장난을 하다, 조롱하다'는 의미의 have a lark with~로 옮긴다.

'~하지 마라'는 명령을 나타내므로 둘째 예문처럼 부정명령문 Don't do~로 옮길 수도 있고 나머지 세 예문에서처럼 직설법현재(is, should not talk, advise)를 사용하여 it is bad to do~, should not do~, advise~not to do~로 옮긴다.

5. a. Stop talking, take off your cap and shoes, and step up on the floor.
   b. I want you to stop talking, take off your cap and shoes, and step up on the floor.
   c. You have to stop talking, take off your cap and shoes, and step up on the floor.
   d. Would you please stop talking, take off

your cap and shoes, and step up on the floor?

'대화를 중단하다'는 stop talking으로 옮긴다.

'모자와 신발을 벗다'는 take off one's cap and shoes로 옮긴다. '신발' shoe는 셀 수 있는 명사로 보통 두 개로 되어 있으므로 복수형 shoes로 쓰며 단수형 shoe로 옮기지 않도록 주의하라.

'마루' floor는 셀 수 있는 명사로 '마루 하나'는 a floor이고 일반적인 의미의 마루는 floors로 옮긴다. 여기서는 화자가 그의 청자도 알고 있다고 보는 특정한 마루 하나인 '그 마루'를 가리키므로 the floor로 옮긴다.

'마루로 올라가다'는 step up on the floor로 옮긴다.

한국어 원문은 화자가 그의 청자에게 명령을 하는 문장으로 첫째 예문처럼 동사의 명령법(stop, take, step)으로 표현한다. 그러나 나머지 예문들처럼 동사의 직설법(want, have, would stop)으로 유사한 의미를 전할 수도 있다.

6. a. He wishes he had studied a little harder at the university.
   b. His regret about his university days is that he didn't study a little harder.
   c. His study at the university is what he feels sorry about, because he thinks it unsatisfactory.
   d. His university days are what he feels sorry about, because he didn't study a little harder then.

'대학시절'은 전치사구 at the university나 명사구 one's university days로 옮긴다.

'좀 더 열심히 공부하다'는 study a little harder로 옮긴다.

'~했더라면 하고 생각하다'는 과거의 사실에 대해 현재 유감을 표현하는 것으로 첫째 예문처럼 동사 wish 뒤에 가정법과거완료(had studied)를 두어 옮긴다. 그러나 나머지 세 예문처럼 직설법(is, didn't study, thinks, are, feels)을 써서 표현할 수도 있다.

셋째와 넷째 예문의 about은 모두 전치사로 관계대명사 what 내에 있는 the thing이 이 전치사의 목적어이다.

첫째 예문은 '그' he를 둘째 예문은 '그의 후회' his regret을 셋째 예문은 '그의 공부' his study를 넷째 예문은 '그의 대학시절' his university days를 화제로 삼아 작문한 것이다.

7. a. He will continue studying English hard and he will become good at it.
   b. His hard study of English won't be stopped and he will become good at it.
   c. I think he will continuously study English hard and he will become good at it.
   d. My belief is that he won't stop studying English hard and that he will become good at it.

'계속해서 ~할 것이다'는 will continue doing~, ~won't be stopped, will continuously do~, won't stop doing~으로 옮긴다.

'~을 잘하게 되다'는 become good at~으로 옮긴다. at은 전치사로 뒤는 명사구가 목적어로 온다.

넷째 예문은 등위접속사 and로 연결된 두 that-절(that~hard와 that~at it)이 동사 is의 보어이다.

예문의 모든 it은 English를 가리키는 대명사이다.

첫째 예문은 '그' he를 둘째 예문은 '그가 영어를 열심히 공부하는 것' his hard study of English를 셋째 예문은 화자인 '나' I를 넷째 예문은 '나의 믿음' my belief를 각각 화제로 삼아 옮긴 것이다.

8. a. Some people are walking around the playground and other people are watching them.
   b. While other people are watching, some people are walking around the playground.

c. You see some people walking around the playground and other people watching them.

d. There are some people walking around the playground and other people watching them.

'어떤 사람들'은 some people로 옮긴다.

'운동장' playground는 셀 수 있는 명사로 '운동장 하나'는 a playground이고 일반적인 의미의 운동장은 playgrounds로 옮긴다. 여기서는 화자가 그의 청자도 알고 있다고 보는 특정한 운동장 하나를 가리키므로 the playground로 옮긴다.

'운동장을 돌다'는 '한 운동장을 돌다'는 walk around a playground이지만 '그 운동장을 돌다'는 walk around the playground이다. walk는 자동사이고 around the playground는 전치사구로 명사구 the playground가 전치사 around의 목적어이다.

'다른 사람들'은 other people로 옮긴다. 정해진 다수의 사람들 중 몇 명을 언급하고 '그 나머지 사람들'을 가리킬 때는 the others로 표현하지만 막연한 수의 사람들인 '어떤 사람들' some people을 언급한 때는 '다른 사람들'은 other people로 옮기며 the others로 옮기지 않도록 주의해야 한다.

운동장을 도는 것과 지켜보고 있는 것 모두 현재의 일시적으로 진행 중에 있는 행위이므로 현재진행시제(are walking, are watching)로 옮기며 셋째와 넷째 예문에서처럼 be-동사 없이 진행의 의미를 가진 현재분사로 옮길 수도 있다.

9. a. It rained so much that the house fell down and I regret this.

b. If it hadn't rained so much, the house wouldn't have fallen down.

c. The collapse of the house was due to too much rain and I am sorry about this.

d. The house fell down because of too much rain and this is regrettable.

'그 정도로 많은 비가 내리다'는 동사구 rain so much로 옮기거나 명사구 too much rain으로 옮긴다.

'무너지다'는 동사구 fall down이나 명사구 the collapse로 옮긴다.

한국어 원문은 과거의 사실에 반하는 가정을 나타내므로 둘째 예문처럼 가정법과거완료로 나타낸다. 그러나 나머지 세 예문처럼 직설법과거(rained, fell, was)와 직설법현재(regret, am, is)를 사용하여 옮길 수도 있다.

첫째 셋째 넷째 예문의 this는 모두 각각 앞의 절(It~down, The collapse~rain, The house~rain)을 가리키는 대명사이다.

셋째 예문의 be due to~는 '~에 기인하다'는 의미이다.

10. a. I can't travel around the world freely and talk with lots of people, because I don't have much money. I am sorry about this.

b. A regrettable thing is that I can't travel around the world freely and talk with lots of people, for I don't have lots of money.

c. If I had lots of money, I would travel around the world freely and talk with lots of people.

d. It is regrettable that I can't travel around the world freely and talk with lots of people, since I don't have much money.

'돈이 많다'는 have much money, have lots of money로 옮긴다.

'자유롭게'는 freely로 옮긴다.

'해외여행을 하다'는 travel around the world로 옮기며 travel은 자동사이고 around the world는 전치사구로 명사구 the world가 전치사 around의 목적어이다.

'많은 사람들과 대화하다'는 talk with lots of people로 옮긴다.

'~할 텐데'는 현재의 사실에 반하는 상황에 대해 가정을 해보는 것으로 셋째 예문처럼 가정법과거로 옮긴다. 그러나 나머지 세 예문처럼 직설법현재(can't travel)로 표현할 수도 있다.

넷째 예문의 it은 진주어인 that-절(that I~much money)을 가리키는 가주어이다.

Ⅳ. 장문영작

1. 모델영작 Ⅰ

사람들과 어울리기

사람들과 어울리는 것! 그것은 한 개인을 위해서 뿐만 아니라 남을 위해서도 대단한 일이다. 그것은 그가 남에게서 원하는 것을 얻고 남에게 그들이 그에게서 필요로 하는 것을 그들에게 줄 기회를 제공한다. 나는 그것은 그에게 자기 자신을 발견하고 남과 정보를 주고받고 능력을 개발할 기회를 준다고 생각한다.

만약 네가 남과 종종 어울린다면 이것은 너에게 너 자신을 발견할 기회를 줄 것이다. 바꾸어 말하면 너는 네가 만나는 사람들을 만나는 동안 그들을 너와 모든 점에서 계속해서 비교한다. 그들을 더 빈번히 만나면 만날수록 너는 너 자신에 관해 더 많은 것을 발견할 것이다. 만약 아직 너의 미래에 대한 계획을 세우지 않았다면 너는 너의 미래에 관해 생각하고 좋은 계획을 세우려고 노력할 것이다. 이 점에서 네가 빈번히 만나는 일이 너의 미래를 위해 좋은 결과를 가져온다는 것은 부정할 수 없다.

남과 빈번히 만나면 너는 그들과 정보를 교환할 기회를 가지게 된다. 남과 어울릴 때 너는 다양한 직업을 가진 사람들을 만난다. 따라서 너는 그들로부터 많은 유익한 정보를 얻을 수 있으며 나중의 너의 올바른 결정에 도움이 될 것이다. 가능한 한 많은 정보를 얻는다면 너는 올바른 결정을 내리기가 더 쉬워질 것이다. 이 점에서 많은 유익한 정보가 없이 살기는 너무 어려우므로 남과 어울리는 것은 현대인에게 매우 중요하다.

남과 어울리면 너는 너의 능력을 개발하려는 강한 욕구를 가지게 될 것이다. 알다시피 사람들은 남의 존경을 받기를 원한다. 그들은 특별한 기능이나 능력이 없으면 남의 존경을 받을 수 없다는 것을 안다. 이 점에서 너는 네가 만나는 사람들의 존경을 받기를 원한다. 이 때문에 너는 후에 네가 되고 싶어 하는 사람이 될 것이다.

남과 어울리는 것이 너와 네가 만나는 사람들 모두에게 바람직한 많은 결과를 가져오므로 그들과 교제를 시작하고 인생에서 성공하는 것이 어떤가?

2. 모델영작 Ⅱ

서울의 교통

서울의 교통! 모든 서울시민은 교통이 너무 복잡하다는 것을 알고 있으며 누군가가 그 문제를 해결하기를 기대한다. 그것은 점차 개선되어왔지만 여전히 만족스럽지는 않다. 서울의 교통은 세 가지 변화 즉, 자동차의 증가와 버스 전용차선의 완성 그리고 새로운 지하철 노선의 확립이 특징이다.

몇 십 년 전과 비교해 자동차 수가 크게 증가해 왔다. 어쨌든 그때 이래 새로운 길은 거의 만들어지지 않아서 교통이 덜 혼잡한 대체 도로를 찾기가 쉽지 않다. 교통 혼잡은 출퇴근시간 동안에는 더 심하기조차 하다. 알다시피 자동차수는 계속해서 증가할 것이다. 자동차수의 증가와 달리 여러 가지 이유로 정부가 많은 새로운 도로를 건설하는 것은 어려운 것 같다. 이 때문에 교통 혼잡은 당분간 크게 개선되지는 않을 것이다.

이에 반하여 버스승객은 지난 몇 년 동안 버스전용차선이라 불리는 새로운 제도가 실시되어 여행을 더 쉽게 할 수 있게 되었다. 이 때문에 너는 일반적으로 버스로 목적지에 더 빨리 도착할 수 있다. 이것은 서울에서 어딘가로 가야 할 때 점점 더 많은 사람들이 자동차 보다는 버스로 여행하게 한다. 이것이 서울의 거리에서 자동차수를 줄이는 효과를 가져왔다는 것은 부인할 수 없다.

그 교통정체문제를 해결하기 위해 정부는 새로운 전철노선을 건설해오고 있다. 이 때문에 지하철 열차가 붐비는 일은 줄었다. 새로운 전철노선의 건설로 자동차나 버스를 이용하는 사람들 역시 감소해오고 있다. 어쨌든 서울에서 여행할 때 너는 너의 목적지에 도착할 시간이 충분하지 않다면 자동차 대신 지하철이나 버스를 이용하는 것이 더 낫다.

그 교통정체는 개선되어 오고 있지만 여전히 만족스럽지 않다. 내 생각에는 해결책을 생각해 내지 않으면 그것은 크게 개선되지는 않을 것 같다. 그렇다면 너는 그 교통문제를 해결할 최선의 방법은 무엇이라고 생각하느냐?